AF206891

Die Chronik des Joh. Christian Gaertner

Drangsale

Der Bauer zieht Bilanz

Ein verschollen geglaubtes Zeitdokument

- erschlossen von Karl Brellinger -

Bibliografische Information der Deutschen Nationalbibliothek:

Die Deutsche Nationalbibliothek verzeichnet diese Publikation in der Deutschen Nationalbibliografie; detaillierte bibliografische Daten sind im Internet über http://dnb.dnb.de abrufbar.

Copyright © 2018 Karl Brellinger

Herausgeber: Karl Brellinger

Umschlaggestaltung: Karl Brellinger

Alle Rechte vorbehalten.

Herstellung und Verlag:

BoD Books on Demand, Norderstedt

ISBN: 9783746079899

Inhalt

Vorwort

Das hier ist die Abschrift einer zufällig wiederentdeckten Chronik aus dem ersten Viertel des 19. Jahrhunderts, Stoff für den geschichtsinteressierten Leser, der die Dinge aus erster Hand berichtet haben möchte, wie sie der Zeitzeuge sah und empfunden hat. Denn dadurch wird das Bild der ansonsten aus den Geschichtsbüchern bekannten Ereignisse im Europa der „Franzosenzeit" lebendiger und erhält eine subjektive Note.

Ein Landwirt aus einem Dörfchen nahe Leipzig schildert aus eigenem Erleben eine historisch bedeutsame Epoche und lässt uns erfahren, was seine kleine Gemeinde zur Durchsetzung napoleonischer Politik und auch zur Befreiung von der französischen Fremdherrschaft beitragen musste, und wie sich Besatzer und Befreier gegenüber der Zivilbevölkerung verhielten.

Die Aufzeichnungen beinhalten viele Details, die auch das Interesse des studierten Historikers wecken könnten.

Karl Brellinger

Einleitung

Dem Altpapier entkommen

Beginn des 20. Jahrhunderts. In der Scheune von Louis Wenck, Zimmermann in Gottenz (ein kleines Nest zwischen Halle/Saale und Leipzig), lagen alte Familiendokumente, die keine praktische Bedeutung mehr hatten und als Feueranzünder dienten. Dazwischen träumte ein ziemlich ramponiertes Heft vor sich hin, gemacht in einem heute unüblichen Format, stockfleckig, die Ränder abgegriffen, nach Beschädigung notdürftig von einer aufgeklebten Pappe zusammengehalten, vollgeschrieben bis zur letzten Seite. Niemand kann sagen, wie es seinen Platz bei den alten Papieren in der Scheune fand. Vielleicht so um 1915 gab Louis Wenck das Heft seinem Schwiegersohn Carl Brellinger. Der interessierte sich dafür, weil es sich hier um eine Aufzeichnung bedeutender Ereignisse handelte, die auf das Dorf abfärbten. Irgendwann landete die Handschrift dann in seinem Schreibtisch und schlummerte weiter.

Der Zufallsfund

Manchmal führt ein Zufall zur Entdeckung eines Schatzes. Auch heute noch. Es muss nicht immer die staubige Kiste mit den Münzen sein. Gelegentlich sind der Gegenstand und sein Aufenthaltsort schon lange bekannt. Und dass das Ding ein Schatz ist, ein kleiner, offenbart sich erst bei genauerer Betrachtung. Möglich, dass sein Wert eher nach wissenschaftlichen Gesichtspunkten zu bemessen ist. Spannend kann so eine Sache aber allemal werden. Spätestens bei der Erschließung des Schmuckstückes.

Ich wohne in Schleswig-Holstein, beschäftige mich als Dilettant mit der Deutung des Namens meines Herkunftsortes in Sachsen-Anhalt, etwas östlich der halben Luftlinie zwischen Dessau-Roßlau und Bitterfeld-Wolfen. Mir liegt die Kopie einer Urkunde aus dem beginnenden 13. Jahrhundert vor, deren Schriftzeichen ich mühsam entziffere, und in der mein Dorf genannt ist. Aber es ist auch der Name einer anderen Ansiedlung zu lesen, die ich als „Gottenz" deute. Gottenz? - Von dort stammt meine Großmutter Ida, geb. Wenck. Und ich bin einigermaßen überrascht, den Ortsnamen in besagter Urkunde zu finden. Wenn es sich tatsächlich um jenes Gottenz handelt, ist der Ort wesentlich älter, als bisher angenommen. Ich nehme Kontakt zu dem Heimatverein auf, der sich um dessen Historie kümmert, und schildere meine Mutmaßung. Beiläufig kann ich noch berichten, dass ich im Besitz eines alten Heftes bin, in dem jemand aus Gottenz Geschehnisse seiner Zeit aufzeichnete und jede Menge Tabellen mit irgendwelchen Kostenaufstellungen ein- und anfügte.

Die reichlich lädierte Kladde liegt seit Generationen in dem alten Schreibtisch, den ich jüngst erst restaurieren ließ, weil er ziemlich hinüber war nach mehr als 150 Jahren Gebrauchs, und weil er ein Erinnerungsstück an meine Altvorderen ist. Da ich etwas ungeübt bin im Lesen der betagten Handschrift und den Inhalt eigentlich schon oberflächlich vom Hörensagen durch meinen Vater kenne, schläft das Papier einen Dornröschenschlaf und macht mich nicht übermäßig neugierig.

Mein Gesprächspartner vom Heimatverein klärt mich zunächst darüber auf, dass meine Vermutung einer früheren urkundlichen Erwähnung von Gottenz nicht zutrifft: Es ist ein anderes Gottenz gemeint, das es nicht mehr gibt. Schade.

Das alte Heft aber interessiert ihn. Er schickt mir Kopien eines Kalenders „für Ortsgeschichte und Heimatskunde" von 1901/1902. In diesen Jahrgängen wird auszugsweise aus einer Chronik zitiert, die ein Schlaglicht auf die sog. Franzosenzeit wirft und heute, wie er meint, „verzweifelt gesucht" wird. Ich schaue mir diese Chronik-Auszüge an. Sie decken sich nach Zeit und Inhalt mit dem, was mir mein Vater mal aus der Handschrift vorlas.

Auch der Verfasser, auf den die Texte zurückgehen, „passt".

Ich bin ziemlich sicher: Vorlage für diese Kalenderbeiträge ist jenes heruntergekommene, gebundene Papier im Schreibtisch. Ich rufe zurück: „Die Chronik habe ich. Das Original." - Pause. - „Nee!!" „Ja."

Wir einigen uns darauf, dass ich eine Fotokopie des Dokuments anfertige. Die maile ich ´rüber. Der Mann ist begeistert. Aber lesen kann er das Manuskript nicht. Ich könnte schon, müsste jedoch üben. Die Chemie stimmt, und ich sage zu, einen Teil der Handschrift in heute lesbare Lettern zu übertragen und zur Verfügung zu stellen, bräuchte aber Zeit.

Ein Schatz wird gehoben
Nach einer kleinen Eingewöhnung lese ich mich in die Aufzeichnungen ´rein und spüre, wie mich das Ganze regelrecht fesselt. Ich schreibe nun doch den ganzen Text ab und die zahlreichen Tabellen. Mein Gesprächspartner ist angetan von meiner Arbeit und lässt mir viele Informationen zukommen, die meine „Schatzhebung" unterstützen.

Wir haben hier etwas gefunden, das wohl ein gewisses Etwas hat. Chroniken aus dem beginnenden 19. Jahrhundert sind sicherlich nichts Seltenes. Und natürlich: Wir kennen ja die wesentlichen Fakten aus dem Geschichtsunterricht – vorausgesetzt, wir haben teilgenommen und zugehört. Aber können wir uns in die Gefühlswelt der Zeitzeugen hineinversetzen? Diese Aufzeichnung hier fällt jedenfalls womöglich ein bisschen aus dem Rahmen, was den Autor, den Aufbau und den Sachinhalt des Werkes betrifft:

Vor uns liegt eine Dokumentation, die ein Mann namens Johann Christian Gaertner[1] aus Gottenz vor 200 Jahren erstellt hatte. Er beschreibt die Zeit zwischen 1792 und 1815, indem er einen

---

[1] s.a. Personenregister unter *Gaertner*

Rahmen mit den uns heute geläufigen historischen Begebenheiten in Europa spannt. Dort hinein legt er die Schilderung der ganz speziellen Auswirkungen der Ereignisse auf sein Dorf, das damals um die dreißig Feuerstellen umfasste. Es ist die Zeit Napoleon Bonapartes. Es ist auch die Zeit der Koalitions- und Befreiungskriege. Der Leser erlebt die Völkerschlacht bei Leipzig gewissermaßen in Hörweite mit und sieht das Elend, was sich am Rande des Kriegsgeschehens zeigt, mit den Augen eines Dörflers, der mit Kriegsabgaben und Arbeitsleistungen und von Marodeuren drangsaliert wird.

Denn dieser Johann Christian Gaertner ist ziemlich präzise informiert über die politischen und militärischen Highlights. Und er notiert nicht nur die trockenen Fakten: Er bewertet sie - so ist es zwischen den Zeilen zu lesen – nach seiner Gesinnung, seiner Ehrauffassung und seinem Politikverständnis. Nicht dramatisch aufgebohrt, eher knapp. Möglich, dass er populäre Karikaturen oder Flugblätter zu den großen Themen kennt, dass auch sie seine Sichtweise mitprägen. Gaertners Kommentare wirken bisweilen etwas einfach. Anzunehmen, dass er dennoch für die meisten seiner Mitbürger spricht.

Er fühlt sich Preußen verbunden als rechtschaffender Untertan. Die Franzosen hingegen genießen keinesfalls seine Sympathie – wie überhaupt alles, was sich nach seinem Dafürhalten nicht auf die preußische Seite schlägt. Dass Gaertner sich nicht frankophil zeigt, muss schlichtweg den Geschehnissen jener Zeit und seinem eigenen Erleben zugeschrieben werden. Zumindest anerkennt er aber, dass unter französisch geprägter Administration die Frondienste entfielen.

Im Schreiben scheint er geübt, denn die Schrift ist von schöner Regelmäßigkeit. Möglich, dass er irgendein Amt innehat: Ihm sind die Kriegslasten jedes Dorfbewohners bestens bekannt. Er ist aber zudem Bauer gewesen. Das erfährt der Leser aus den zahlreichen Tabellen, die Johann Christian Gaertner seinem Werk beifügt, und in denen er auch seine eigenen Abgaben und Verrichtungen notiert. Immerhin muss er Spanndienste leisten, und das kann nur, wer Zugvieh besitzt.

Diese Tabellen sind eine einzigartige Fundgrube und für den einen oder anderen Leser vielleicht der wertvollere Teil der Aufzeichnungen, weil sie über den gesamten Berichtszeitraum die ganze Gemeinde berücksichtigen. Sie geben detailliert Auskunft über die kriegsbedingten Aufwendungen jeder Familie im Dorf, über die Objekte der Begierde bei Plünderungen, über Steuern, Dienste, Lieferungen, über Verpflegungssätze für einquartierte Offiziere und Mannschaften und dgl. Gaertner vermerkt überall sorgfältig den Geldwert, umgerechnet in Taler, Groschen und Pfennig. Manchmal unterläuft ihm ein Additionsfehler, aber insgesamt erhält der interessierte Leser eine gute Vorstellung über den materiellen Druck, dem die Betroffenen ausgesetzt sind. Indirekt berichten die Tabellen über den Rang, den die Familien im Dorf besetzen: Man kann anhand der Höhe von Steuern und Zwangsanleihen, anhand der Spann- oder Schanzdienste erahnen, wer im Dorf das Sagen hat. Nebenbei fällt auf, dass in keiner der Tabellen über Verpflegungslieferungen die Kartoffel erwähnt wird, obwohl in Preußen bereits als Nahrungsmittel bekannt.

Wir wissen nicht, welche Schulbildung Johann Christian Gaertner genoss. Mutig verwendet er französische Begriffe, und er schreibt sie so, wie er sie spricht oder gehört hat. Überhaupt gerät er über dem Schreiben gelegentlich in sein heimatliches Idiom, denn an einigen Textstellen führt er mit dem Akkusativ einen Kleinkrieg gegen den Dativ („...seine Rechte mit den Schwerdt zu entscheiden...") – noch heute nicht untypisch für die Gegend. Aber bisweilen wechselt er auch mal die Seiten und bekämpft mit dem Dativ den Akkusativ. Es fällt auf, dass Gaertner sich eines militärischen Wortschatzes bedient, der zumindest Grundkenntnisse ahnen lässt. Da Gaertner hin und wieder einige Ortsnamen oder Begriffe variabel schreibt ist anzunehmen, dass er Informationen – über längere Zeit zusammengetragen - aus verschiedenen Quellen nutzt und so übernimmt, wie sie ihm zugingen. Das Ganze wird er dann zügig zu Papier gebracht haben. Das letzte Kapitel, der „Beschluhs", scheint 1820 nachträglich hinzugekommen zu sein.

Die Idee mit dem Buch
Während ich das Manuskript abschreibe, „google" ich häufig, um nachvollziehen zu können, welche Ereignisse, Personen, Orte usw. konkret gemeint sind, wenn Gaertner sich ihnen zuwendet:
Blücher – das ist klar. Aber wie heißt nun gerade „unser friedfertiger Wilhelm" korrekt? Wenn Blücher an die „Barde" vordrang – lieber Himmel! Wo ist die Barde? Endlich finde ich die *Parthe*, einen Fluss in Sachsen.
Ich beginne, alles aufzuzeichnen, suche wichtige Daten zu den Schilderungen, prüfe, lege Register an.

Bei dieser Arbeit entsteht die Idee, aus dem Basistext und den Rechercheergebnissen ein kleines Sachbuch zu machen. Dem sollte die Abschrift des Dokuments buchstabengetreu mit allen originalen Hervorhebungen und eigenwilligen Schreibweisen zugrunde liegen, wie eben z.B. Gaertners individuelle Anwendung der Kasus, so dass der Verfasser authentisch bleibt.

Ergänzend zu Gärtners Chronik müsste ein Katalog über die im Manuskript genannte „Prominenz" eingerichtet werden mit zusammenfassenden Ausführungen über die Vita dieser Leute. Nicht zu viele Details, nur wenige Charakteristika, um ihre historische Rolle besser verstehen zu können. Ich finde, dass die Wikipedia-Enzyklopädie für diese meine Ansprüche geeignet ist.

Vieles bedarf der Erläuterung, um aus der Mode gekommene Begriffe und mundartlich geratene Benennungen verständlich zu machen, oder um etwa das Münzsystem zu verstehen, welches Gaertner seinen Abrechnungen zugrunde legt. Und weil wir neugierig sind, möchten wir natürlich wissen, welchen Euro-Beträgen diese Summen aus heutiger Sicht etwa entsprechen würden. Hierfür bot es sich an, eine Übersicht über die Kaufkraftäquivalente im Durchschnitt des Jahres 2016 heranzuziehen[2].

Das vorliegende Büchlein präsentiert im Kern Gaertners Bericht unverändert in Aufbau und Wortlaut, buchstabengetreu. Der Titel „Drangsale" stammt ebenfalls aus seiner Feder. Zusätzlich habe ich Abbildungen eingefügt, die zu Gaertners Schilderungen passen. Verzeichnisse über Personen samt Skizzierung ihrer Lebensdaten, über Orte des Geschehens, sowie Begriffserklärungen wollen das Ganze abrunden. Es ist der Versuch, einem interessierten Leser wie mit einer Zeitmaschine einen besonderen Zugang in jene Epoche zu ebnen, in der sich bei Teilen der deutschen Bevölkerung vielleicht erstmals so etwas wie ein Nationalgefühl herausbildete.

Eine Besonderheit dieser Dokumentation scheint mir zu sein, dass sie nicht auf einen Vertreter des privilegierten Adels oder des Bildungsbürgertums zurückgeht, sondern auf einen handfesten Bauern, dass sie seine Sicht der Dinge zeigt, die vermutlich repräsentativ ist für eine ganze Bevölkerungsschicht. Mit Gaertners Aufzeichnungen sollte es uns ansatzweise möglich sein, die Belastungen einer Dorfgemeinschaft nachzuvollziehen in einer Zeit kriegerischer Auseinandersetzungen und beginnender gesellschaftlicher Umwälzungen in Europa – ausgelöst 1789 durch die Französische Revolution.

---

[2] Siehe im Anhang Abschnitt *Kaufkraftäquivalente*

Hinweise zu Erläuterungen und Quellenangaben

Erläuterungen

Ereignissen, über die Gaertner schreibt, werden unter Fußnoten auf gleicher Textseite *Kommentare* beigefügt.

Die *Kaufkraftäquivalente* werden im Anhang erläutert.

Orts-/Flussnamen, Schreibweisen und dgl., auch Rechnungseinheiten, die Gaertner in den Tabellen verwendet (Währungen, Gewichte usw.), werden im Anhang unter *Anmerkungen* in einem Glossar alphabetisch aufgeführt und erläutert. Auf diese Anmerkungen wird in der Regel nicht mit Fußnoten hingewiesen.

Personennamen, die Gaertner notiert, sind im Textteil bei Ersterwähnung mit Fußnoten versehen und werden im Anhang im *Personenregister* alphabetisch in derselben Schreibweise wie im Gaertner'schen Manuskript aufgeführt, um die Suche zu erleichtern.

Schreibt Gaertner über die Person, ohne ihren Namen zu verwenden, wird unter der Fußnote geklärt, um wen es sich handelt und unter welchem Namen die Person im Personenregister eingetragen ist.

Abbildungen werden im Anhang im *Abbildungsverzeichnis* aufgelistet, auch Ablichtungen aus der Gaertner'schen Chronik, jedoch nicht die Tabellen. Diese erhalten nur eine lfd. Nummer im Textteil zur Gegenüberstellung von Original und Abschrift.

Quellenangaben

Für die *Kommentare* und *Kaufkraftäquivalente*, die *Anmerkungen* und die Erläuterungen im *Personenregister* erfolgt eine präzise Quellenangabe. Das gilt auch für das *Abbildungsverzeichnis* der verwendeten Bilder. Diese sind ausnahmslos - sofern es sich nicht um eigene Schöpfungen handelt - gemeinfrei.

Zum Andenken.

Frh. Christian Gaertner.
Tottleba.
im Jahre 18..

vorherige Seite:

Deckel der Chronik (vorn)
*Aufschrift: **<u>Zum Andenken.</u> Joh. Christian Gaertner. Gottenz. im Jahr 1820.***

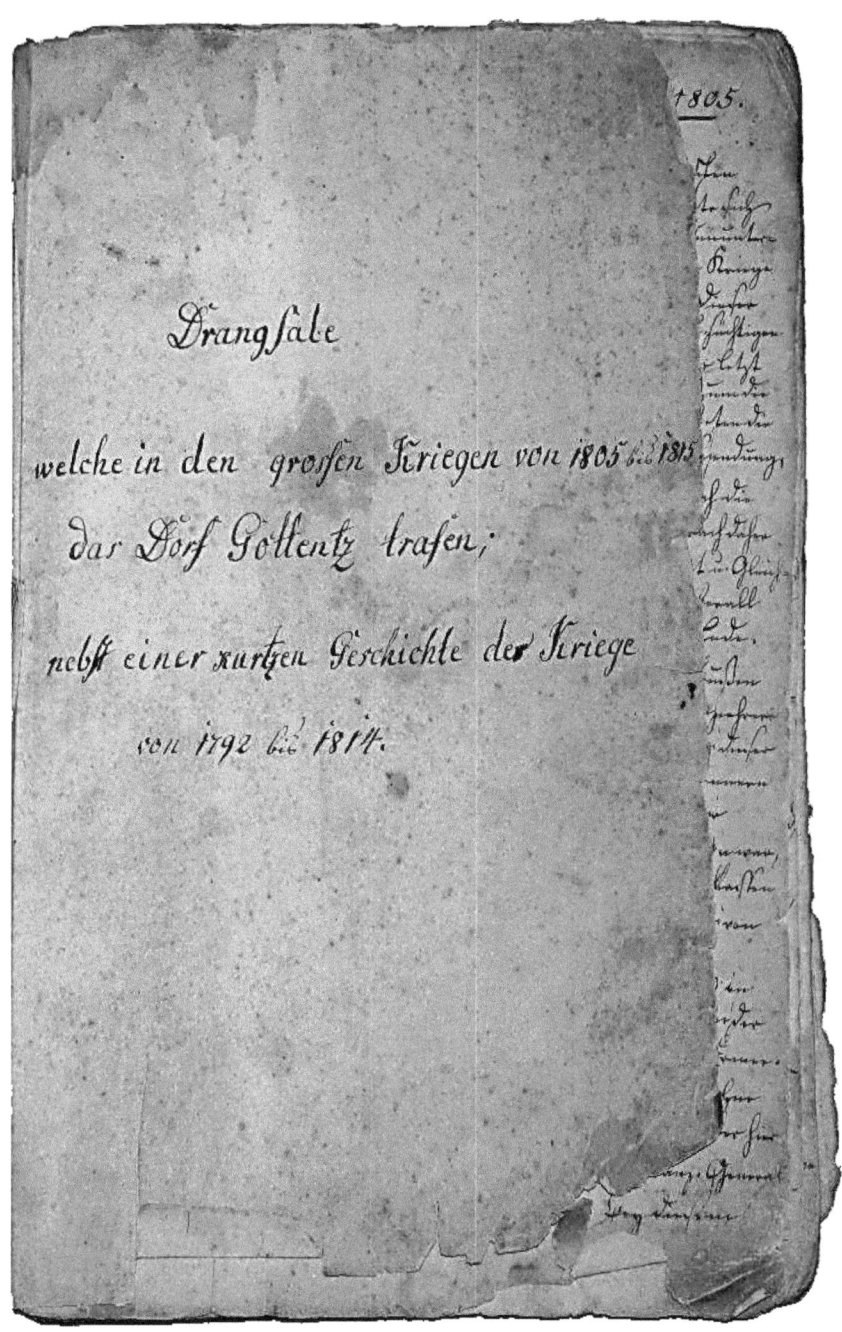

Abb. 2: Titelseite der Chronik

Begebenheiten vom Jahr 1792 bis 1805.

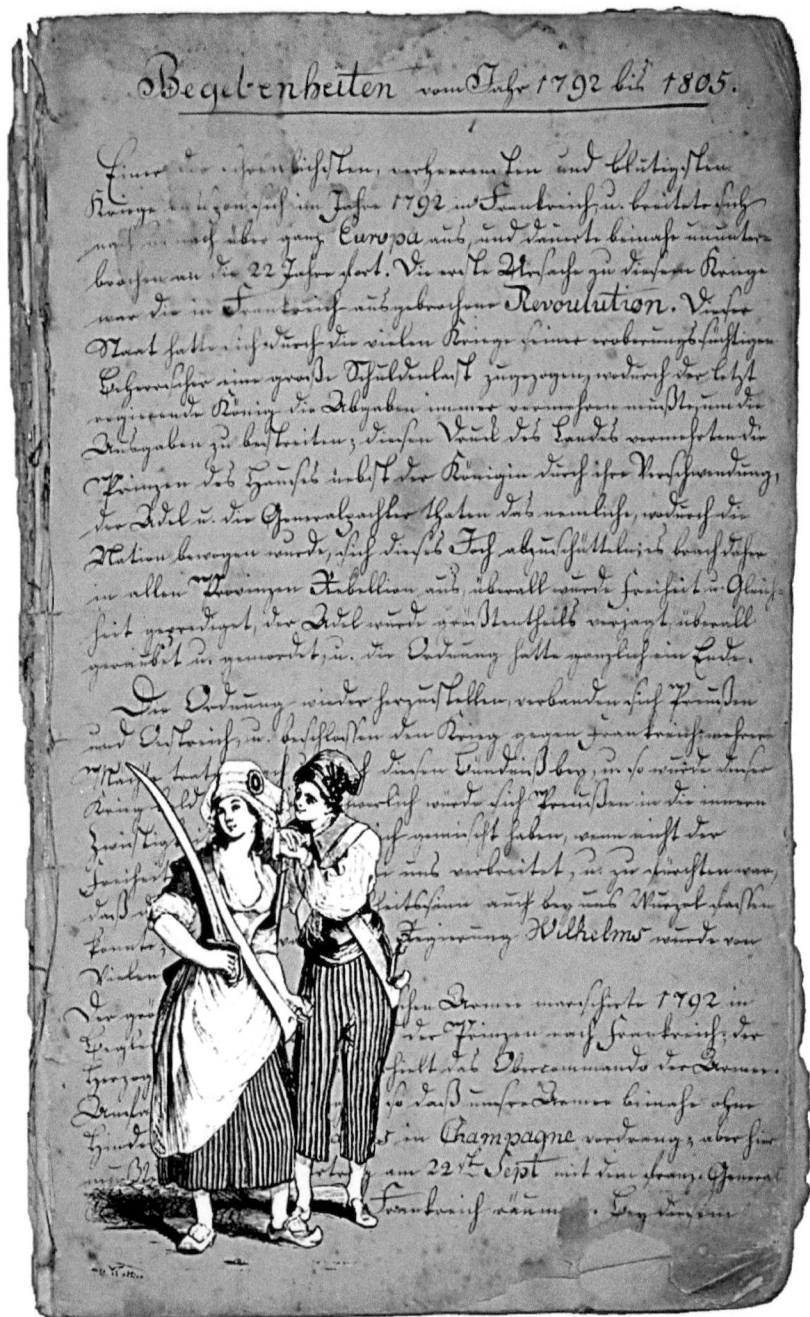

Abb. 3: Modifizierte erste Textseite der Chronik

Begebenheiten vom Jahr 1792 bis 1805.

Einer der schrecklichsten, verheerensten und blutigsten Kriege entspan sich im Jahre 1792 in Frankreich, u. breitete sich nach u. nach über ganz **Europa** aus, und dauerte beinahe ununterbrochen an die 22 Jahre fort. Die erste Ursache zu diesem Kriege war die in Frankreich ausgebrochene **Revolution**. Dieser Staat hatte sich durch die vielen Kriege seiner eroberungssüchtigen Herrscher eine große Schuldenlast zugezogen, wodurch der letzt regierende König[3] die Abgaben immer vermehren mußte, um die Ausgaben zu bestreiten; diesen Druck des Landes vermehrten die Prinzen des Hauses nebst der Königin[4] durch ihre Verschwendung, der Adel u. die Generalpachter thaten das nemliche, wodurch die Nation bewogen wurde, sich dieses Joch abzuschütteln; es brach daher in allen Provinzen Rebellion aus, überall wurde Freiheit u. Gleichheit gepredigt, der Adel wurde größtentheils verjagt, überall geraubt u. gemordet, u. die Ordnung hatte gänzlich ein Ende.

Die Ordnung wieder herzustellen, verbanden sich Preußen und Oestreich, u. beschlossen den Krieg gegen Frankreich; mehrere Mächte traten nach u. nach diesen Bündniß bey, u. so wurde dieser Krieg bald allgemein[5]. Schwerlich würde sich Preußen in die inneren Zwistigkeiten von Frankreich gemischt haben, wenn nicht der Freiheitstaumel sich auch bei uns verbreitet, u. zu fürchten war, daß der Frei- und Gleichheitssinn auch bey uns Wurzel fassen könnte;

---

[3] König Ludwig XVI. von Frankreich, s.a. Personenregister unter *Ludwig XVI.*
[4] Königin Marie Antoinette von Frankreich, s.a. Personenregister unter *Marie Antoinette*
[5] Erster Koalitionskrieg (auch "Erster Revolutionskrieg") zw. 1792 und 1797: Preußen, Österreich und kleinere deutsche Staaten als Alliierte (Koalitionäre) kämpften gegen Frankreich. Der Vormarsch der Alliierten auf Paris endete mit der Kanonade von Valmy. Die französische Revolutionsarmee besetzte nun u.a. die österreichischen Niederlande und Teile des Rheinlandes. Es kam zum Beitritt Großbritanniens, der Vereinigten Niederlande, Spaniens und der Reichsstände des Heiligen Römischen Reiches zur antifranzösischen Koalition nach Hinrichtung König Ludwigs XVI. von Frankreich.

denn die väterliche Regierung **Wilhelms**[6] wurde von Vielen verkannt.

Der größte Theil der preußischen Armee marschierte 1792 in Begleitung des Königs[7] und der Prinzen[8] nach Frankreich; der Herzog von Braunschweig[9] erhielt das Obercommando der Armee.

Anfangs ging Alles gut, so daß unsere Armee beinahe ohne Hinderniß bis nach Chalons in Champagne vordrang; aber hier mußten sie einen Vertrag am 22$^{\underline{sten}}$ Sept mit dem franz. General Kellermann[10] schließen, u. Frankreich räumen.

Bey diesem Rückzug litte die Armee unbeschreiblich, der anhaltende Regen verdarb die Straßen, so, daß viele Kanonen u. Kriegswagen stehen blieben; bey der Armee brach die Ruhr aus, woran so viele Menschen starben; u. so erreichte endlich die Preußische Armee unter vielen Mühseligkeiten die deutsche Gränze, ging über den Rhein zurück, u. begann den Krieg von neuen; nahm Frankfurt wieder; jagte vor Ende des Jahres die Franzosen wieder über den Rhein zurück; und erholte sich nun.

Als sich die Armee erholt hatte, setzte man den Krieg fort, konnte aber nicht wieder nach Frankreich kommen, u. nicht verhindern,

---

[6] König Friedrich Wilhelm II. v. Preußen; s.a. Personenregister unter *Friedrich Wilhelm II.*
[7] König Friedrich Wilhelm II. von Preußen
[8] der Thronfolger, spätere König Friedrich Wilhelm III. von Preußen (1770–1840), und Ludwig, genannt Prinz Louis (1773–1796)
[9] Karl Wilhelm Ferdinand von Braunschweig-Wolfenbüttel; s.a. Personenregister unter *Karl Wilhelm Ferdinand*
[10] François-Étienne-Christophe Kellermann; s.a. Personenregister unter *Kellermann*

daß die Franzosen ihrn König[11] den 21sten **Jan** u. die Königin[12] am 16 **Octbr**: 1793 hingerichtet hatten[13]; u. sich zur Republik umschufen.

Abb. 4: Marie Antoinette auf dem Weg zur Guillotine

---

[11] König Ludwig XVI. von Frankreich
[12] Königin Marie Antoinette von Frankreich
[13] König Ludwig XVI wurde vom französischen Nationalkonvent der „Verschwörung gegen die öffentliche Freiheit und die Sicherheit des gesamten Staates" beschuldigt, zum Tode verurteilt und am 21.01.1793 enthauptet. Am 16.10.1793 wurde auch seine Frau, Marie-Antoinette, guillotiniert. Beider Sohn, Louis Charles, starb als Zehnjähriger im Gefängnis.

Das Ganze, was gethan wurde, war, daß die Festung **Mainz** am 22 Jul: erobert wurde[14], u. der Herzog von Braunschweig[15] am 14 Sept. die Schlacht bey **Pirmasens**[16] gewann.

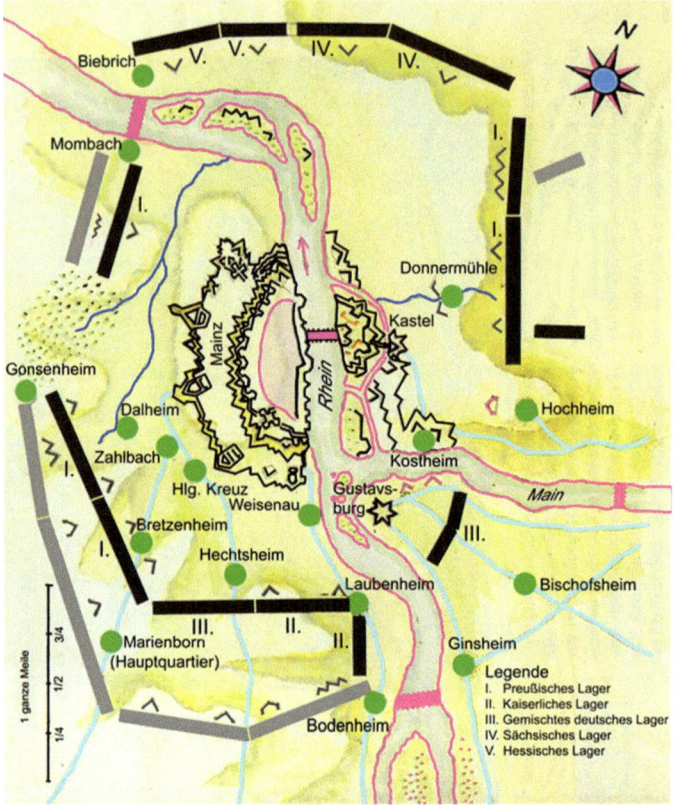

Abb. 5: Belagerung der von den Franzosen besetzten Stadt Mainz

---

[14] Die Rückeroberung von Mainz war schon aus Prestigegründen für die Koalitionstruppen und das Reich ein Muss. Die Stadt, von den Franzosen verteidigt, wurde ab 14.04.1793 eingekesselt und ab 17.06.1793 durch die Belagerer bombardiert, worauf die Franzosen kapitulierten.

[15] Karl Wilhelm Ferdinand von Braunschweig-Wolfenbüttel

[16] Schlacht bei Pirmasens (Erster Koalitionskrieg), 14.09.1793: Nach der Rückeroberung von Mainz durch preußische und österreichische Truppen unter Feldmarschall Karl von Braunschweig herrschte Uneinigkeit über die Kriegsziele. So verzögerte sich der weitere Vormarsch zum Elsass. Diesen Umstand nutzte der Kommandeur der französischen Moselarmee, um den Preußen durch die Einnahme von Pirmasens den Weg zu versperren und sie über den Rhein zurückzudrängen. Durch das Eingreifen preußischer Truppen kam es letztlich zum Sieg der Alliierten.

Den ganzen Feldzug von 1794 fielen nur einzelne Gefechte vor. –
Preußen sahe endlich ein, daß ihm der Krieg keinen Nutzen bringe,
und schloß daher am 5ten Apr. 1795 zu Basel Frieden[17] mit
Frankreich, mußte alle jenseits des Rheins gelegene Länder an
dasselbe abtreten; hatte also unnöthig Menschen und Geld
aufgeopfert, u. nur den Franzosen seine Schwäche gezeigt.

Dieser Krieg von 1792 bis 95 hat unser Dorf wenig gekostet, indem
der Staat denselben aus seinen Mitteln führte. Nur einmal hatten
wir beim Marsch nach Frankreich 2 **Compagnien** vom Infanterie
Regiment von Kimitz[18] auf 2 Nächte in Quartier. Wir hatten wenig
Vorspann u. bekamen wenig Lieferung, u. weil der Krieg entfernt
von uns geführt wurde, wußten wir nicht, ob Krieg war. In diesem
Krieg wurden aus unsern Ort Soldat: Gottfr. Ochse u. Fr. Schaaf;
Gottfr Höchse mußte als Knecht mit. Erstere kamen glücklich ohne
Plessur wieder zu Hause; Letzterer aber blieb weg, u. die Art seines
Todes ist unbekannt.

Der Krieg dauerte aber nach Preußens Abgang immer noch fort; am
eifrigsten von England und Oestreich; von Letzteren wurde er aber
unglücklich geführt, zumal als der Corse **Bonaparte**[19] das
Obercommando der französischen Armee in Italien erhielt.

Dieser schlug überall seine Feinde zurück, nahm ihnen viele Länder
ab, erpreßte Contributionen, ließ seine Soldaten plündern u. alle
Ausschweifungen begehen, wodurch sie immer verwegener
wurden; und so zwang er auch Oestreich am 17ten Octbr: Friede zu

---

[17] Friede von Basel, 1795 (Basler Frieden): beendete vorläufig den Krieg zwischen
Frankreich und Preußen bzw. Spanien; führte zur Anerkennung des revolutionären
Frankreichs als gleichberechtigte Großmacht
[18] von Kienitz?
[19] Napoleon Bonaparte; s.a. Personenregister unter *Napoleon*

Comp. Formio[20] zu schließen, u. Belgien u. alle Länder in Italien, woraus er nur Republiken schuf, an Frankreich abzutreten.

Dieser Friede Oestreichs war nur von kurzer Dauer, denn 1799 begann der Krieg aufs neue; anfangs ging es gut, weil Russen u. andere Verbündete Oestreich unterstützten, u. Bonaparte gerade in Aegypten war. Aber Bonaparte ließ seine Armee im Stiche, u. kam wieder in Frankreich an, wo er die Regierungsverfassung über den Haufen stürzte[21], u. sich zum Regenten unter dem Namen **Consul** ausrufen ließ. Nun kam das Commando wieder an ihn; er schlug die Oestreicher aus einer Provinz in die andere zurück, u. zwang sie 1801 zum Frieden zu **Luneville**[22]. Auch wurde in diesem Jahr der allgemeine Friede zu **Amiens**[23] geschlossen, wo Deutschland alle Länder jenseits des Rheins verlohr.

Der blutige Krieg, welcher 10 Jahr gewüthet hatte, war nun geendet; viele Länder seufzten unter der harten Last desselben; Frankreich selbst war schrecklich ruinirt; über eine Million Menschen starben

---

[20] Frieden von Campo Formio, 17.10.1797 zwischen Frankreich (Napoleon Bonaparte) und Kaiser Franz II. (hier als Landesherr der habsburgischen Erblande): beendete den von Frankreich 1792 begonnenen Ersten Koalitionskrieg
[21] Le Directoire/Direktorium (26.10.1795 – 24.12.1799); letzte Regierungsform der Französischen Revolution. Die Staatsgewalt übte ein fünfköpfiges sog. Direktorium aus. Dieses System ersetzte nach dem Sturz des Maximilien de Robespierre die Herrschaft des Nationalkonvents. Napoleon Bonaparte stürzte das Direktorium am 09.11.1799, wurde am 10.11.1799 zum Ersten Konsul gewählt. Es erfolgte die Bildung eines dreiköpfigen Konsulats mit ihm und zwei anderen Mitkonsuln. Inkrafttreten der Konsulatsverfassung am 24.12.1799, Ende der Französischen Revolution und Beginn des Konsulats.
[22] Friede von Lunéville am 09.02.1801 zwischen Frankreich und dem Heiligen Römischen Reich (römisch-deutscher Kaiser Franz II.), nachdem am 25.12.1801 ein Waffenstillstand ausgehandelt wurde: Beendigung des Zweiten Koalitionskrieges gegen Frankreich, Bestätigung des Friedens von Campo Formio von 1797.
[23] Friede von Amiens: 25. und 27.03.1802 zwischen Großbritannien und Frankreich, Spanien und der Batavischen Republik; endgültiges Ende des Zweiten Koalitionskrieges, nachdem schon 1801 im Frieden von Lunéville Österreich und das Heilige Römische Reich ausgeschieden waren.

allein unter der **Tyranney Robespierre**[24] unter der **Gullgotiené**; wie viel kamen nicht in der Revolution ums Leben!?

Abb. 6: Die Waffen der Radikalen (The Radical´s Arms)

Was rafften nicht die ungeheuren Kriege hin!? Seit Deutschland, Italien, Holland, Oestreich, die Schweiz der Kriegsschauplatz gewesen!? – Das Elend, in welchen sich diese Länder befanden, war

---

[24] Maximilien Marie Isidore de Robespierre; s.a. Personenregister unter *Robespierre*

schrecklich groß, denn überall, wo die französischen Horden vordrangen, raubten &. plünderten sie, u. sogen die Länder aus.

Nach geendigter Fehde maß nun jeder kriegführende Theil seinen Gewinn oder Verlust. Frankreichs Grenzen waren bis zum Rhein ausgedehnt. Holland, die Schweiz, Italien waren Republiken, die sich als Töchterstaaten von Frankreich betrachten konnten. Oestreich hingegen verlohr viel; allein durch die Niederlande 500 Quadratmeilen Land, 2 Millionen Menschen u. 7 Millionen Gulden Einkünfte. Deutschland verlohr an Flächeninhalt 1210 Quadratmeilen, 3 ½ Millionen Menschen u. 25 Millionen Einkünfte. Die mehrsten mit Frankreich verwickelten Länder verlohren bis auf England. Dieses vernichtete in diesem Kriege die französische (und nachher Allürte von Frankreich) Holländische u. Spanische Seemacht, u. erwarb sich auf diese Art die Oberherrschaft zur See. Die mehresten französischen u. Holländischen Colonien hatte England gleichfalls erobert. England versprach zwar durch diesen Friedensschluß die mehresten Colonien wieder abzutreten, es geschahe aber nicht, und so brach bald der Krieg zwischen Frankreich u. England wieder aus.

Deutschlands Fürsten, welche Länder verlohren hatten, suchten sich nun zu entschädigen. Das Loos traf die geistlichen Besitzungen, deren Fortdauer ohne dies mit den Fortschritten der Menschheit zum Bessern in Widerspruch stand. Durch den Reichsdeputationsschluß[25] von 25 Febr: 1803 erhielt jeder sein Theil. Preußen hatte durch den Baseler Frieden 42 Quadratmeilen, 1.721.47 [?] Seelen 900,000 Thlr: Einkünfte verlohren, u. erhielt zur Entschädigung: die Bisthümer Hildesheim[26] und Paderborn[27]; einen

---

[25] „Reichsdeputationshauptschluss", auch „Hauptschluss der außerordentlichen Reichsdeputation"; Basis für das letzte bedeutende Gesetz des Heiligen Römischen Reiches, verabschiedet am 25.02.1803
[26] siehe bei den Anmerkungen im Anhang unter *Bistum Hildesheim*
[27] siehe bei den Anmerkungen im Anhang unter *Erzbistum Paderborn*

Theil des Oberstiftes Münster[28]; das Gebiet von Erfurt; Eichsfeld; die Abteien Quedlinburg[29], Herfort[30], Ellen[31], Essen[32], Werden[33] und Kappenberg[34]; die Reichsstädte Mühlhausen, Nordhausen u. Goslar, welches betrug: 241 Quadratmeilen, 560,000 Menschen &. 2,420,000 Thlr: Einkünfte.

Der französische Consul Bonaparte nahm nun den Namen **Napoleon**[35] an; er war groß als General, denn er schlug die Oestreicher und jagte sie in Italien; er war groß als **Consul**, denn er eroberte Italien u. schloß einen rühmlichen Frieden – dehnte die Grenze Frankreichs weit aus, stellte die Ruhe in dem selben wieder her, u. ward in der Nähe u. Ferne gepriesen.

Warum mußte der Mann, der ein Gott auf Erden sein konnte, der dazu bestimmt war, die Anarchie zu verscheuchen, u. die Menschen wieder zu ihrer Pflicht, u. zur Ordnung zurück zu führen – der Kraft genug in sich fühlte, Frankreich glücklich zu machen, und Europa den Frieden zu erhalten – warum mußte dieser Mann von einem unersättlichen Ehrgeiz gefoltert werden? – Er war nun der erste in Frankreich, doch dies genügte ihn nicht, er wollte auch einen Rang unter den gekrönten Häuptern haben, u. ließ sich 1804 zum Kaiser von Frankreich ausrufen – aber nichts konnte seinen Ehrgeitz befriedigen; er wollte auch König von Italien sein, u. setzte sich deshalb 1805 die eiserne Krone[36] auf. Noch nicht zufrieden wollte er auch England unterjochen, wozu eine große Armee an den Seeküsten zur Landung stand. Jedoch England trat mit Oestreich u.

---

[28] siehe bei den Anmerkungen im Anhang unter *Oberstift Münster*
[29] siehe bei den Anmerkungen im Anhang unter *Stift Quedlinburg*
[30] siehe bei den Anmerkungen im Anhang unter *Stift Herford*
[31] siehe bei den Anmerkungen im Anhang unter *Kloster Ellen*
[32] siehe bei den Anmerkungen im Anhang unter *Stift Essen*
[33] siehe bei den Anmerkungen im Anhang unter *Kloster Werden*
[34] siehe bei den Anmerkungen im Anhang unter *Kloster Cappenberg*
[35] Napoleon ist der Vorname, Nachname ist Bonaparte; schrieb sich ursprünglich Napoleone Buonaparte
[36] Königskrone der Langobarden

Rußland in ein Bündniß, u. so wurde Deutschland abermals der Kriegsschauplatz.

Preußen nahm seit 1795 keinen Antheil mehr am Kriege; wir lebten bey uns in der größten Ruhe; für uns war das goldene Zeitalter da; der Wohlstand stieg bis zur höchsten Epoche; Handel und Wandel kam in Flor, alle Producte stiegen zu enormen Preisen; besonders war es für den Landbewohner eine höchst glückliche Zeit; denn der Berliner Scheffel Korn galt manchmal über 5 rtl. Die Hufe Feld wurde mit 2 bis 3000 Thlr/. bezahlt. Freilich konnten die Bewohner unsers Orts dieses nicht recht benutzen, indem ein Hagelschlag unsere Kornfelder verwüstete, u. die Weitzenerndten mehrmals durch die Lohen äußerst geringe ausfielen. Aber wenn auch manches Jahr nicht viel verkauft werden konnte, so machte auch das Wenige vieles Gold; mit Abgaben wurden wir auch nicht sehr gedrückt, u. so war auch bei uns goldne Zeit. Jeder glaubte, dies würde so fort dauern. Wir waren gleichgültig zu allen kriegerischen Ereignissen u. Drangsalen, die so viele Länder schwer trafen; - wir hatten ja Ruhe! – daß an uns auch einmal die Reihe kommen könnte, daß wir mit Krieg überzogen werden könnten, daran dachte niemand.

Ueber die Theuerung des Getraides brachen im Jahr 1805 beinahe überall Unruhen aus; auch in Halle kam es zur Rebellion; der Pöbel rottirte sich zusammen, u. erstürmte die Häuser der Getraidehändler, und erlaubte sich an den Mittelhausen u. Wolf[37] allerhand Mißhandlungen. Das Militär in Halle trat zwar zusammen, indes bestand dieses mehrheitlich aus Ausländern, u. so war es beynahe unmöglich, diese Unruhen zu dämpfen, weil Weiber u. Kinder der Soldaten mit unter den Rebellen waren; jedoch ließen sich die Unruhestifter wieder besänftigen; endlich rückte ein Detaschement Cavallerie ein, wodurch die Ruhe völlig wieder hergestellt wurde; überdem hatten sie gar keine Ursache zum

---

[37] Getreidehändler in Halle/Saale

Misvergnügen, denn obgleich alles theuer war, so war auch Nahrung genug.

Ereignisse von 1805 bis Octbr: 1806

Oestreich, Rußland und England waren im Jahr 1805 in ein kriegerisches Bündniß[38] getreten, um dem Ehrgeitze Napoleons Gränzen zu setzen; u. so brach im August der Krieg aufs neue aus, u. das so schon genug ruinirte Süddeutschland wurde der Kriegsschauplatz.

Preußen wurde eingeladen, diesen Bündniß beyzutreten, jedoch unser König[39] haßte die Gräuel des Krieges, u. wollte neutral bleiben; allein Napoleon respectirte Preußens Neutralität wenig, denn beym Anmarsch der französischen Armee brach der Marschall Bernadotte[40] mit einem Chor durch Anspach u. Beireuth, u. verletzte auf diese Art die Neutralität; hierdurch wurde unser friedfertiger Wilhelm[41] bewogen, diesen Unfug zu rächen. Er verband sich daher mit Alexander[42] an dem Grabe Friedrichs des Großen[43] *(siehe Abb. 7 umseitig)*, ließ nun seine Armee mobil machen u. marschieren, welche aber erst im November in unsern Gegenden anlangten.

Das Vorspiel des Krieges zeigte sich nun auch uns; starke Lieferungen mußten geleistet werden; 3 Pferde nahm man uns zu Stückpferden; wir bekamen häufig Kriegsfuhren; von allen Waffengattungen sahen wir Krieger dahin ziehen; wir aber bekamen

---

[38] Die dritte Koalition ab 1805 (Österreich, Großbritannien, Russland und Schweden) gegen Frankreich
[39] König Friedrich Wilhelm III. von Preußen; s.a. Personenregister unter *Friedrich Wilhelm III.*
[40] Jean Baptiste Bernadotte; s.a. Personenregister unter *Bernadotte*
[41] König Friedrich Wilhelm III. von Preußen
[42] Zar Alexander I. von Russland; s.a. Personenregister unter *Alexander I.*
[43] 04.11.1805: Treueschwur zwischen Zar Alexander I. von Russland, König Friedrich Wilhelm III. von Preußen und dessen Ehefrau, Königin Luise, in der Potsdamer Garnisonskirche am Grab Friedrichs II. von Preußen

nur einmal vier **Esquadron** grüne Husaren 2 Nächte von Regiment von Elteran[44] ins Quartier, welche dann weiterzogen.

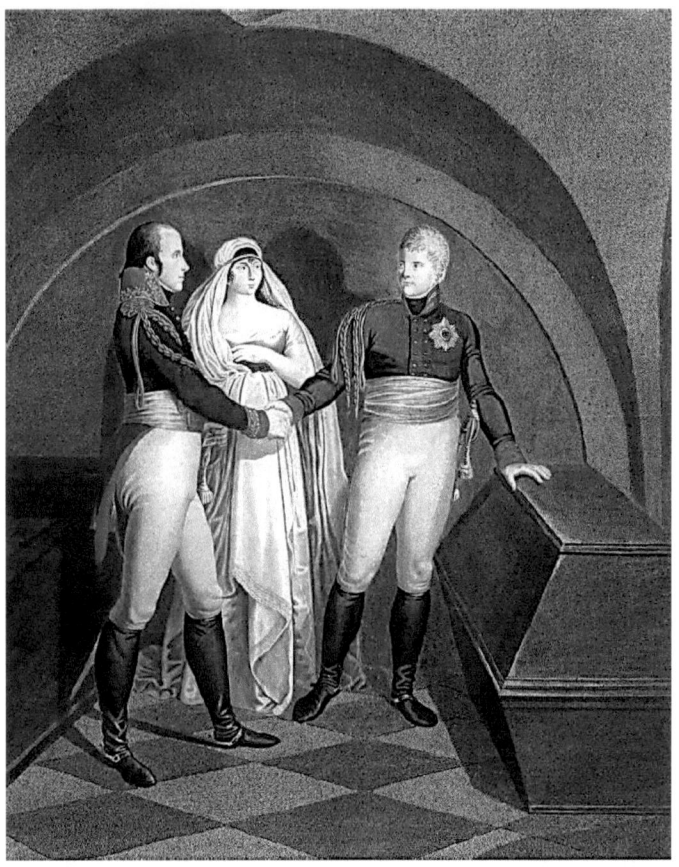

„...Er verband sich daher mit Alexander an dem Grabe Friedrichs des Großen..."

Abb. 7: Zar Alexander I. von Russland, König Friedrich Wilhelm III. von Preußen und Königin Luise in der Potsdamer Garnisonskirche am Sarg Friedrichs II. von Preußen

Wir sahen nun dem Krieg entgegen, der schon heftig wüthete; Alles aber ging wieder unglücklich, denn Oestreich verlohr an 14ten Octbr: die Schlacht bey Ulm[45], und vereiniget mit der Rußischen Armee

---

[44] Name des Regimentschefs

am 2 **Decbr**: die Schlacht bey Austerlitz[46], wo Alexander[47] u. Franz[48] persönlich commandirten[49], und durch deren Verlust Oestreich bewogen wurde, Friede zu Preßburg[50] zu schließen, u. abermahls viele Landschaften abzutreten.

Die Preußischen Truppen fingen nun an Cantonirungsquartier zu beziehen, welche sie größtentheils in Sachsen nahmen, auch die benachbarten sächsischen Gegenden von uns wurden belegt; wir aber wurden verschont, worüber die Sachsen sehr mißvergnügt waren.

Preusen unterhandelte nun gleichfalls mit Napoleon, es erhielt zur Entschädigung der Kriegskosten Hannover u. Schwedisch-Pommern zwei Provinzen, die Napoleon eben so wenig, als der Dei zu Algier zu vergeben hatte; doch unser Minister nahm es an; worüber denn auch bald hernach Zwistigkeiten mit England u. Schweden entstanden, welches auch vielleicht der Zweck Napoleons war. Ueberdem mußte Preußen Anspach abtreten, bald hernach Neuschatel u. Vallengien, u. endlich das Clevsche[51] mit Wesel, Duisburg und Emmerich.

---

[45] Schlacht bei Ulm (Dritter Koalitionskrieg) vom 08.10. zum 20.10.1805: Oberbegriff für mehrere Gefechte und Schlachten, in deren Verlauf ein Teil der österreichischen Armee in französische Gefangenschaft geriet. Größtes Einzelgefecht im Verlauf der Kämpfe um Ulm war die Schlacht bei Elchingen am 14.10.1805.

[46] Schlacht bei Austerlitz, 02.12.1805: Kaiser Napoleon I. von Frankreich gegen eine Allianz aus österreichischen Truppen unter Kaiser Franz I. und russischen Truppen unter Zar Alexander I.; wird auch „Dreikaiserschlacht" genannt, obwohl der österreichische Kaiser nicht auf dem Schlachtfeld anwesend war.

[47] Zar Alexander I. von Russland

[48] Franz Joseph Karl aus dem Hause Habsburg-Lothringen; s.a. Personenregister unter *Franz Joseph Karl*

[49] Der Kaiser von Österreich war nicht auf dem Schlachtfeld anwesend.

[50] Friede von Pressburg (heute Bratislava) 1805, geschlossen zwischen Österreich und Frankreich

[51] Herzogtum Kleve

Anfangs Februar 1806 marschirten nun die Preußischen Truppen in ihr Standquartier zurück. Jedoch blieb uns immer eine bange Furcht übrig, denn unsere Truppen blieben auf den Kriegesfuß stehen; die französischen cantonirten[52] in Bayern u. dortiger Gegend.

Napoleon war es nicht genug, sich selbst in die Höhe geschwungen zu haben; er dachte nun auch daran, seine Familie zu erheben, &. der Stifter einer neuen Dynastie zu werden.

Seinen Bruder **Ludwig**[53] machte er zum Könige von Holland; **Joseph**[54], sein älterer Bruder wurde König in Neapel; **Mürat**[55], sein Schwager bekam das Großherzogthum Berg; Hieronimus[56], seinen jüngeren Bruder ließ er aus Amerika kommen, um ihn dereinst auch zu versorgen; dem Marschall **Berthier**[57] gab er Neuschatel u. Vallengien.

Bayern erhob er gleichfalls zu einem Königreiche u. vergrößerte es auf Kosten Oestreichs u. Preußens; Wirtenberg genoß die nehmliche Ehre, u. erhielt einen Zuwachs an Land.

Franz II[58] zwang er, die Würde als Römischen Kaiser niederzulegen, u. schuf dafür den Rheinbund u. erklärte sich als dessen Protector.

Dalberg[59], Primas des deutschen Reichs bekam die freye Reichsstadt **Frankfurt** – wofür? – weil er den Kaiser u. das Reich verrathen hatte.

---

[52] lagen in Bereitschaft
[53] Louis Napoleon Bonaparte; s.a. Personenregister unter *Bonaparte, Louis Napoleon*
[54] Joseph Bonaparte; s.a. Personenregister unter *Bonaparte, Joseph*
[55] Joachim Murat; s.a. Personenregister unter *Mürat*
[56] Jérôme Bonaparte; s.a. Personenregister unter *Jerome*
[57] Louis Alexandre Berthier; s.a. Personenregister unter *Berthier*
[58] Franz Joseph Karl aus dem Hause Habsburg-Lothringen
[59] hier: Karl Theodor Anton Maria Reichsfreiherr von und zu Dalberg; s.a. Personenregister unter *Dalberg, Reichsfreiherr*

Die Eroberungssucht Napoleons war noch lange nicht befriediget, er suchte auch mit Preußen Krieg zu bekommen. Viele Landschaften hatte unser König[60] schon abgetreten, um nur Ruhe zu erhalten, doch die Forderungen Napoleons nahmen kein Ende; denn kaum hatte Preußen Hannover, das doch zur Entschädigung dienen sollte, in Besitz genommen, so forderte Er es schon wieder zurück.

Um nun den Forderungen Napoleons ein Ziel zu setzen, sahe sich Preußen genöthiget, den Krieg zu beschließen, und seine Rechte mit den Schwerdt zu entscheiden. Es verband sich mit Rußland, welches ihm aus allen Kräften zu unterstützen versprach, u. so ließ im Vertrauen auf seine gerechte Sache Preußen seine Truppen im Sept: 1806 marschieren.

Dem Ausbruch des Krieges sahen wir nun entgegen, die Preußischen Truppen rückten gegen unsere Gegend an; wir bekamen abermals viele Lieferungen u. starken Vorspann; auch standen 100 Mann vom Regiment von Renouard[61+62] 4 Tage in Quartier bey uns. Wir trugen diese Lasten gern, denn wir glaubten, der Krieg würde sich von uns wegziehen, denn alle Truppen zogen sich nach Erfurt u. wie es hieß nach Frankfurt hin; u. nun waren wir gespannt, was dieser Kampf, der den 8$\underline{^{ten}}$ Octbr: begann, für einen Ausgang nehmen würde.

Bis hieher hatten wir noch glücklich gelebet, obgleich die Vorbereitungen zum Kriege schon sehr drückend waren; es war in Buche des Schicksals beschlossen, daß auch die Geißel des Krieges

---

[60] König Friedrich Wilhelm III. von Preußen
[61] Johann Jeremias von Renouard; s.a. Personenregister unter *Renouard*
[62] brandenburgisch-preußisches Infanterieregiment Nr. 3; aufgestellt im Jahr 1665 als *Fargel zu Fuß* (nach Johann von Fargel, 1601 - 1682) und historisch mit dem Fürstenhaus Anhalt-Dessau verbunden. Dieses Fürstenhaus stellte den brandenburgischen Kurfürsten und preußischen Königen über Generationen hinweg militärische Führungspersönlichkeiten. Das Infanterieregiment bezog die Rekruten aus dem Herzogtum Magdeburg und hatte gewöhnlich seinen Standort in Halle/Saale. Auflösung in Magdeburg durch Kapitulation am 08.11.1806 als Regiment zu Fuß Renouard Nr. 3.

uns treffen sollte; wir sollten auch den Krieg mit allen seinen Gräueln in der Nähe sehen, um auch die Noth kennen zu lernen,

„... sahe sich Preußen genöthiget, den Krieg zu beschließen ..."

Abb. 8: Friedrich Wilhelm III., König von Preußen

„... Es verband sich mit Rußland ..."

Abb. 9: Zar Alexander I. von Russland

worunter schon so manche unsrer Brüder seufzten.

_____

„... Franz II. zwang er, die Würde als Römischen Kaiser niederzulegen ..."

Abb. 10: Franz I., Kaiser von Österreich, vormals als Franz II. letzter Kaiser des Heiligen Römischen Reiches Deutscher Nation.

„... doch die Forderungen Napoleons nahmen kein Ende ..."

Abb. 11: Napoleon Bonaparte als Kaiser Napoleon I. von Frankreich

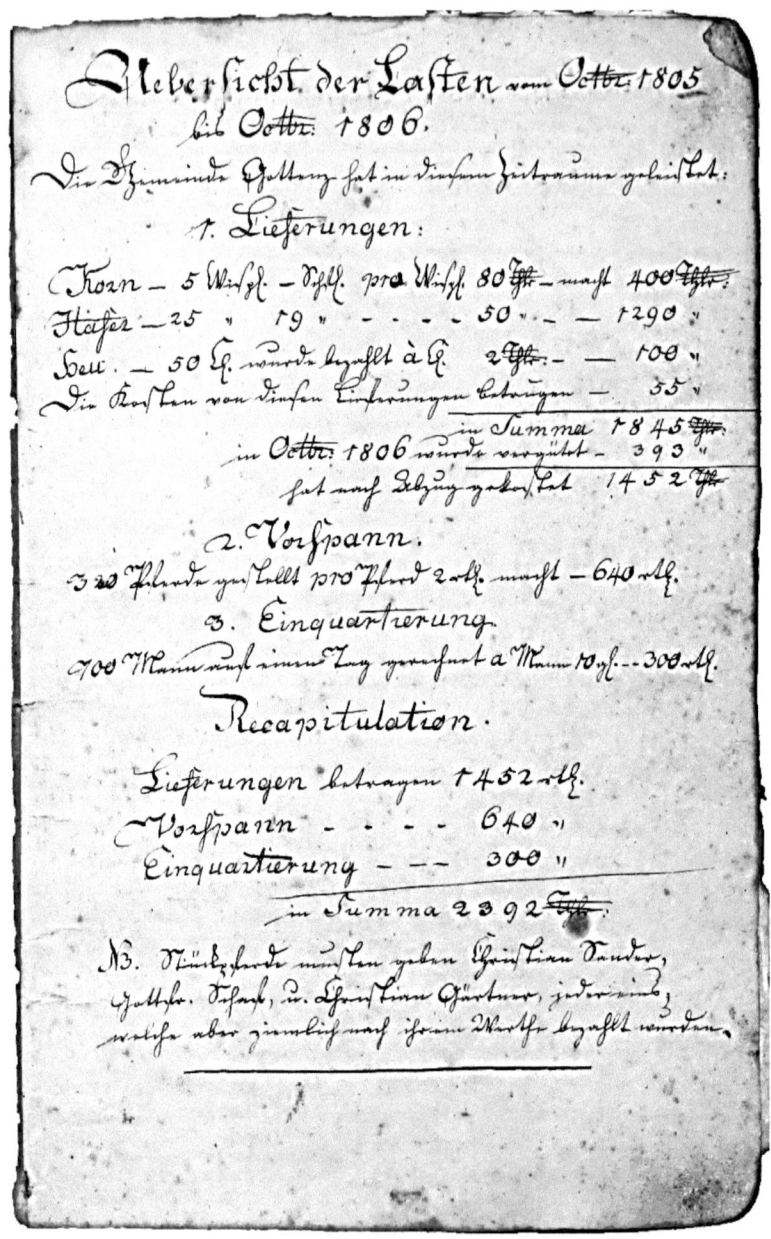

Uebersicht der Lasten vom Octbr. 1805
bis Octbr. 1806.

Die Gemeinde Gattung hat in diesem Zeitraume geleistet:

1. Lieferungen:

Korn — 5 Wisch. — Schfl. pro Wisch. 80 ℳ — macht 400 ℳ
Hafer — 25 „ 19 „ . . . . . 50 „ . — 1290 „
Heu . — 50 Ctr. wurde bezahlt à Ctr. 2 ℳ . — 100 „
Die Kosten von diesen Lieferungen betragen — 35 „
                                    in Summa 1845 ℳ
in Octbr. 1806 wurde vergütet — 393 „
                    hat nach Abzug gekostet 1452 ℳ

2. Vorspann.
320 Pferde gestellt pro Pferd 2 rthl. macht — 640 rthl.

3. Einquartierung.
700 Mann nach einem Tag gespeiset a Mann 10 gl. — 300 rthl.

Recapitulation.

Lieferungen betragen 1452 rthl.
Vorspann . . . . . 640 „
Einquartierung — — 300 „
              in Summa 2392 ℳ

NB. Rückstände müssen geben Christian Bauder,
Gottlob Scholl, u. Christian Gärtner, jedoch
welche aber ziemlich nach ihrem Werthe bezahlt werden.

Uebersicht der Lasten vom Octbr: 1805
bis Octbr: 1806.

Die Gemeinde Gottenz hat in diesem Zeitraum geleistet:

1. Lieferungen:

Korn	5 Wispl.		Schfl. pro Wispl.	80	Thlr	macht	400	Thlr:
Hafer	25 "	19 "	"	50	"	"	1290	"
Heu	50 C/.	wurde bezahlt	à C/.	2	Thlr:		100	"

Die Kosten von diesen Lieferungen betrugen _____ 55 "

in Summa **1845 Thlr:**

in **Octbr: 1806** wurde vergütet _____ 393 "

hat nach Abzug gekostet **1452 Thlr**

2. Vorspann.

320 Pferde gestellt pro Pferd 2 rtl. macht **640 rtl.**

3. Einquartierung.

700 Mann

auf einen Tag gerechnet à Mann 10 g/. **300 rtl.**

Recapitulation.

Lieferungen betragen	1452 rtl.
Vorspann	640 "
Einquartierung	300 "

in Summa **2392 Thlr:**

Ns. Stückpferde musten geben Christian Sander, Gottfr. Schaf, u. Christian Gärtner, jeder eins; welche aber ziemlich nach ihrem Werthe bezahlt wurden.

Abschrift der 1. Tabelle aus dem Manuskript

Geschichte des Krieges von 1806 und die von uns erlittenen Drangsale bis 1808

Den 8ten Oktober war uns der Krieg ausgebrochen. Wir waren ruhig dabei, weil wir glaubten, derselbe würde entfernt von uns geführt werden. Aber ach! nur allzubald wurde uns dieser Irrthum benommen: denn schon den 12ten Abends langten Flüchtlinge bey uns an, auch war den Abend schon eine französische Patroull in Leipzig. Bald erfuhren wir, daß der heldenmüthige Prinz Louis[63] (der hier ein Opfer seiner Kühnheit wurde) bey Saalfeld geblieben war; - er ward allgemein betrauert. Aus diesen Fällen erfuhren wir nun, daß der Kriegsschauplatz sich nach unserer Gegend zog, jedoch glaubten wir immer, daß unsere Leute siegen würden. Der 14 Octbr: kam nun heran, wo wir von frühen Morgen an eine der schrecklichsten Kanonaden hörten. Furchtbar schallte der Donner des Geschützes zu uns herüber, so, daß der Erdboden zitterte, die Fenster klangen u. Rauchsäulen von brennenden Dörfern stiegen empor; wir sahen nun, daß beiderseitige Armeen im harten Kampfe waren, jedoch wurden wir beruhigt, da es hieß: unsere Armee hätte den Sieg errungen.

Der Herzog Eugen von Würtemberg[64] langte nun mit der Preußischen Reserve-Armee an, u. bezog in der Nacht vom 16 zum 17 Octbr: ein Lager vor dem Galgthore vor Halle. Ein jeder trieb seine Geschäfte ruhig fort; aber plötzlich langten den 17ten gegen Mittag der französische Marschall Bernadotte vor Halle an, wo es nun zum Kampfe kam. Die Preußen thaten jedoch nicht viel Widerstand, u. fingen bald an auf Dessau zu retiriren – u. so wurde unsere Gegend noch vor Abend mit französischen Truppen überschwemmt.

---

[63] Friedrich Ludwig Christian von Preußen; s.a. Personenregister unter *Friedrich Ludwig Christian*
[64] siehe Personenregister unter *Eugen von Württemberg*

Das Retiriren fing auch nun bey uns an, erst flüchteten wir mit den Pferden, nachher flüchteten auch die Menschen, immer von einem Dorf zum andern, denn eine große Furcht bemächtigte sich Aller.

Die Franzosen bezogen nun ein Lager bey Zweendorf u. Reußen, fingen an zu plündern u. zu rauben u. nahmen den Bewohnern der Umgegend beinahe Alles, wodurch die benachbarten Dörfer viel litten. Unser Dorf blieb zwar verschont, aber eine Reuter Patroull nahm uns bey Rabutz 2 Pferde, u. plünderte diejenigen, welche sich beym Pferden befanden, aus; die Pferde kauften wir ihnen wieder ab.

Es rückten nun immer mehr Truppen in Halle u. Leipzig an, und nun erfuhren wir erst den Ausgang der großen Schlacht am 14 Octbr:. Napoleon hatte die Preußische Armee südlich umgangen, u. ein Theil seiner Armee langte schon den 12ten in Naumburg an; der König mußte nun seine Armee gleichfalls zurücke ziehen, u. so trafen sich beide Armeen bey Jena u. Auerstädt[65].

Der Fürst Hohenloh[66] commandirte bey Jena gegen Napoleon; der König und der alte Herzog von Braunschweig bey Auerstädt gegen den Marschall Davoust[67]. Gleich zu Anfange der Schlacht wurde der Herzog von Braunschweig schwer blessirt, welches Stockung verursachte, u. so wurden die Preußen, ungeachtet ihrer Tapferkeit, total geschlagen u. der Marschall Möllendorf[68], nebst vielen Generalen, Offizieren u. Gemeinen gefangen. Die geschlagene Armee retirirte über Buttstädt, Nordhausen, Halberstadt auf Magdeburg.

---

[65] Schlacht bei Jena und Auerstedt (Vierter Koalitionskrieg), 14.10.1806: schwere Niederlage der preußischen Armee gegen die französischen Truppen Napoleons
[66] Friedrich Ludwig Fürst zu Hohenlohe-Ingelfingen und Hohenlohe-Öhringen; s.a. Personenregister unter *Hohenloh*
[67] Louis-Nicolas d'Avoût; s.a. Personenregister unter *Davoust*
[68] Wichard Joachim Heinrich von Möllendorff; s.a. Personenregister unter *Möllendorf*

Napoleon kam mit seiner Armee selbst in Halle an, so wie Davoust in Leipzig. Sie rückten aber schnell, Napoleon über Dessau, Davoust über Wittenberg vorwärts auf Berlin, wo sie den 21 Octbr: anlangten, sich aber auch nicht lange aufhielten, sondern auf Polen los zogen, wo die Polacken ihrer warteten, die gern von der Preußischen Regierung befreyet seyn wollten.

Durch das schnelle Vorrücken der Franzosen wurde unsere Gegend bald leer von Truppen, ein gutes Geschick waltete über uns. Wie durch einen heftigen Sturmwind war das uns drohende Gewitter über uns weg gejaget worden; denn blitzschnell waren diese Armeen, ohne sich recht ausbreiten zu können, durch. Die französische Armee war prachtvoll, zumal der Vortrab, oder die leichte Infanterie. Ein Soldat ging schwarz, der Andere blau, der Dritte roth – kurz, - man hatte sie von allen **Couleuren**, in lauter Kleidungsstücke gefüllt, die sie geraubet hatten. Die regulairen Truppen waren zwar ein wenig besser gekleidet, doch auch diese plünderten, u. nahmen, was sie fanden; das nemliche thaten sogar die Kayserlichen Gardisten.

Abb. 12:

Französische Soldaten jener Zeit, etwa in der geschilderten Bekleidung

Wem sie auf ihrer Straße antrafen, plünderten sie aus, darum war es ein Glück für uns, daß ihre Straße nicht bei uns vorbey ging u. daß sie bald weiter mußten, sonst würden sie uns wohl noch besucht haben. Die Ordnung ward nun wieder hergestellt; wir wurden wieder ruhig; wir bekamen zwar Lieferungen, doch waren sie leidlich; wir mußten zwar Kriegsfuhren thun, doch dies waren wir schon gewohnt.

Das Unglück kehrte sich ganz zu unserem guten König **Wilhelm**[69]. Alles schien sich gleichfalls gegen ihn verschworen zu haben. Die wichtigsten Festungen **Glogau, Stettin, Cuestrin, Spandau, Magdeburg, Hammeln** u. **Breslau** fielen ohne gehörige Belagerung durch Feigheit u. Schelmerei ihrer Commandanten; der Preußische Ruhm erlosch; die Commandanten dieser Festungen wetteiferten, wer sich am ersten den Franzosen in die Hände werfen wollte; - u. so gingen binnen 4 Wochen die Bollwerke verlohren, wo wenigstens 100,000 Franzosen sich die Köpfe einrennen mußten. Auch hätte bei gehöriger Vertheidigung der König seine Streitkräfte eher wieder sammeln können[70].

Der Fürst Hohenloh, Commandor eines Theils der geschlagenen Armee, capitulirte ebenfalls bei Prenzlo, u. ließ sich u. seine Truppen gefangen nehmen. Der einzige Blücher[71] zeigte sich des Preußischen Nahmens würdig. Er sammelte jenseits der Elbe die zerstreuten Truppen der Reserve= u. Hauptarmee, ohngefähr 22,000 Mann; mit diesen zog er gegen die Oder, um sie seinem Könige zuzuführen. Er wollte sich mit Hohenloh vereinigen, u. war nur noch 2 Märsche

---

[69] König Friedrich Wilhelm III. von Preußen
[70] Nach der Niederlage der preußischen Armee bei Jena und Auerstedt hätten die Festungen dem Rückzug und dem Sammeln der preußischen Heeresteile dienen sollen. Die westlichen Festungen wurden aber erst nach der Schlacht bei Jena und Auerstedt verteidigungsbereit gemacht. Trotz der Verteidigungsbereitschaft fielen alle Festungen an der Elbe und Oder den Franzosen und deren Verbündeten ohne Belagerung in die Hände. Damit war das preußische Kernland bis Ende 1806 ohne alle Deckung durch Festungen.
[71] Gebhard Leberecht von Blücher; s.a. Personenregister unter *Blücher*

entfernt, als dieser capitulirte. Hierdurch war er nun von der Oder abgeschnitten u. verlohren; um aber doch seinen Könige so viel zu nützen, als in seiner Lage möglich war, zog er schnell zurück; aber eine 4 mal stärkere französische Heeresmasse drängte ihn von allen Seiten, u. so ging er bis Lübeck, wo den 4ten Nov. eine hitzige Schlacht vorfiel[72]. Von allen Seiten umringt, blieb ihm nun kein ander Loos übrig, als sich u. seine braven Truppen gefangen nehmen zu lassen, welches denn auch durch Capitulation geschah; und so ging der Rest, der bey Jena u. Halle beinahe aus 150,000 M. gestandenen Armeen verlohren.

Aus unserm Orte haben diesen Feldzug mitgemacht: Gottfr. Ochse, Christian Stoye u. Gottfr. Schaaf, welcher Letzterer an der Schlacht von Auerstädt Theil nahm; dieselben machten die Rettirade nach Magdeburg mit, wo sie gefangen wurden. Sie ranzonirten sich aber, u. kamen glücklich nach Hause.

Die große Französische Armee rückte in Pohlen immer weiter vor; die Russen kamen den Könige nun zu Hülfe. Beide Armeen trafen sich den 26sten Decbr. bey Pultusk, wo eine mörderische Schlacht[73] zum Nachtheil der Russen vorfiel, und so wurde dieses unglückliche Jahr mit Blutvergießen vergossen.

---

[72] Schlacht bei Lübeck (Vierter Koalitionskrieg), 06.11.1806: Truppen Preußens gegen französische Truppen; Blücher muss kapitulieren: "Ich capituliere, weil ich weder Munition noch Brod und Fourage habe."
[73] Schlacht bei Pultusk (Vierter Koalitionskrieg), 26.12.1806: Das russisch-preußische Heer (General Levin August von Bennigsen) hinderte die französische Armee unter Marschall Jean Lannes am Übergang über den Narew. Den Franzosen gelang nicht, die links des Flusses verschanzten Russen zu vertreiben; sie machten nur unerhebliche Geländegewinne und nahmen das Dorf Mosin ein.

Das Jahr 1807.

Der Kaiser Alexander[74] schickte dem König **Wilhelm**[75] immer mehr Hülfstruppen; Er selbst langte in dem Feldlager an, u. nun zogen die Armeen gegen die französischen u. trafen sie den 8$^{\underline{ten}}$ Febr: bey Preußisch Eylau; eine schreckliche Schlacht[76] ward hier geliefert, viel Menschen fielen von beiden Seiten, u. doch ward nicht viel entschieden; beyde schrieben sich den Sieg zu; die Russisch-Preußische Armee zog sich aber auf Königsberg zurück; nun fielen bis zum Juny noch mehrere Gefechte vor; auch Danzig, das der alte Kalkreuth[77] so tapfer vertheidigte, fiel, so wie Königsberg.

Vom 5$^{\underline{ten}}$ bis 12 Juny fiel nun eine der größten Schlachten in der Gegend von Friedland[78] vor; Gefecht war auf Gefecht in diesen Tagen. Tausend und aber Tausend sanken als Schlachtopfer des Krieges; wie Löwen fochten die Preußen, u. doch blieb Napoleon Sieger. Den 22$^{\underline{sten}}$ wurde hierauf Waffenstillstand, u. am 9$^{\underline{ten}}$ July Friede zu Tilsit geschlossen, wodurch Preußen Pohlen u. alle Länder zwischen der Elbe u. dem Rhein verlohr[79].

Preusen verlohr durch diesen Frieden 2483 Quadratmeilen Land, 4.091,380 Seelen, 564 Städte, 57 Flecken, 19,346 Dörfer und 17 Millionen Thaler Einkünfte; u. behielt 3007 Quadratmeilen, 5.317,927 Seelen, 411 Städte, 48 Flecken, 16,513 Dörfer und 19 Millionen Thaler Einkünfte.

---

[74] Zar Alexander I. von Russland
[75] König Friedrich Wilhelm III. von Preußen
[76] Schlacht bei Preußisch Eylau, 07.02. bis 09.02.1807: russische Armee (Kommando: General Levin August von Bennigsen) gegen die französische Grande Armée (Kommando: Napoleon Bonaparte); brachte kein eindeutiges Ergebnis
[77] Friedrich Adolf Graf von Kalckreuth; s.a. Personenregister unter *Kalkreuth*
[78] Schlacht bei Friedland (Ostpreußen), 14.06.1807; letzte Schlacht im Vierten Koalitionskrieg: Eine zahlenmäßig überlegene französische Armee (Kommando: Napoleon Bonaparte) schlug ein russisch-preußisches Heer (Kommando: General Levin August von Bennigsen).
[79] Frieden von Tilsit: beendete den Vierten Koalitionskrieg (1806-1807) zw. Preußen/Russland und Frankreich; Preußen verlor enorm an Machteinfluss.

Die Preußischen Länder in Pohlen erhielt der neu gemachte König von Sachsen[80], unter dem Titel: Großherzogthum **Warschau**, zur Vergeltung, daß er Preußen verließ, u. sich eifrig an Napoleon anschloß.

Die Länder zwischen der Elbe u. Rhein erhielt größtentheils der Bruder Napoleons, **Jerome**, unter dem Titel Königreich **Westphalen**[81], wozu noch die Churhessischen u. Braunschweigischen Länder geschlagen wurden, derer Fürsten Napoleon ihrer Länder beraubte, weil sie Anverwandte von Preußen waren.

Der harte Krieg war nun geendet, unseren guten König Wilhelm hatten wir verlohren, welcher durch eine an uns erlassene Procklamation rührenden Abschied nahm, worin er spricht: *„Ihr kennt, geliebte Bewohner treuer Provinzen meine Gesinnungen, u. die Begebenheiten des letzten Jahres. Meine Waffen erlagen, trotz aller Anstrengung, dem Unglück; der Friede mußte, wie ihn die Umstände verschrieben, abgeschlossen werden. Was Jahrhunderte u. biedere Vorfahren, was Liebe u. Vertrauen verbunden hatte, mußte getrennt werden; das Schicksal gebiethet, der Vater scheidet von den Kindern. Unsere heißesten Wünsche begleiten Euch, zu Euren neuen Landesherrn. Euer Andenken kann kein Schicksal, keine Macht aus meinen und der meinigen Herzen vertilgen."*

So sprach der gute König, den wir verlohren. Ein Fremdling ward uns nun aufgedrungen, welcher uns zwar versprach, Alles sollte besser werden; doch kaum war der König **Jerome** gekrönt, so mußten wir überaus große **Contributionen** neben den ordinairen Abgaben bezahlen, welches die Kräfte der Einwohner überstieg, u. welche

---

[80] König Friedrich August von Sachsen; s.a. Personenregister unter *Friedrich August*
[81] Königreich Westphalen: französischer Satellitenstaat und Modellstaat, erschaffen durch Kaiser Napoleon Bonaparte. Das Königreich Westphalen sollte sich durch rationale Staatsorganisation auszeichnen und Vorbildwirkung entfalten.

„Proclamation an die Bewohner der Provinzen und Gebiete: Altmark jenseits der Elbe, Kotbus, Magdeburg jenseits der Elbe, und Mannsfeld, Baireuth, Hildesheim und Goslar, Paderborn, Halberstadt und Wernigerode, Münster, Münden, Ostfriesland, Eichsfeld, Erfurt, Quedlinburg, Grafschaft Mark, Essen, Elten und Werden, Ravensberg, Hohenstein, Tecklenburg, Lingen, Mülhausen, Nordhausen, Treffurt ꝛc., Blankenheim, der Stadt Danzig, und des abzutretenden Theils von dem Kulmischen Gebiete. Ihr kennt, geliebte Bewohner treuer Provinzen, Gebiete und Städte, meine Gesinnungen und die Begebenheiten des letzten Jahres! Meine Waffen erlagen dem Unglück, die Anstrengungen des letzten Restes meiner Armee waren vergebens. Zurückgedrängt an die äußerste Gränze des Reichs, und nachdem mein mächtiger Bundesgenosse selbst zu Waffenstillstand und Frieden sich genöthigt gefühlt, blieb mir nichts übrig, als dem Lande Ruhe nach der Noth des Krieges zu wünschen. Der Friede mußte so, wie ihn die Umstände vorschrieben, abgeschlossen werden! Er legte mir und meinem Hause, er legte dem Lande selbst, die schmerzlichsten Opfer auf. Was Jahrhunderte und biedere Vorfahren, was Verträge, was Liebe und Vertrauen verbunden hatten, mußte getrennt werden. Meine und der Meinigen Bemühungen waren fruchtlos! Das Schicksal gebietet, der Vater scheidet von seinen Kindern: Ich entlasse Euch aller Unterthanenpflicht gegen mich und Mein Haus. Unsre heißesten Wünsche für Euer Wohl begleiten Euch zu Euerm neuen Landesherrn, seid Ihm, was Ihr mir waret. Euer Andenken kann kein Schicksal, keine Macht aus Meinem und der Meinigen Herzen vertilgen. Memel den 24. Juli 1807.

Friedrich Wilhelm."

Abb. 13: Die Proklamation Friedrich Wilhelms III. vom 24.07.1807

Gelder nach Paris wanderten. Hierdurch zog sich unser Dorf eine große Schuldenlast zu, denn 1200 Thaler wurde in der Gemeinde geborgt, u. die mehresten Einwohner mußten noch **à parté** Schulden machen. Dies war keine gute Empfehlung unsers neuen Königs; u. doch wußte man das Gute der neuen Regierung, das wir noch zu hoffen hätten, so vorzuspiegeln, daß die französische Landverderbliche Regierung viele Anhänger erhielt.

Das Einzige, was wir Gutes genossen, war, das wir die ungemessenen Hofdienste – wie die Baufröhnen auf dem Ritterguthe **Lochau** – los wurden.

49

Uebersicht der Lasten in dem Kriege von 1806 bis 7.

1. Lieferungen.

Waitzenmehl 6 Schfl. — — a Schfl. 3 rthl. macht 18 rthl.
Roggenmehl 2 " ... " 3 " " 6 "
Hafer 48 " — — a Wispl 40 " — — 80 "
Für 1½ Wispl. Hafer bezahlter Nachschuß — — — 20 "
2 Kühe — — — — — a 64 rthl — — 128 "
Die Kosten von den Einfuhrungen betragen — — — 32 "

Summa 284 rthl.

2. Vorspann.

300 Pferde gestellt bis 1 Jan. 1808. a Pferd 1 rthl 16 gl. — 500 rthl.

3. Einquartierung.

90 Mann ??? 1 Tag à Mann 16 gr. macht — — — 60 rthl.

4. Pluenderung.

Christian Scharf 70 rthl. — Christian Gärtner 20 rthl. Chr. Kunze 20 rthl.
Jedem baare 60 rthl. — — — — macht — 180 rthl.

5. Krieges Contribution.

Die erste ??? betrug — — — 400 rthl.
Die große Contribution — — — — 4825 "
Die zweite ??? — — — — — 540 "

Summa 5760 rthl.

Recapitulation:

Einfuhrungen betragen 284 rthl.
Vorspann — — — — 500 "
Einquartierung — — 60 "
Pluenderung — — — 180 "
Kontribution — 5760 "

Summa 6784 rthl.

NB. ...

2. Tabelle aus dem Manuskript

Uebersicht der Lasten in dem Kriege von 1806 bis 7.

1. Lieferungen.

Waitzenmehl	6 Schfl.	à Schfl.	3	Thlr:	macht	18	Thlr.
Roggenmehl	2 "	"	3	"	...	6	"
Hafer	48 "	à Wispl:	40	"	...	80	"
für 1 1/2 Wispl. Hafer bezahlter Nachschuß					...	20	"
2 Kühe		à	64	Thlr:	...	128	"
Die Kosten von den Lieferungen betragen						32	"
					Summa	284	rtl.

2 Vorspann.

300 Pferde
gestellt bis 1. Jan: 1808 à Pferd 1 Thlr. 16 gl. **500 Thlr:**

3. Einquartierung.

90 Mann auf 1 Tag à Mann 16 Gr. macht **60 rtl.**

4. Plünderung

Christian Schaaf	70	rtl.
Christian Gärtner	20	rtl.
Chr. Sander	20	rtl.
Adam Laue	60	rtl.
macht	**180 rtl.**	*(?)*

5. Krieges Contribution.

Die erste Anleihe betrug	400	rtl.
Die große Contribution	4825	"
Die zweite Anleihe	540	"
Summa	**5760 Thlr:**	*(?)*

Recapitulation:

Lieferungen betragen	**284**	**rtl.**	**Ns.** Dieses Alles mußte die
Vorspann	**500**	**"**	Gemeinde Gottenz nach dem
Einquartierung	**60**	**"**	Einrücken der Franzosen an
Plünderung	**180**	**"**	Dieselben leisten.
Kontribution	**5760**	**"**	
Summa	**6784**	**Thlr:**	

Abschrift der 2. Tabelle aus dem Manuskript

Schicksale unter Westphaelischer Hoheit

1808.

Dieses Jahr fing man an, die alte Regierungsverfassung über den Haufen zu werfen, u. eine neue Verfassung – die französische – wurde auch bey uns eingeführt. Das Land ward in Departements, Districte, Cantons und Communen eingetheilt[82]. Die Vorgesetzten waren im **Departement** ein **Prefect**; im **District** ein Unterprefect, im Canton ein Cantonmaire u. in jeder Commune ein Maire[83]; diese hatten noch Adjuncten und Munizipalräthe. Zur Verwaltung der Justiz war in jedem Canton ein Friedensgericht u. im **Departement** ein Tribunal. Verkäufe, Testhamente u. dergleichen wurden von Notarien besorgt; jeder Prediger wurde Civilbeamte seines Kirchspiels, u. mußte bey Geburt, Trauung u. Todesfalle eine Acte aufnehmen. Alles Dieses waren Einrichtungen, die dem Nutzen des Landes beförderten? Denn z.b. ein Prozeß oder Kaufcontract, der unter Preußens Regierung **10 rth.** kam, kam jetzt über **50 rth.**.

Die französische Armee blieb größtentheils in Preußen stehen; dies auch drückte uns, weil franz. Truppen bald hin, bald her zogen.

Westphalen mußte **25000** französische Truppen unterhalten u. kleiden, die Conscription wurde eingeführt u. das Militär neu errichtet.

---

[82] Die Verfassung des Königreichs Westphalen sah eine Verwaltungseinteilung in Departements, Distrikte und Mairien vor (französisches Vorbild); mehrere Mairen bildeten einen Kanton (vorwiegend für Militärzwecke). Das neue Königreich war anfangs in 8 Departements eingeteilt, die Departements in Distrikte (auch Unterpräfektur oder Bezirk genannt), diese in Kantone (auch als Cantons-Mairien bezeichnet). Die Kantone waren in Communen (auch Mairien genannt) aufgeteilt (entweder als Stadt/ville oder als Dorf/village bezeichnet).

[83] Die Leitung jedes Departements oblag einem Präfekten: gesamte innere Verwaltung, Steuerverwaltung, Aufsicht über Nationalgarden, Truppenverpflegung, Truppenaushebungen usw. In seinem Amtssitz im Departement stand der Präfekt gleichzeitig für die Distriktsverwaltung als Unterpräfekt. An der Spitze der Kantone stand ein Cantons-Maire, an der Spitze der Communen ein Maire, die auch im deutschen amtlichen Schriftverkehr so genannt wurden.

Jetzt zeigte der große Napoleon seine edle Denkungsart öffentlich. Der König von Spanien[84] hatte ihm Hülfstruppen mit gegen Preußen gegeben; auch ihm verstattet, durch sein Land zu ziehen, um den König von Portugall[85] zu verjagen u. demselben seiner Lande zu berauben. Jetzt zettelte er Unruhen zwischen Vater[86] u. Sohn[87] an; - er warf sich zum Schiedsrichter auf, u. lud beyde vor sein Gericht nach Bayonne, wo er das Urtheil fällte: - das Beyde, der König[88] u. Kronprinz[89] von Spanien nach Frankreich in die Gefangenschaft kehren sollten; seinen Bruder Joseph[90] ernannte er zum Könige von Spanien.

So ein Urtheil fällte der große Napoleon! – Es kam aber auch zu einem harten Kriege, weil die spanische Nation hierzu nicht gleichgültig war[91].

1809.

Jetzt begann ein neuer mörderischer Krieg zwischen Frankreich u. Oestreich. Napoleon glaubte, es würden in dem schweren Kriege mit Spanien noch nicht Menschen genug aufgeopfert; er fing also, um seine Mordlust zu befriedigen, einen neuen Krieg mit Oestreich an. Er nahm im April 1809 seinen Anfang[92].

---

[84] König Karl IV. von Spanien; s.a. Personenregister unter *Karl IV.*
[85] König Johann VI. von Portugal und Brasilien; s.a. Personenregister unter *Johann VI.*
[86] König Karl IV. von Spanien
[87] Ferdinand, nach Abdankung Karls IV. als König Ferdinand VII. von Spanien; s.a. Personenregister unter *Ferdinand*
[88] König Karl IV. von Spanien
[89] Ferdinand, nach Abdankung Karls IV. als König Ferdinand VII. von Spanien
[90] Joseph Bonaparte
[91] Joseph Bonaparte wurde am 06.06.1808 von seinem Bruder Kaiser Napoleon Bonaparte - nach der Abdankung von Karl IV. und Ferdinand VII. - zum König von Spanien proklamiert. Das bewirkte den Widerstand der spanischen Bevölkerung, der zu einem Kleinkrieg während der gesamten Regierungszeit Josephs führte.
[92] Fünfter Koalitionskrieg (Österreichisch-Französischer Krieg) von 1809: Österreich (von Großbritannien unterstützt) gegen das Kaiserreich Frankreich mit seinen Verbündeten im Rheinbund. Österreich begann den Krieg und hoffte, dass der

In den Schlachten bey **Regensburg**[93], **Wagram** u. **Enzersdorf**[94] fielen viel Menschen; er war zwar von kurzer Dauer, aber mörderisch. Schon im July d.J. schloß man einen **Waffenstillstand**[95], wo endlich nach langen Unterhandlungen Friede geschlossen ward. Oestreich verlohr abermahls viele Länder, u. wurde von der See ganz abgeschnitten.

Auch uns nahten sich in diesem Jahre kriegerische Ereignisse, denn am dritten May rückte der Rittmeister **Brunow**[96] mit einem **Detaschement** Schillscher Husaren[97] in Halle ein. Alles jubelte, wieder Preußen zu sehen, der Westphälische Adler wurde zertrümmert, u. der Preußische wieder angeschlagen. Jedoch diese Freude war nur von kurzer Dauer, denn dieses **Detaschement** verschwand wieder, wie es gekommen war u. Preußen nahm keinen Antheil am Kriege.

Dieser Schill[98] war Partheigänger in dem Kriege von 1806 u. 7, u. zeichnete sich sehr aus; wodurch er denn auch freie **Disposition** über sein Kor behielt. Er wollte daher ohne des Königs von Preußen Wissen u. Willen dessen verlohrene Länder wieder erobern; jedoch

---

Aufstand in Spanien Napoleons Kräfte entscheidend binden würde - was nicht eintraf.

[93] Schlacht bei Regensburg, übergeordnete Bezeichnung für mehrere Gefechte und Schlachten anfangs des Fünften Koalitionskrieges zwischen dem 19.04. und 23.04.1809: Die österreichische Armee wurde von französischen Truppen geschlagen und musste sich nach Österreich zurückziehen.

[94] Schlacht bei Wagram, 05./06.07.1809: Französische Truppen besiegten die österreichische Armee nahe Wien.

[95] Infolge der Schlacht bei Wagram wurde am 12.07.1809 der Waffenstillstand von Znaim geschlossen, der von Österreich schon vor der Schlacht angeboten wurde. Wesentlicher Punkt: Festlegung einer Demarkationslinie von Böhmen bis Fiume zur Abgrenzung des Einflussbereiches von Frankreich und Österreich. Österreich hatte Tirol zu räumen und die Festungen Graz und Brünn an Frankreich abzutreten.

[96] Rittmeister Brunow s.a. Personenregister unter *Brunow*

[97] Schillsches Freikorps (Schillsche Jäger); irreguläre Einheit unter dem preußischen Major Ferdinand von Schill (gefallen in Stralsund); kämpfte während des Fünften Koalitionskrieges gegen Frankreich

[98] Ferdinand Baptista von Schill; s.a. Personenregister unter *Schill*

verfolgten ihm die Franzosen, u. nach mehreren Gefechten blieb er bey Stralsund.

Abb. 14: Ferdinand von Schill

Den 22ten Juny rückte ein Corps Oestreicher in Leipzig ein, um eine Diversion im Rücken der französischen Armee zu machen; der König von Westphalen[99] zog gleichfalls mit einem Corps über Merseburg

---

[99] Jérôme Bonaparte

heran, jedoch die Oestreicher zogen sich nach Böhmen zurück u. so blieben wir verschont.

Den 29 July kam der Herzog von Braunschweig-Oels[100] auf seinem Zuge nach England mit seinem Freikorps bey uns durch, thaten aber niemand etwas zu Leide, u. hielten sich auch nur einen Tag in Halle auf.

Dieses Jahr mußte auch Westphalen Hülfstruppen mit nach Spanien geben, worunter sich aus unserem Ort **Gottfr. Schaaf** befand, welcher auch bey der Vestung **Gierronne**[101] in Spanien im Feldhospital zu **Fieguerras** sein frühes Grab fand.

1810 u. 11

Der Krieg Frankreichs mit Spanien und England dauerte ununterbrochen auch in diesen Jahren fort und kostete viele Menschen; in unsern Gegenden aber war Ruhe. Und doch war der größte Theil des Königsreichs mit französischer Einquartierung belegt, welches dem Lande unsägliche Kosten verursachte; denn unter 12 bis 16 g/. konnte keiner einen Mann einen Tag unterhalten, da die Franzosen viel besser lebten, als mancher Edelmann. Unser Dorf aber blieb verschont mit Einquartierung.

Nun genoßen wir ganz das Glück der neuen Regierung, die uns so viel versprach. Die Abgaben mehrten sich, es wurde Personal= u. Consumtionssteuer eingeführt; alle Producte wurden mit schweren Abgaben belegt; ein Schwarm von Visitatoren umzog uns, welches größtentheils der Abschaum der Menschheit war, u. durch welche wir gezwungen wurden, Alles zu versteuern, um nicht in schwere Kosten zu fallen. Handel u. Wandel ging sehr schlecht, denn die

---

[100] siehe Personenregister unter *Friedrich Wilhelm von Braunschweig*

[101] Festung Girona: Die Festung sollte während des spanischen Freiheitskrieges gegen die Franzosen auf Befehl Napoleons erobert werden. Sie fiel erst beim dritten Versuch und nach einer Belagerung, die vom Mai bis Dezember 1809 dauerte.

Colonialprodukte waren mit übermäßigen Abgaben belegt; Englische Fabrikwaren durften nun gar nicht mehr eingeführt werden; die schon vorhandenen wurden verbrannt, in Leipzig für den Werth vieler Tonnen Goldes.

Abb. 15: Kontinentalsperre; Leipziger Kriegs-Szene aus dem Jahr 1806

Originaltext zum Bild: Die französischen Soldaten untersuchen im Thor, ob keine Englische Waaren hinausgebracht werden

Die ehemaligen Königlichen und Prinzlichen Güter verschenkte Napoleon an seine Generale; die **Domainen**, die der König **Jerome** erhielt, wurden verkauft; u. doch mehrten sich die Staatsschulden, obgleich auch die Adlichen u. Geistlichen Güter mit Steuern belegt wurden. Alle Jahre wurden neue Zwangsanleihen vom Lande gemacht; u. bey allen diesen schweren Auflagen fielen die Getraidepreise immer mehr, so daß der Schfl. Korn kaum noch 18

Gr. galt; u. so lebten wir in unsern neuen Staate sehr unglücklich. Wir lernten nun einsehen, was wir an unserm Wilhelm[102] verlohren hatten; alle wünschten ihn wieder zurück, aber es war nur keine Aussicht darzu da, denn Napoleon schien unüberwindlich zu seyn; u. nichts blieb uns übrig, als in die Lage der Dinge zu finden.

<u>1812</u>

Napoleons Herrschsucht hatte noch nicht ihr Ziel erreicht; sein Dichten und Trachten ging nur dahin, sich immer mehr empor zu schwingen u. Alleinherrscher zu werden; Alle nieder zu treten, die es wagten, sich ihn zu widersetzen. Er hatte schon viele Throne umgestürzt; Länder zerstört; Königreiche errichtet und wieder vernichtet. Seinen Bruder **Ludwig**[103] hatte er zum König von Holland ernannt. Doch da dieser seine Unterthanen glücklich machen wollte, jagte er ihn fort, u. machte Holland zur französischen Provinz. Sein Bruder **Lucian**[104] sollte König von Spanien werden, wollte aber kein Kronräuber seyn, u. flüchtete lieber nach England, um sich seinen rachsüchtigen Händen zu entziehen. Nun mußte **Joseph**[105] **Neapel** verlassen u. nach Spanien wandern, sein Schwager **Mürat** bekam Neapel u. das Bergische behielt er für sich.

Bremen, Hamburg, Lübeck u. das Oldenburgische nahm er ohne Umstände in Besitz, u. vereinigte es mit Frankreich; Schwedisch Pommern hatte das nemliche Schicksal, weil sich der König von Schweden[106] mit England ausgesöhnt hatte.

An den Papst[107] kam nun auch die Reihe. Dieser hatte ihm vorher zum Kaiser gecrönet[108], u. seine Heyrath mit Josephinen

---

[102] König Friedrich Wilhelm III. von Preußen
[103] Louis Napoleon Bonaparte
[104] Lucien Bonaparte; s.a. Personenregister unter *Bonaparte, Lucien*
[105] Joseph Bonaparte
[106] König Karl XIII. von Schweden; s.a. Personenregister unter *Karl XIII.*
[107] Pius VII.; s.a. Personenregister unter *Papst*
[108] Selbstkrönung Napoleon Bonapartes am 02.12.1804 zum Kaiser der Franzosen: Er empfing bei der Krönungszeremonie in Paris die Krone aus den Händen Papst

eingesegnet; aus Erkenntlichkeit verjagte er ihn aus Rom, u. schlug seine Länder zu Frankreich[109].

Wer erstaunt nicht über diesen Länderraub? Die Nachwelt wird es kaum glauben, daß ein einziger Mensch, in einem so kurzen Zeitraum Alles so durch einander werfen konnte; so viele Könige u. Fürsten entrohnen; Länder berauben, u. – so viele Menschen morden konnte? u. doch gab es Menschen, die diesen Mann den Großen nannten; ihn Weihrauch streuten, u. ihn wie einen Gott verehrten.

Doch dies Alles genügte ihn nicht; er war auch bedacht, sich und seiner Sippschaft mit den ältesten Regentenhäusern zu verbinden. Der König von Bayern[110] war der erste, der seine Tochter[111] hergeben mußte, um solche mit seinem Stiefsohne, dem Vizekönig von Italien[112] zu vermählen. Der Erbprinz von Baden[113] vermählte sich mit einer **Demoiselle Paschen**[114], die Napoleon zur Kaiserlichen Prinzessin erhoben hatte. Sein Bruder Hieroniemus[115] heyrathete

---

Pius´ VII., setzte sie sich selbst auf das Haupt, woraufhin der Papst gab seinen Segen gab.

[109] Im Konkordat von 1801 musste Papst Pius VII. anerkennen, dass die katholische Kirche nicht mehr als Staatskirche galt. Seine Bemühungen, Napoleon zur Wiederherstellung des Kirchenstaates zu bewegen, blieben erfolglos. 1806 erklärte Napoleon, der Papst sei sein Untertan. Der Papst protestierte und weigerte sich auch, in einem Krieg zugunsten Napoleons zu agieren. Am 16.05.1808 erfolgte per Dekret Napoleons die Vereinigung Roms mit dem französischen Territorium. Papst Pius VII. wurde gefangen genommen und nach Ligurien gebracht, nachdem er Napoleon am 10.06.1809 exkommuniziert hatte.

[110] König Maximilian I. von Bayern; s.a. Personenregister unter *Maximilian I. Joseph*

[111] Auguste Amalia Ludovika von Bayern; s.a. Personenregister unter *Auguste Amalia Ludovika*

[112] Eugène-Rose de Beauharnais; s.a. Personenregister unter *de Beauharnais, Eugène-Rose*

[113] Karl Ludwig Friedrich von Baden; s.a. Personenregister unter *Karl Ludwig Friedrich*

[114] Stéphanie Louise Adrienne de Beauharnais; s.a. Personenregister unter *de Beauharnais, Stéphanie Louise Adrienne*

[115] Jérôme Bonaparte

eine Prinzessin von Würtemberg[116], die er nicht liebte. Der Tyrann zwang ihn, seine rechtmäßige Frau zu verlassen, weil sie eine Engländerin[117] war.

1812

Nach den Frieden zu Wien lößte Napoleon seine eigene Bande mit Josephinen[118] auf, weil sie unfruchtbar war, u. sich derselbe noch Kraft genug zutraute mit einer Jüngern, einen Thronfolger zu erzeugen. Er hatte Josephinen geheyrathet, um **General** zu werden, indem sie ihm ein großes Vermögen zuwandte. Jetzt war er Kaiser, u. brauchte ihres Geldes nicht mehr. Aber er brauchte einen Thronfolger – also eine Andere her!

Er klopfte bey Franzen[119] an, dem er einen Kaisertitel, seine italienischen Erbstaaten, Tyrol u. die Küstenländer geraubt, u. fand, zum Erstaunen der ganzen Welt! Gehör. Franz gab ihm die Tochter[120], u. diese den Thronfolger[121].

Was blieb dem Glücklichen nun noch übrig? Nichts weiter, als Rußland zu züchtigen, das seinen Handelsverkehr mit England wieder anknüpfen wollte. Seine Heere erhielten Befehl zum Aufbruch und strömten Schaarenweise dem Norden zu. Die Fürsten des Rheinbundes mußten ihre **Contigente** stellen, obgleich Deutschland nicht bedroht wurde; der ganze Süden rüstete sich gegen Rußland. Ein Heer von 4 bis 500,000 Mann, das schönste u. bravste, das man je gesehen, drang vor; ein Theil hiervon langte

---

[116] siehe Personenregister unter *Friederike Katharina Sophie Dorothea von Württemberg*
[117] Elizabeth „Betsy" Patterson; s.a. Personenregister unter *Patterson, Elizabeth*
[118] Joséphine de Beauharnais; s.a. Personenregister unter *de Beauharnais, Joséphine*
[119] Franz Joseph Karl aus dem Hause Habsburg-Lothringen
[120] siehe Personenregister unter *Marie-Louise von Österreich*
[121] Napoleon Franz Joseph Karl Bonaparte; s.a. Personenregister unter *Bonaparte, Napoleon Franz Joseph Karl*

gegen Ostern in unserer Gegend an; viele Tage war der District von Halle mit Einquartierung belegt, ehe sie weiter marschierten. Der Aufbruch geschahe durch das Preußische, wo ihnen der König[122] die wichtigsten Vestungen einräumen, u. 30,000 Mann Hülfstruppen geben mußte; auch Oestreich mußte gleichfalls Hülfstruppen stellen.

Napoleon ging nun zu Ausgange des Maymonats über den Niemen, machte schnelle Fortschritte; die Russen wurden immer weiter zurück gedrängt, ob sie gleich tapfern Widerstand leisteten. Es kam zu harten Kämpfen bey Schmolensk[123] u. an der Moskau[124]. Er blieb auch diesmal seiner Art Krieg zu führen, getreu; ging auf die Hauptstadt los, u. ließ den Rücken u. die Seiten unbedeckt. Er glaubte, daß Moskau Rußland wäre; daß die Russen gleich zu Kreuze kriechen würden, wenn er auf den Kremlin den Frieden dictirte.

Da Kutusow[125], der Russische Feldherr sahe, daß Napoleon Alles aufopferte, um nur nach Moskau zu kommen, so zog er sich weislich nach Kaluga zurück, u. bereitete ihn durch diese Stellung seinen Untergang.

1812

Napoleon rückte nun ohne weiteren Wiederstand vor Moskau, aber hier ward sein Stolz gedemüthiget, denn niemand kam ihn mit den

---

[122] König Friedrich Wilhelm III. von Preußen

[123] Schlacht um Smolensk, 17./18.08.1812; erstes größeres Gefecht zwischen den napoleonischen Truppen und den beiden russischen Westarmeen. Die Russen zogen sich danach weiter ins Landesinnere zurück und veranlassten Napoleon zum weiteren Vorstoß nach Moskau bei sich immer mehr überdehnenden Versorgungslinien - fatal.

[124] Schlacht bei Borodino („Bataille de la Moskova"), 26.08.1812 zwischen der französischen Grande Armée und der russischen Armee (General Kutusow), aus der Napoleon als taktischer Sieger hervorging. Er entschied, weiter nach Moskau zu marschieren. Dort wartete er mehr als einen Monat auf Verhandlungen. Das führte letztlich zu seiner Niederlage im Russlandfeldzug.

[125] Michail Illarionowitsch Kutusow-Smolenski; s.a. Personenregister unter *Kutusow*

Schlüsseln der Stadt entgegen, worauf er am Thore 5 Stunden vergeblich wartete. Noch mehr, - wie sehr erstaunte er, als man ihm den Tag nach seinem Einzuge, aus Dankbarkeit für die Plünderung das prächtige Schauspiel einer Illumination gab, wie er in seinem Leben nicht gesehen[126].

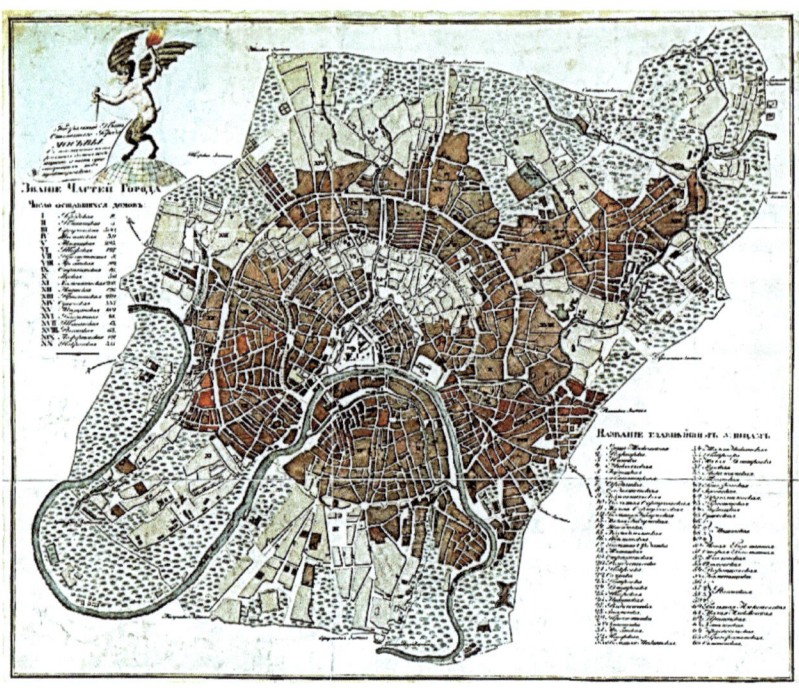

Abb. 16: Karte von Moskau aus dem Jahr 1813. Die rot markierten Flächen zeigen den Umfang der Verwüstungen.

Hier fiel ihm der Muth; er sahe ein, daß er einen großen Fehler begangen, sich so weit hinein gewagt zu haben, ohne seinen Rückzug zu decken. Er schickte ins Russische Lager, um Unterhandlungen anzufangen; aber der Russische Feldherr war so

---

[126] Brand von Moskau während der Besetzung Moskaus durch Napoleons Truppen. Der Brand zerstörte drei Viertel der Bebauung Moskaus. Mögliche Ursachen: durch den Gouverneur Rostoptschin befohlene Brandlegung, Brandstiftung durch russische Saboteure, unvorsichtiger Umgang französischer Soldaten mit offenem Feuer.

unartig, ihm sagen zu lassen, daß er keinen Befehl zum Unterhandeln, wohl aber zum Schlagen habe. Diese Dreistigkeit empörte seinen Uebermuth, sein Zorn ergrimmte. Der Generalmarsch wurde geschlagen, man zog aus, die Russische Armee aufzusuchen, u. zu schlagen – man fand sie, und – wurde geschlagen. Der König von Neapel[127] verlohr den besten Theil seiner Kavallerie, u. entging mit genauer Noth der Gefangenschaft.

Nun wurde der Rückzug angetreten. Die Russen hatten ihn in Moskau ruhig gelassen, um die Hungerkur mit seinen Truppen vorzunehmen, die auch sehr gut anschlug. Nun waren sie so gefällig, ihn auf der Rückreise zu begleiten, u. ihm gleichsam die letzte Ehre anzuthun; nun zeigte sich die Hand der Vorsehung – denn schon im November trat eine grimmige Kälte ein. Hierdurch, und durch den Mangel an Unterhalt war der ganze 124 Meilen lange Zug von Moskau bis Willna einen Leichenzuge ähnlich.

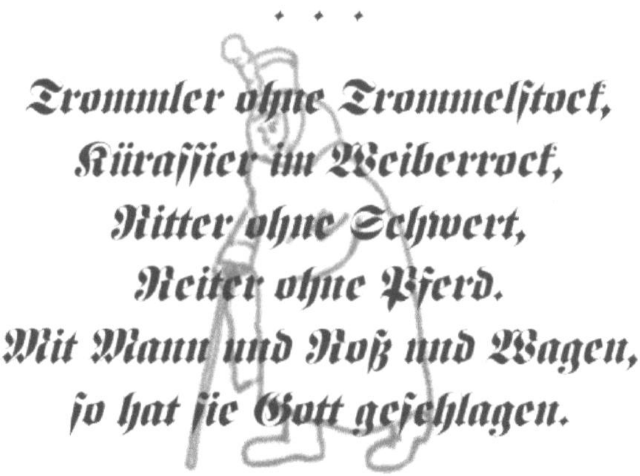

+ + +

Trommler ohne Trommelstock,
Kürassier im Weiberrock,
Ritter ohne Schwert,
Reiter ohne Pferd.
Mit Mann und Roß und Wagen,
so hat sie Gott geschlagen.

+ + +

Abb. 17: Fluchtlied-Strophe - Offenbar unter dem Eindruck, der sich ihm bei der Rückkehr der Reste der Grande Armée aus Russland darbot, schrieb der Primaner Ernst Ferdinand August 1812 ein Gedicht, das heute als „Fluchtlied" bekannt ist und zum deutschen Volksliedgut gehört.

---

[127] Joachim Murat

Bey Schmolensk wurde er aufs Haupt geschlagen, u. an der Bereßina[128] geriethen die traurigen Ueberreste dieser weyland großen Armee, dem Admiral Tschitschakof[129] in die Hände, der sie vollends aufrieb; so, daß von nun an ihr großer Heerführer[130] eiligst die Flucht ergriff u. sein Heer verließ; die Marschälle und Uebriggebliebenen folgten. Bey diesem Rückzuge ging verlohren: 130,000 M. Gefangene; 250,000 Erfrorene u. Getödtete; 120,000 gefallene Pferde; 1100 Kanonnen; Kriegswagen ohne Zahl; seine mitgebrachten Kronen u. Kostbarkeiten nebst die in Moskau geraubten Schätze, welche den Siegern gleichfalls in die Hände fielen. Der ganze Rest dieser großen Armee, welche sich erretteten, war kaum noch 30,000 Mann stark; u. wurde vom Vizekönig von Italien[131] zurück geführt.

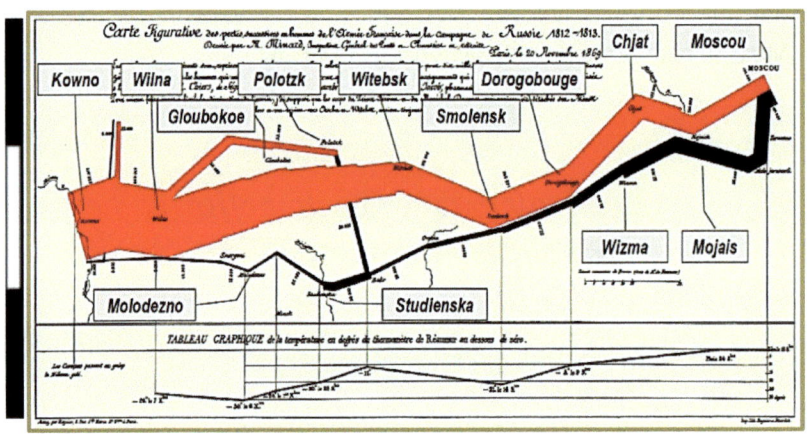

Abb. 18: Darstellung der Verluste der napoleonischen Truppen beim Russlandfeldzug (Erläuterung siehe gegenüberliegende Seite)

---

[128] Schlacht an der Beresina: Bezeichnung der Kämpfe der Grande Armée Napoleons beim Rückzug vor den Truppen Zar Alexanders I.; Übergang der Grande Armée über die Beresina im November 1812 mit hohen Verlusten; letzte Schlacht im Russlandfeldzug vor dem Rückzug der Truppen Napoleons über den Niemen im Dezember 1812

[129] Pawel Wassiljewitsch Tschitschagow; s.a. Personenregister unter *Tschitschagow*

[130] Napoleon Bonaparte

[131] Eugène-Rose de Beauharnais

Erläuterung zur Abb. 18:

Karte aus dem Jahre 1869; die Ortsnamen (französisch gem. Originalvorlage) sind zur besseren Lesbarkeit vergrößert eingefügt.

Die Karte zeigt den Verlust an Soldaten, zeigt auch die Truppenbewegungen und Temperaturen während Napoleons Russlandfeldzug 1812 bis 1813.

Die Karte wurde von Herrn Charles Minard, Generalinspektor der Ponts et Chaussées im Ruhestand [ehemals in Frankreich für Straßen- und Brückenbau zuständige Behörde] angefertigt.

Die Zahl der Männer wird angezeigt durch die Breiten der farbigen Bereiche:

Ein Millimeter in der Originalgröße von 62 cm x 30 cm entspricht zehntausend Männern. Rot stellt die Anzahl der Männer dar, die nach Russland einmarschieren, schwarz die Anzahl der Männer, die Russland verlassen.

Die Informationen/Daten zur Herstellung der Karte wurden den Werken folgender Personen entnommen:

Herren Thiers, de Ségur, de Fezensac, de Chambray sowie dem nicht veröffentlichten Tagebuch von Herrn Jacob (Apotheker der Armee).

Um die Entwicklung der Verluste besser verdeutlichen zu können, wurde unterstellt, dass die Korps von Jérôme Bonaparte, König des Königreiches Westphalen, und des Marschalls Davoust die ganze Zeit mit der Armee mitmarschiert sind.

Tatsächlich haben sie sich bei Minsk und Mohilow/Mogilew (belorussisch Магілёў/Mahiljou; russisch Могилёв/Mogiljow) abgespalten und sind später bei Orscha und Witebsk wieder hinzugekommen.

Der Maßstab ist in "lieues communes de France" angegeben. Dieses Maß entspricht 4,444 Kilometern.

Die Temperaturen sind in Réaumur angegeben (1 °Réaumur= 1.25 °Celsius).

Der Völckerkampf im Jahr 1813.

Den Feldzug nach Rußland, haben aus unsern Dorf mitgemacht: **Gottfried Stoye** und **Christian Moescher**, welche wahrscheinlich auch ihr Grab mit in Rußland fanden. **Gottlieb Schulze** war schon beym Marsch nach Rußland in Hospital zu Magdeburg gestorben, so wie **Gottfr. Schaaf** schon früher in Spanien. Und so kamen von den hiesigen Soldaten nicht Einer wieder zu Hause, sondern wurden Alle ein Opfer der Herrschsucht des Tyrannen.

Anfangs des Jahres 1813 kamen viele Flüchtlinge von der französischen Armee hier an; verschiedene Marschälle u. Generale gingen durch Halle u. Leipzig; auch viele einzelne Soldaten, sonderlich Cavalleristen zu Fuß; auch in dem benachbarten Sachsen contonirten auch viele solcher Flüchtigen. Endlich im März langte der Vizekönig[132] mit der Armee in Leipzig an, wo er bey uns durch nach Halberstadt marschierte. Sie betrugen sich aber bey ihrer Retirade so ziemlich gut.

Nun sahen wir täglich der Ankunft der Russen entgegen, die die Franzosen uns als Barbaren u. Halbwilde vorgestellt hatten.

Abb. 19: Französische antirussische Propaganda

---

[132] Eugène-Rose de Beauharnais

Am 3ten Apr. langte nun ein **Detaschement** Kosacken von Leipzig her vor Halle an, wo es sich lagerte. Groß war der Jubel, als dieser Trup anrückte; Alles lief ihnen entgegen u. bewillkommnete sie; sie betrugen sich auch sehr freundschaftlich. Jedem reichten sie die Hand; u. wir konnten unsere Geschäfte treiben, wie wir wollten, sie störten uns darin nicht. Ihnen folgten mehrere Truppen.

Abb. 20: Kosaken in Bautzen

Inzwischen hatte sich Preußen von Frankreich getrennt, u. war mit Rußland in ein Bündniß getreten[133]. Und so langten am 24ten April die ersten Preußischen Truppen unter dem größten Jubel der Einwohner in Halle an; immer mehr, so wohl Russen als Preußen folgten nach; die Gemüther athmeten nun freier; die Franzosen glaubten wir entfernt u. vernichtet. Bald aber stieg unsere Unruhe

---

[133] Vertrag von Kalisch zwischen Preußen und Russland, 28.02.1813: Preußen verbündete sich mit Russland. Der Vertrag bildete die diplomatische Grundlage für den Beginn der Befreiungskriege gegen Napoleons Herrschaft. Zuvor beendete die Konvention von Tauroggen (30.12.1812) den Kriegszustand zwischen Preußen und Russland.

wieder; denn man fing in Halle an, einen Brückenkopf anzulegen, u. sich zu verschanzen; wie wohl es hieß: dies wären nur Vorsichtsmaßregeln.

1813.

Napoleon hatte während der Zeit plötzlich wieder eine große Armee in Frankreich zusammengeraft, wovon eine Abtheilung unter dem General **Lauriston**[134] den 28sten Apr. von Niethleben her vor Halle erschien, um hier durchzubrechen, dann auf Leipzig zu gehen u. der großen Rußisch-Preußischen Armee, die sich in der Gegend von Lützen zusammen zog, in Rücken zu fallen; aber ihrer Anstrengungen u. heftigen Feuers ungeachtet, konnten sie doch die Preußen u. Russen unter dem tapfern Kleist, nicht aus ihrer Position vertreiben; gegen Abend beschossen sie noch die Stadt, wo auf dem Strohhof etliche Häuser in Brand geriethen. Mit der Dunkelheit der Nacht hörte der Kanonendonner auf; der 29 d.M. verging ruhig; u. in der Nacht zum 30sten zogen die Preußen u. Russen, die Halle so ehrenvoll vertheidigt hatten, in aller Stille über Leipzig auf Lützen ab; am Morgen des 30sten rückte nun **Lauriston** in Halle ein.

So sahen wir nun den Kriegsschauplatz in unsere Gegend versetzt; viele bange Tage verlebten wir; bey Ankunft der Russisch-Preußischen Heere hatten wir viele Lieferungen u. Vorspann; eine Patroull kam nach der andern ins Dorf, u. machten Anforderungen; jedoch ließen sie sich immer noch mit leidlichen Lieferungen abweisen. Als uns aber durch den Donner der Kanonen bey Halle die Zukunft der Franzosen daselbst kund wurde, glaubten wir, unsere Ruinen wären nahe; denn schon sahen wir die Flamme emporsteigen; die verbündeten Heere ab u. die Franzosen einziehen. Jedoch beschränkten sich die Franzosen auf Halle, u. die Kosacken schwärmten in unsere Gegend.

---

[134] Alexandre-Jacques-Bernard Law, marquis de Lauriston; s.a. Personenregister unter *Lauriston*

Den 1$\underline{\text{sten}}$ Maj Nachmittags halte der Donner der Kanonnen aus der Gegend von **Luetzen** zu uns herüber; einzelne **Chore** waren hier im Streit begriffen. Kaum aber war der Tag des 2$\underline{\text{ten}}$ Maj angebrochen, so sahen u. hörten wir die Kanonen bey **Halle** blitzen u. donnern. Der General **Buelow**[135] war in der vorhergehenden Nacht mit seinem **Corps** angerückt. In kurzer Zeit nahmen die tapfern Preußen, troz der verzweifelten Gegenwehr, die die Franzosen an jeder Straßenecke u. aus einigen Häusern leisteten Halle stürmend ein[136]. Nichts hielt die Preußen auf; viele Franzosen fanden hier theils ihr Grab, theils wurden sie gefangen. Der Rest retirirte auf Merseburg. Der Kampf am 2$\underline{\text{ten}}$ Mai bey Halle war noch nicht geendet, so halte der Donner der Kanonen weit furchtbarer von **Luetzen** zu uns herüber. Schrecklich donnerte es den ganzen Tag fort; der Erdboden zitterte u. die Fenster klangen; ängstlich sahen wir den Ausgang der großen Schlacht entgegen, denn die Rauchsäulen von brennenden Dörfern sahen wir emporsteigen; u. schon brach die Nacht an, als wir noch immer die Kanonen blitzen sahen; aber ein gutes Geschick waltete über uns; beiderseitige Armeen schlugen sich heftig, ohne uns zu berühren.

Die an diesem Tage bey **Lützen** gelieferte Schlacht[137] war eine der größten, die jemals gewesen. Kaiser **Alexander**[138] u. König **Fr. Wilhelm**[139] commandirten hier in eigner Person die verbündete

---

[135] Friedrich Wilhelm Freiherr von Bülow; s.a. Personenregister unter *Buelow*

[136] Erstürmung des von einer französischen Garnison besetzten Halle/Saale während des Frühjahrsfeldzugs 1813 im Rahmen der Befreiungskriege. Generalleutnant von Bülow griff vormittags am 02.05.1813 die nördliche Vorstadt an und konnte sie einnehmen, weil die Franzosen nicht mit einem solchen Überfall gerechnet hatten und überrascht wurden.

[137] Schlacht bei Großgörschen am 02.05.1813 auf den Ebenen bei Lützen, daher auch „Schlacht bei Lützen" genannt: erste Schlacht der Befreiungskriege nach der Konvention von Tauroggen (Abschluss des russisch-preußischen Neutralitätsbündnisses vom 30.12.1812), der russisch-preußischen Kriegserklärung vom 27.03.1813 und dem Gefecht bei Möckern am 05.04.1813

[138] Zar Alexander I. von Russland

[139] König Friedrich Wilhelm III. von Preußen

Armee: auch Napoleon commandirte selbst die angerückte große französische Armee.

Beide Armeen strengten alle Kräfte an, um Vortheile zu gewinnen, aber die Schlacht, die von beyden Seiten gewiß auf 40,000 Menschen wegrafte, blieb unentschieden. Aus klugen Absichten, u. um die Schlacht nicht wieder zu erneuern zog sich in der Nacht die Russisch-Preußische Armee in der größten Ordnung auf **Dresden** zurück. Den dritten Maj zog sich gleichfalls der General **Buelow** von Halle auf Dessau zurück; so wie auch die bey Gröbers gestandene Kosacken=Patroull abzog, von welcher wir viele Drangsale erlitten haben; indem Absendungen von ihnen oft zu uns kamen, welche Anforderungen machten.

Auch in Rintschane hatten sie **Pikets** stehen, welche wir verpflegen mußten.

Unsere Gegend war nun ganz leer von Truppen; und das uns drohende Ungewitter war bei uns vorbeygegangen. Ein Glück für uns war es, daß die Franzosen am 28sten Apr. (? – *Text fehlt*) sonst wären wir verloren gewesen. Wahrscheinlich wären unsre Fluren dann der Tummelplatz geworden; so aber zog es sich nach Lützen, u. dann weiter nach Dresden.

Die französische Armee folgte den Verbündeten, welche sich über Dresden auf Bautzen zurückzogen, schnell nach. Bey Bautzen setzten sich die Verbündeten wieder, u. so fiel am 20ten Maj hier eine heftige Schlacht vor[140]. Die Verbündeten wurden umgangen, u. mußten sich nach Schlesien zurückziehen, wohin ihnen die Franzosen gleichfalls folgten, bis am **3 Juny** zwischen beyden

---

[140] Schlacht bei Bautzen am 20./21.05.1813: In der Schlacht bei Großgörschen (Lützen) hatte Napoleon die verbündeten Truppen der Preußen und Russlands besiegt. Bei deren Rückzug griff Napoleon nun bei Bautzen wiederum an und konnte zumindest Gelände gewinnen, weshalb ihm der Sieg in dieser Schlacht zugeschrieben wird.

Heeren **Waffenstillstand** geschlossen wurde[141]; wodurch nun die Feindseligkeiten beendiget schienen.

Während dieser Zeit kamen nur einzelne Patroullen nach Halle, bald Franzosen von Leipzig; bald Russen oder Preußen von Dessau; u. dies dauerte bis zum fünften **Juny**, wo eine starke Kosackenpatroull wieder in Halle einrückte, so wie am 6ten **Juny** eine Russisch-Preußische Armee vor Leipzig ankam.

Jedoch die so eben eingegangene Nachricht vom Waffenstillstand nöthigte dieselben, wieder zurück zu gehen. Aber die in Halle stehenden Kosacken blieben bis zum 10 **Juny**, u. verkauften inzwischen die dasigen Salzvorräthe; aber dann zogen sie auch ab, indem nach den Bedingungen des Waffenstillstandes die Verbündeten das linke Elbufer räumen mußten.

So waren nun unsere schönen Aussichten zur Befreiung von dem französischen Joche wieder vernichtet. Unsere Befreier hatten sich weit von uns zurück gezogen und die Westphälische Herrschaft kehrte wieder zurück.

Kaum hatte nun der Waffenstillstand begonnen, so rückte das französische 3te Cavallerie corps unter dem Herzog von **Padua**[142] in unsere Gegend in Cantonirungsquartiere; unser Dorf aber blieb von Einquartierung befreit.

Häufige Requisitionen fanden nun statt. Man forderte **Fourage**,

---

[141] Waffenstillstand von Pläswitz (Schlesien) vom 04.06.1813 (gelegentlich Waffenstillstand von Poischwitz genannt); wurde zwischen den Truppen Napoleons und den Truppen der Verbündeten (Preußen und Russland) abgeschlossen und galt bis zum 20.07.1813. Bis dahin rüsteten beide Seiten auf, und die Verbündeten bemühten sich um den Beitritt Österreichs zu ihrer Allianz, was letztlich auch erfolgte.
[142] Jean-Toussaint Arrighi de Casanova; s.a. Personenregister unter *de Casanova*

Hufeisen, Hufnägel u.s.f. Den Pöllnitzern[143] mußten wir Beitrag zu ihrer Einquartierung thun; Standwagen u. Schanzarbeiter nach Magdeburg stellen, sowie manichfaltige Lieferungen dahin leisten; die nächstliegenden Drajoner ritten uns in Rintschaner Marke, wo sie den Exerzierplatz hatten, den Acker zu Grunde; selten verging ein Tag, daß man nicht Anforderungen an uns machte.

Abb. 21: Einquartierung fremder Truppen

Den 21 **Juny** ging der König von Westphalen[144] zu Napoleon von Kassel nach Dresden, u. den 2 **July** wieder retur hier durch. In Halle war er wegen des Betragens der Einwohner während der **Occupation** höchst unzufrieden.

Den 13. **July** Abends kam Napoleon auf seiner Reise von Dresden auf Wittenberg u. Magdeburg retour hier durch; in Halle wechselte er nur die Pferde, u. war sehr aufgebracht. Schrecklich drohte er: Halle sollt 4 Millionen Franken Kriegssteuer geben, u. 15,000 Mann Einquartirung bekommen, oder im Flammen aufgehen.

---

[143] eventuell gemeint: 1. Chevaulegers-Regiment - mittelschwere Kavallerie - mit Joseph Adam Anton Freiherr von Pölnitz
[144] Jérôme Bonaparte

Jedoch kamen seine Drohungen nicht zur Ausführung. Auch wir mußten unsere Pferde nach Gröbers stellen, wo er wechselte.

Die Friedensunterhandlungen während des Waffenstillstandes dauerten immer fort; allein Napoleon war es kein Ernst Friede zu haben; er verstärkte sich vielmehr während dieser Zeit, so, daß seine Armee 400,000 Mann stark wurde. Aber Rußland u. Preußen verstärkten sich auch sehr, u. erweiterten den Bund gegen den Tyrannen des menschlichen Geschlechts durch die Allianz mit Oestreich[145], welches seine ganze Kriegsmacht hergab.

Auch der Kronprinz von Schweden[146] war gleichfalls mit einem Hülfskorps angekommen, u. so sahen wir dem schrecklichsten der Kriege entgegen.

Abb. 22: Der Franzose Bernadotte, nun ein schwedischer Heerführer

---

[145] Allianz von Teplitz (tschechisch Teplice) gegen Napoleon, 09.09.1813: Verträge zwischen Russland, Österreich und Preußen; 03.10.1813 zusätzlich Abschluss eines Vertrags zwischen Österreich und Großbritannien. Übergeordnete Zielsetzung lt. Präambel: „Wiederherstellung eines billigen Gleichgewichts der Mächte".
[146] Jean Baptiste Bernadotte; zuvor französischer Maréchal d'Empire, seit 1810 schwedischer Kronprinz und Gegner Napoleons; s.a. Personenregister unter *Bernadotte*

Der 16te **August** war der Tag, an welchen die Feindseligkeiten auf allen Punkten ihren Anfang nahmen. Die große Armee der Allürten zog in **Sachsen** ein, u. schickten schon Streifkorps gegen **Leipzig**. In Masse aber drangen sie auf Dresden, wo es zum harten Kampfe kam. Napoleons Glückstern schien noch zu scheinen, denn es gelang ihm, seine Gegner von Dresden abzuhalten, u. sie sogar bis nach Töplitz in Böhmen durch den General **Vandamme** zu verfolgen, aber hier änderte es sich. Denn dieses Corps wurde durch die kluge **Disposition** des Königs **Wilhelm**[147] beinahe ganz aufgerieben, u. der kommandirende General selbst mitgefangen[148]. Zu gleicher Zeit wurde die französische Armee in Schlesien an der Katzbach[149] von Blücher total geschlagen. Eben so ging es auch den Heereshaufen, welche Napoleon unter Nei[150] u. Oudinot[151] auf Berlin schickte.

Dieser wurde von dem Kronprinzen von Schweden[152] in den Feldern von Großbeeren[153], u. nachher bey Dennewitz[154] so geschlagen, daß diese Armeeabtheilung beinahe ganz aufgelöst war.

---

[147] König Friedrich Wilhelm III. von Preußen

[148] General Vandamme (s.a. Personenregister unter *Vandamme*) wurde nach der Schlacht bei Dresden mit 30.000 Mann von Napoleon nach Böhmen entsandt. Er sollte die Alliierten aufhalten, konnte aber die russischen Stellungen in der Schlacht bei Kulm nicht überwinden. Am 30.08.1813 ergab er sich mit 10.000 Mann und 81 Kanonen dem preußischen General Friedrich von Kleist und wurde auf Veranlassung des russischen Zaren Alexander I. an die Grenze Sibiriens gebracht.

[149] Schlacht an der Katzbach (Schlesien), 26.08.1813: Sieg der Verbündeten gegen Napoleon. In der Schlacht und danach bis zum 01.09.1813 verloren die Franzosen mehr als hundert Kanonen und hatten Verluste von 12.000 Toten und Verwundeten und 18.000 Gefangenen. Die Verbündeten verhinderten das weitere Vorrücken der Franzosen in Schlesien, verloren aber etwa 4000 Mann an Toten und Verwundeten.

[150] Michel Ney; s.a. Personenregister unter *Nei*

[151] Charles-Nicolas Oudinot; s.a. Personenregister unter *Oudinot*

[152] Jean Baptiste Bernadotte

[153] Schlacht bei Großbeeren, 23.08.1813: Die napoleonischen Truppen erlitten eine Niederlage und wurden daran gehindert, erneut nach Berlin vorzudringen. Das beendete die französische Herrschaft in der Mark Brandenburg.

[154] Schlacht bei Dennewitz, 06.09.1813: Preußische, russische und schwedische Truppen der Nordarmee besiegten die französische Armee sowie die mit ihr

Napoleon zog nun seine Armee bey Dresden zusammen, u. ließ sie sich bis Wittenberg u. Leipzig ausdehnen. Die Alürten rückten nun gegen unsere Gegend vor. Schon den 18ten **Sept** hörten wir von Merseburg her kanonieren, u. sahen ein starkes Feuer aufsteigen, weil der General Thielemann[155] angekommen war. In der Nacht darauf zogen die in Halle befindlichen Franzosen ab, u. den 19ten rückte die erste Kosackenpatroull wieder ein, welche auch beständig in Halle blieb. Zwar am 29sten zog ein Trupp Franzosen von Leipzig dahin, um sie zu verjagen, jedoch sie richten nichts aus, u. mußten nach einigen Gefechten mit Verlust wieder abziehen.

Abb. 23: Friedhof von Großbeeren am Morgen nach der Schlacht

Anfangs **October** kamen mehrere Russen in Halle an, u. setzten ihre Vorposten weit aus; in Leipzig hingegen kamen auch mehrere Französische Truppenkorps an, u. setzten ihre Vorposten bis **Skeuditz**. Wir also lagen mitten inne; jedoch beiderseitige

---

verbündeten Sachsen unter Marschall Michel Ney. Dieser Sieg verhinderte endgültig Napoleons Vordringen nach Berlin.

[155] Johann Adolf Freiherr von Thielmann; s.a. Personenregister unter *Thielmann*

Vorposten beunruhigten einander nicht oft, u. so blieben wir in Ruhe, u. konnten unsere Geschäfte forttreiben; aber nun erscholl das Gericht[156], daß beiderseitige Armeen gegen unsere Gegend im Anzuge wären. Denn die Nordarmee ging bey Aaken und Rosla über die Elbe; die Schlesische bei Wartenburg. Verschiedene Kosackenabsendungen durchschwärmten nun unsere Gegend; den 7$\underline{^{ten}}$ langte eine Russisch-Pohlnische Uhlanen Patroull in unserm Ort an, u. verlangten 3 Pferde, oder wollten das **Dorf** in Brand setzen. Nun ging unsere Noth an; nach vielen Zögern gaben wir denselben 75 Thaler.

Allein da wir erfuhren, daß diese Patroull aus dem Lager bey Halle war, meldeten wir diesen Vorfall dem dasigen Commandanten u. erhielten 50 Thaler wieder zurück.

Den 10$\underline{^{ten}}$ zogen alle in Halle befindlichen Vortruppen nach Skeuditz ab, welches die Franzosen verlassen hatten. In Gröbers bleib ein Regiment Uhlanen, welches zu fouragieren anfing. Bey uns kam nun immer eine Patroull nach der anderen, bald von Schkeuditz, Gröbers oder Landsberg, welche Anforderungen machten. Auch fielen nun schon einzelne Gefechte, wie z.B. bey Döbersthau u. Radefeld, vor. Kein Pferd durfte von diesem Tage an sich mehr auf dem Acker sehen lassen; man nahm sie gleich weg.

Den 10$\underline{^{ten}}$ Octbr. langte Nachmittags eine große Anzahl Truppen bey Halle an. Den 11$\underline{^{ten}}$ marschierten sie durch Halle jenseits der Saale in unabsehbarer Zahl. Das Hauptquartier kam von der Schlesischen Armee an, wobey sich selbst Blücher, Jork[157], Prinz Wilhelm[158] u. Friederich[159] befanden. Immer mehrere Kore, als Sacken[160],

---

[156] Gerücht
[157] Johann David Ludwig Graf Yorck von Wartenburg; s.a. Personenregister unter *Jork*
[158] späterer König Friedrich Wilhelm IV. von Preußen; s.a. Personenregister unter *Friedrich Wilhelm IV.*
[159] siehe Personenregister unter *Friedrich Wilhelm Karl von Preußen*

Langeron[161], der Kronprinz von Schweden[162] u.s.w. rückten nach; auch Woranzow[163] war schon vorher angerückt. Zu gleicher Zeit war die große bömische Armee, bey welcher sich **Alexander**[164], **Franz**[165] u. **Wilhelm**[166] persönlich befanden bis Altenburg u. gegen Leipzig vorgedrungen.

Die französischen Armeen rückten gleichfalls bis zum 14 Octbr:, wo Napoleon selbst bey denselben ankam, gegen Leipzig, um die Vereinigung der Alürten zu verhindern. Sie machten noch verschiedene Seitenbewegungen, um die Alürten zu täuschen, doch diese ließen sich durch nichts irre machen. An demselben Tage wurde schon mit dem österreichischen General Klenau[167] heftig gestritten, u. gegen unsere Gegend standen die Franzosen bis Hänichen, Freirode u. Radefeld vor.

Den 15ten sahen wir nun die Alürten bey Cursdorf aufmarschieren, und das Gerücht erhob sich, daß die Franzosen gegen unsere Gegend vordrängen. Nun schien es, als wenn unsere Gegend der Tummelplatz werden sollte; denn denselben Tag gegen Abend rückten alle Alürten Truppen gleichfalls an; die **Chaussee** war gepfropft voll von dichten Massen; so gar zu beiden Seiten der Chaussee marschierten sie.

Endlich rückten sogar in allen Feldwegen Armeecorps an. Auch bey unserm Dorfe zog Abends Langeron mit seinem Corps vorbei und lagerte sich bey Wörlitzsch, wo er sein Hauptquartier nahm.

---

[160] Fürst Fabian Gottlieb von der Osten-Sacken; s.a. Personenregister unter *Sacken*
[161] Alexandre-Louis Andrault, comte de Langéron; s.a. Personenregister unter *Langeron*
[162] Jean Baptiste Bernadotte
[163] Fürst Michail Semjonowitsch Woronzow; s.a. Personenregister unter *Woranzow*
[164] Zar Alexander I. von Russland
[165] Franz Joseph Karl aus dem Hause Habsburg-Lothringen
[166] König Friedrich Wilhelm III. von Preußen
[167] Johann Graf von Klenau, Freiherr von Janowitz, österreichischer General der Kavallerie; s.a. Personenregister unter *Klenau*

Jork lagerte sich diesen Abend bey Skeuditz; Blücher bey Großkugel; Sacken bey Gröbers, die Schweden standen von Zörbig bis Landsberg.

Dies war für uns ein furchtbarer, noch nie gesehener Anblick; denn erst sahen wir die ungeheuren Truppenmassen anmarschieren; den Abend schien es, als wenn unsere ganze Gegend in Feuer stünde, indem die Wachfeuer hoch aufloderten. Zuvor sahen wir Dieselben nur bey Halle, Gröbers, Großkugel, Schkeuditz u. Landsberg, u. die Französischen bey Breitenfeld u. Leipzig brennen; nun aber konnten wir hinsehen, wo wir wollten – sie brannten rings um uns herum.

Abb. 24: Lage der von Gottenz aus wahrgenommenen Areale der Wachtfeuer in der Nacht vom 15. zum 16.10.1813; Entfernung zwischen Gottenz und Leipzig (Luftlinie) ca. 19 km

Den 16ten Octbr: gingen unzählige Viehherden (so wie viele Nachzügler der Armee noch) bey uns durch. Nun wurden die Thüren verrammelt, um den Einbruch zu verhüten, indem in den benachbarten Dörfern stark fouragirt wurde. Wegen der Nähe der Franzosen hatten nehmlich keine Magazine angelegt werden können; u. so nahm man das Getraide so wohl von den Böden, als aus den Scheunen, jedoch schonte man das Wintergetraide noch. Kühe mußten geliefert werden; Schweine, Schaafe u. alles Federvieh nahm man weg; Holz, Pflug, Eggen u. was man sonst von Holze fand, ward ins Lager aufs Feuer getragen. Auch alles Mehl, Brodt, u. Lebensmittel, so wie hie u. da Kleidungsstücke u. Pferde nahm man weg; doch traf es andere Dörfer noch mehr, als uns, denn viele Dörfer waren ganz ausgeleert. Doch war es überhaupt eine höchst traurige Zeit; denn mehrmals waren 3 bis 4 Truppenabsendungen zugleich in unserm Dorfe, welche Brodt, Kühe, Pferde u. andere Sachen verlangten. Und sie waren auch nicht so leicht zu befriedigen, als im Frühjahr, weswegen wir beträchtliche Lieferungen leisten mußten; würden aber noch weit mehr haben liefern müssen, wenn nicht durch die Herzhaftigkeit unsers Schulzen Sander, der vielen Einwohnern beistand, viele Trupps wären abgewiesen worden.

Abb. 25: Streit um Lieferungen an das Militär

Diesen Tag rückten nun alle Armeekorps der Alürten näher nach Leipzig; so wohl diesseits als jenseits. Und so fing den eine der gräßlichsten Menschenschlachten, die je gewesen, an. Beinahe 200

Batterien spien Todt u. Verderben aus. Wir ahndeten aber nicht, wie nahe uns der Kampf sey, indem der Donner des Windes wegen nur dumpf zu uns herüber hallte. Bey Konnewitz, Wachau, Wolkewitz kämpften Lauriston, Paniatowsky[168], Oudinot, Mackdonald[169] u. Napoleon gegen Wittgenstein[170], Klenau u. Kleist[171]. In den Feldern von Breitenfeld nach Möckern stand Marmont[172] gegen Blücher, Jork, Sacken u. Langeron.

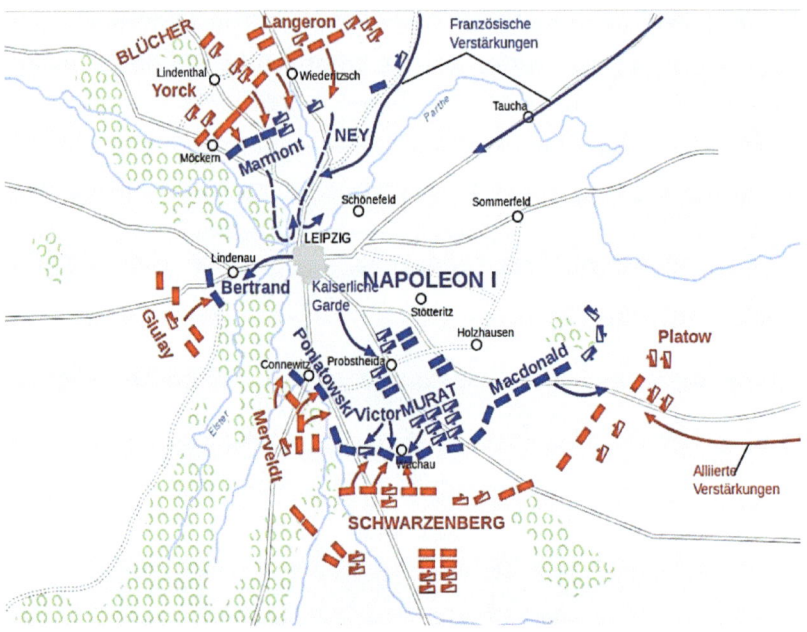

Abb. 26: Karte der Truppenstellungen bei Leipzig am 16. Oktober; Napoleonische Armeen blau, Alliierte Armeen rot

---

[168] Józef Antoni Fürst Poniatowski; s.a. Personenregister unter *Paniatowsky*
[169] Étienne Jacques Joseph Alexandre MacDonald; s.a. Personenregister unter *Mackdonald*
[170] Graf Ludwig Adolph Peter zu Sayn-Wittgenstein-Berleburg; s.a. Personenregister unter *Wittgenstein*
[171] Friedrich Emil Ferdinand Heinrich Graf Kleist von Nollendorf; s.a. Personenregister unter *Kleist*
[172] Auguste-Frédéric-Louis Viesse de Marmont; s.a. Personenregister unter *Marmont*

Tausend u. aber Tausend tapfere Kämpfer, die wie Löwen bey Möckern kämpften, wurden ein Opfer des Todes. Die Franzosen drängten immer näher gegen Leipzig. Blücher drang an die Barde vor.

Der 17te Octbr: verging wider alles Erwarten ruhig. Man sagt: Napoleon hätte unterhandeln wollen.

Den 18ten wurde die große Schlacht eifrig fortgesetzt, u. die Franzosen wurden auch jenseits Leipzig dichter zusammengedrängt. Dieser Tag war einer der schrecklichsten.

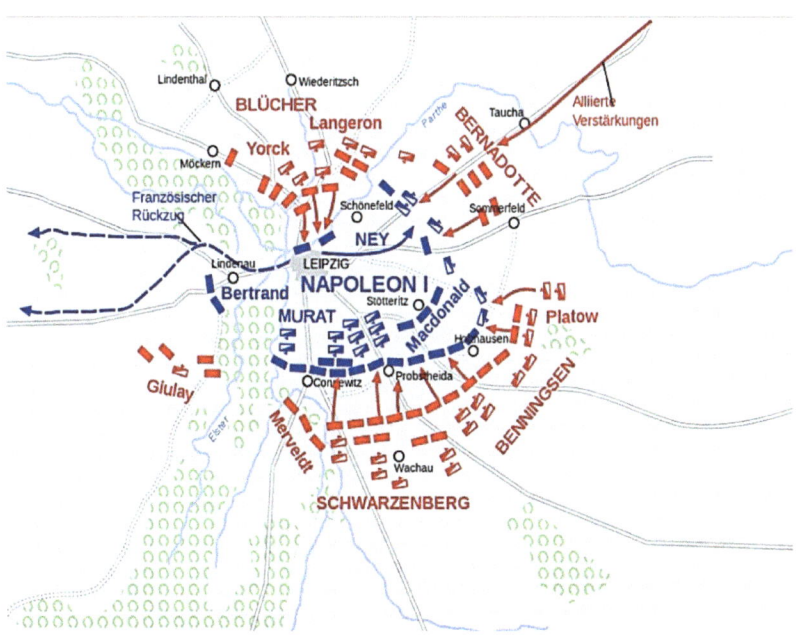

Abb. 27: Karte der Truppenstellungen bei Leipzig am 18. Oktober; Napoleonische Armeen blau, Alliierte Armeen rot

Auch bey uns hörte man seinen Donner furchtbar erschallen. Auch langten viele französische Gefangene an, wovon ein Abtheil in Oßmünde übernachtete. Der siegreiche Jork langte diesen Abend bey Großkugel an, wo er lagerte, u. ging dann den 19ten Octbr. fruh auf Halle u. Freiburg. Blücher ging auf Merseburg, um den Feind an der Saale zu empfangen.

Den 19$^{\underline{ten}}$ wurde nun Leipzig erstürmt, u. das Schicksal Deutschlands entschieden. Die Franzosen begannen nun ihren Rückzug über Weißenfells nach Erfurt zu; die ungeheuren Streitmassen lösten sich nun auf, fliehend u. verfolgend. Die so große Armee der Franzosen, die hier bey Leipzig noch 200,000 Mann stark war, war total ruinirt. Mehr als 70,000 an Todten u. Gefangenen, so wie 400 Kanonen u. über 1000 Wagen hatten sie hier verloren. Diesen Tag langten unzählige Blessirte an; auch auf unser Dorf kam ein großer Zug; wir trafen aber gleich Anstalten, gaben jeden ein Stück Brodt u. Wasser; dann hinkten sie weiter, u. so kamen wir gut mit ihnen zurecht, obgleich mehrere Hundert, so wohl Russen als Preußen durchgingen. – Den 20$^{\underline{sten}}$ empfing der tapfere Jork die Franzosen bey Freiburg. Auch hier litten sie einen großen Verlust; u. auch wir hörten den Donner der Kanonen rollen.

Die Nachrichten, welche wir erhielten, waren immer beruhigend, u. daher trugen wir die Drangsale, die uns in diesen Tagen trafen, mit Geduld, u. schätzten uns gegen andere Dörfer, die ausfouragirt waren u. kein Brodt mehr hatten, noch glücklich. Das Brodt nahm aber endlich auch bey uns ab; wir hatten häufige Brodtlieferungen; konnten nicht mahlen, weil sich keiner mit Fuhrwerk durfte sehen lassen, indem man uns gleich zu Militairfuhren requirirte; auch nahm man in den Mühlen das Mehl weg u. schaffte es zur Armee.

Die Völkerschlacht war nun entschieden, nun athmeten wir wieder freier. Wenn auch nur **ein Corps** der Uebermacht der Franzosen gewichen wäre, so war es das größte Unglück für uns. Halle wäre dann der natürliche Punkt des Rückzugs geworden, u. wir wären dann der Wuth, der Plünderung u. dem Mordbrand der Franzosen preißgegeben worden, u. unsere Dörfer ständen als Brandtrümmer da, eben wie Wachau, Wolkwitz, Schönfeld u. die Kohlgärten bey Leipzig, deren Dampf man Tag u. Nacht schauerlich bey uns sah.

Abb. 28: Plünderung durch Franzosen nach der Völkerschlacht bei Leipzig

Den empfindlichsten Verlust erlitten wir an Pferden, welche wir durch Wegnahme, Mitschleppung u. Uebertreibung auf dem Vorspann verlohren gingen, wodurch wir 13 Pferde u. 2 Wagen einbüßten.

Den 23sten Octbr: traf das Königliche Preußische Militairgouvernement in der Person des Staatsraths Klewitz[173] u. des Generals Krusemark[174] in Halle ein, wodurch wir uns von diesem Tage an wieder als Preußische Unterthanen betrachten konnten.

---

[173] Wilhelm Anton von Klewiz; s.a. Personenregister unter *Klewitz*
[174] Friedrich Wilhelm Ludwig von Krusemarck; s.a. Personenregister unter *Krusemark*

Die französische Armee retirirte nach dem Rheine zu, wo sie noch bey Hanau von dem Bayerischen General **Wrede**[175] empfangen wurden[176]; u. so gingen keine 100,000 Mann dieser ungeheuren Armee wieder über dem Rhein.

Der Feind war nun aus Deutschland bis auf einige Festungen vertrieben, der Rheinbund war nun zertrümmert, die Truppen in unserer Gegend, so wie die Schwärmer, die Ruhe u. Ordnung störten, verlohren sich nun auch allmählich, aber wegen den belagerten Vestungen doch nicht ganz. Den 7ten Nvbr: wurde das Siegesdankfest von **Leipzig** überall sehr hoch gefeiert, u. der Preußische Adler unter großem Jubel des Volks wieder angeschlagen.

Die Bedrängnisse des Krieges fühlten wir immer noch hart, da der Bedürfnisse viele waren; wir bekamen Durchmärsche; mußten öfters Lieferungen ausbringen, u. der Vorspann nahm auch kein Ende. Von Torgau u. Wittenberg schallte noch täglich der Donner der Kanonen zu uns her, allein dessen schon gewohnt, achteten wir wenig darauf.

Zu Ende des November u. im December zeigten sich noch traurige Folgen des Krieges; das Nervenfieber[177] fing an stark zu grassiren, woran in unserm Kirchspiele so wie in Deutschland viele Menschen ihren Tod fanden. Auch brach die Viehseuche aus, welche ungeheures Vieh weit und breit wegrafte. Viele verlohren einen großen Theil ihres Rindviehes; auch in Bennewitz, Gröbers u. Oßmünde.

---

[175] Carl Philipp Joseph Fürst von Wrede; s.a. Personenregister unter *Wrede*

[176] Schlacht bei Hanau, 30./31.10.1813: Sie brachte im Endergebnis den letzten Sieg Napoleons auf deutschem Gebiet, der ihm den Rückzug nach Frankfurt/Main sicherte.

[177] scheinbar Fleckfieber, durch Kleiderläuse übertragen; damals wegen der dabei auftretenden neurologischen Symptome auch „Nervenfieber" genannt; vor 1847 gelegentlich als Typhus bezeichnet

Diese Krankheit rührte von den fremden Viehherden her, welche der Armee nachgetrieben wurden; Uebertreibung u. Mangel an Nahrung hatte dieses bey demselben erzeugt; u. durch die futterung auf den Aeckern, wovon hernach das hiesige Vieh gefüttert wurde, war dasselbe auch angesteckt worden. Jedoch unser Dorf blieb vom Nervenfieber u. von der Viehseuche befreit.

Nun fing man stark zu rekrutiren an, wo denn aus unserm Dorf **Gottfried Laue**, **Gottfried Schulze**, u. **Gottfr. Römer** freiwillige Dienste unter den National-Husaren[178] nahmen; u. **Gottfr. Werner**, **Christian Heidenberg** u. **Christ. Landgraf** bey der Landwehr[179] eingestellt wurden.

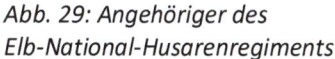

Abb. 29: Angehöriger des Elb-National-Husarenregiments

Diese Husaren wurden wegen des grünen Waffenrocks auch als „Grüne Husaren" bezeichnet.

---

[178] Gemeint ist wohl das Elb-National-Husarenregiment. Im Oktober 1813 richteten der Anhalt-Bernburgische Amtsrat Breymann und andere patriotisch gesinnte ehemalige preußische Offiziere die Bitte an König Friedrich Wilhelm III, ein Husaren-Regiment aus Freiwilligen bilden zu dürfen. Der König stimmte zu: Für den 19.11.1813 wurde die Errichtung des Regiments angeordnet. Die Eskadrons des Regiments waren wegen des regen Zulaufs zu den „Grünen Husaren" schnell gebildet. Das Regiment meldete sich am 01.04.1814 einsatzfähig und nahm schon kurz darauf an der Belagerung Magdeburgs teil.
[179] Landwehr: neben dem Stehenden Heer Teil der Streitkräfte, regional zeitweise auch Landmiliz oder Landsturm genannt. Mit Errichtung der Landwehr verband sich ab 1813 in einigen deutschen Staaten (z.B. in Preußen) die erstmalige Einführung der allgemeinen Wehrpflicht.

Gegen Ende des Jahres fielen Wittenberg u. Torgau; Magdeburg wurde enger eingeschlossen. Die Alürten nahmen ihre Stellung am Rhein; alle deutsche Fürsten mußten Hülfstruppen stellen. Man bot Napoleon den Frieden an; dieser aber wieß die Friedensvorschläge zurück, u. rekrutirte abermahls stark in Frankreich.

Dieses merkwürdige Jahr, in welchen wir viele Noth u. Elend, viele traurige u. kummervolle Tage verlebten, ging nun zu Ende, doch unsere Erlösung vom französischen Joche war bewürkt, nachdem wir sieben Jahre lang unter demselben geschmachtet hatten.

Und obschon der Horizont noch trübe war, so dämmerte doch schon die Morgenröthe von künftigen bessern Tagen heran.

─────────────────────────

Fortsetzung des großen Krieges im Jahr 1814.
Zu Anfange des Jahres 1814 gingen die Verbündeten allenthalben über den Rhein u. operirte nach Frankreich. Napoleon fing nun an, auch den Landsturm in Thätigkeit zu setzen, überdem bewaffnete er ganz Paris. Die Verbündeten boten ihn nochmals den Frieden an; es ward zu Chattilon ein Congreß angesetzt, jedoch war es Napoleon kein Ernst, Friede zu haben, ob er gleich von 1812 bis hie her nur allein aus Frankreich 1.200,000 Mann Conscribirte ausgehoben hatte u. dieselben größtentheils seinem Stolze aufgeopfert. Sein Plan war immer noch, die Verbündeten zu besiegen, er ging ihnen daher entgegen. Den 1$^{\underline{sten}}$ Febr: trafen sie sich bey **Brienne**, wo der unsterbliche Blücher Napoleon besiegte[180].

Die Engländer u. Spanier vertrieben nun ebenfalls die Franzosen aus

---

[180] Schlacht bei Brienne: Gelegentlich werden in älteren Texten die Schlacht bei *Brienne* (29.01.1814) – hier siegte Napoleon gegen Blücher - und die darauf folgende Schlacht bei *La Rothière* (01.02.1814) – hier wurde Napoleon besiegt - als ein gemeinsames Ereignis betrachtet und insgesamt als *Schlacht bei Brienne* bezeichnet.

Spanien, u. drangen nach Frankreich vor; eine Abtheilung von der verbündeten Armee eroberte Holland u. die Niederlande u. drang gleichfalls nach Altfrankreich; in Italien aber hielt sich der Vicekönig[181] noch immer gegen die Oestreicher und Neapler.

Blücher drang nun gegen Paris vor, wo er selbst bey der Avantgarde war; Napoleon warf sich nun mit seiner ganzen Macht auf Blücher, u. war willens, ihn zu vernichten; der tapfere Blücher müßte auch dieser überlegnen Macht weichen, u. sich immer fechtend zurück ziehen. Napoleon warf sich nun auf die anderen Kore, u. drängte auch diese zurück. Den 10ten März hatte Blücher wieder eine hitzige Schlacht bey **Laon**[182] mit Napoleon, wo Blücher abermahls siegte.

Der General Tauenzien[183] fing an Magdeburg zu belagern, wo die Franzosen immer Ausfälle gemacht hatten, und die umliegende Gegend ruinirten. Auch wir fühlten die Bedrängnisse des Krieges; wir hatten mannichfaltige Einquartierung, Lieferungen u. vieles Vorspann; wir mußten Landwehr ausrüsten u. auch Kriegessteuer zahlen, u. daher sahen wir sehnlichst der Endigung des Krieges entgegen.

Die Verbündeten zogen nun immer Verstärkungen an sich. Napoleon hatte einige Vortheile erhalten; hierdurch kühn gemacht, fing er an im Rücken der Verbündeten zu operiren, um diese von Paris abzuziehen; jedoch die Verbündeten wendeten sich schnell gegen die Marschälle, welche Napoleon zur Deckung von Paris bey

---

[181] Eugène-Rose de Beauharnais
[182] Schlacht bei Laon, 09./10.03.1814: Die französische Armee unter Napoleon griff die stark überlegene „Schlesische Armee" der 6. Koalition unter Blücher an, erlitt schwere Verluste, wurde zurückgeschlagen und zog sich nach Soissons/Aisne zurück.
[183] Bogislav Friedrich Emanuel Graf Tauentzien von Wittenberg; s.a. Personenregister unter *Tauenzien*

Fere-Champonoise[184] aufgestellt hatte, u. der Feldherr der Verbündeten **Schwarzenberg**[185] schlug diese Armee total; der Rest

Abb. 30: Johann Gottlieb Fichte als Landwehrmann: Die Karikatur will darauf anspielen, dass Ausrüstung und Bewaffnung der Landwehrinfanterie in den Anfängen 1813 bis 1815 oft unzureichend war.

mit einigen Verstärkungen setzte sich noch einmal auf den Höhen von Paris, ward aber am 30ten Mrz: abermahls geschlagen, worauf

---

[184] Schlacht bei Fère-Champenoise; französische Truppen gegen Truppen der 6. Koalition, 25.03.1814: Die Koalitionstruppen setzten nur Kavallerie und berittene Artillerie ein und siegten über die Franzosen, deren aussichtslos kämpfende Division Pacthod lange Zeit hartnäckig eine Kapitulation ablehnte. Ein letztes Karrée dieser Division ergab sich nie.

[185] Karl Philipp Fürst zu Schwarzenberg; s.a. Personenregister unter *Schwarzenberg*

Paris capitulirte, u. der Einzug unter Anführung Alexanders[186] u. Wilhelms[187] geschah. Den 1$\underline{^{ten}}$ **Apr:** entsetzte der Senat Napoleon des Throns, u. ernannte **Louis** den 18$\underline{^{ten}}$[188] zum König von Frankreich. Napoleon zog sich nun mit seiner Armee nach **Fontanoible**[189], wollte sich der Entsetzung nicht unterwerfen, u. befahl daher seinen Marschällen auf Paris zu rücken u. es in Grund zu schießen. Jedoch kündigten ihm diesen den Gehorsam auf, u. so blieb ihn nichts übrig, als sich zu unterwerfen, u. die zu seinem Aufenthaltsorte angewiesene Insel Elba anzunehmen[190]. Die Kaiserin Luise kehrte mit ihrem Sohne nach **Wien** zurück, u. das Blutvergießen hatte nun ein Ende; denn es schickte immer ein Marschall nach dem anderen, eben so die Generale seine Einwilligung der Senatsbeschlüsse an denselben ein.

Den Osterabend langte die Nachricht von dem Einzug in Paris bey uns an; sogleich wurde mit allen Glocken geläutet, u. die ganzen Osterfeiertage Freudenschüsse gethan. Unbeschreiblich war der Jubel, der über die endliche Besiegung u. Vernichtung des Tirrannen u. über die nahe Aussicht zum beglückenden Weltfrieden herrschte.

Es wurde nun mit Frankreich ein Waffenstillstand geschlossen, wo der Bedingungen desselben gemäß die Franzosen alle Vestungen außerhalb Frankreich räumen mußten. In Magdeburg geschah es im **Maj**, wo den 24$\underline{^{sten}}$ d.M. die Preußen unter großem Jubel daselbst einzogen.

---

[186] Zar Alexander I. von Russland
[187] König Friedrich Wilhelm III. von Preußen
[188] König Ludwig XVIII. von Frankreich; s.a. Personenregister unter *Ludwig XVIII.*
[189] Fontainebleau
[190] Vertrag von Fontainebleau (weil im Schloss Fontainebleau unterzeichnet) zwischen Napoleon Bonaparte und Österreich, Russland, Preußen, 11.04.1814: Er regelte die Details der Abdankung Napoleons. Weil Großbritannien Napoleon nie als Kaiser anerkannt hatte, unterzeichnete es nur jene Teile des Vertrages, die die Zukunft Napoleons und seiner Familie betrafen.

Den 30$^{\underline{ten}}$ **Maj** wurde in Paris Friede mit Frankreich geschlossen. Frankreich erhielt seine Gränzen wieder, wie dieselben 1792 gewesen waren; alle übrigen Landschaften trat es ab. Der König **Louis** der 18$^{\underline{te}}$ war nun in Paris angekommen u. fing nun über diese unruhige Nation zu regieren an. Die verbündeten Armeen verließen hierauf Frankreich; jedoch blieben ansehnliche Armeen an den Gränzen desselben stehen. Die Angelegenheiten des ganzen Europa´s sollten nun auf dem **Congrehs** zu Wien[191], welcher zu Ende des **Septembers** eröfnet werden sollte, entschieden werden.

Die vertriebenen Fürsten nahmen ihre ehemaligen Länder wieder in Besitz; ein jeder griff wieder zu den Seinigen. In den preußischen Ländern diesseits der Elbe wurde nun auch der Landsturm organisirt, u. in der Mitte des Mays das Exerzieren angefangen.

Gegen Ende **Juny** zogen die rückkehrenden rußischen Truppen durch. Von Merseburg auf Delitzsch zog das erste Armeekorps; von welchem ein großer Theil durch Rintschane ging, welche uns viel Getraide ruinirte. Auch wir bekamen den 2$^{\underline{ten}}$ **July** 2 Compagnien vom 3$^{\underline{ten}}$ Jägerregiment[192] ins Quartier; den 3$^{\underline{ten}}$ rückten sie wieder aus, u. zugleich eine Compagnie vom 3$^{\underline{ten}}$ Jägerregiment wieder ein, welche dann nach gehaltenen Ruhetag weiter zog. Nach etlichen Tagen hörte der Durchzug auf, nachdem er 3 Wochen gedauert hatte. Vom 16$^{\underline{ten}}$ bis 30$^{\underline{ten}}$ **July** kamen die Russischen u. Preußischen

---

[191] Wiener Kongress, 18.09.1814 bis 09.06.1815: Geleitet vom österreichischen Außenminister, Fürst von Metternich, ordnete der Kongress Europa neu nach der Niederlage Napoleons in den Koalitionskriegen, legte zahlreiche Grenzen neu fest und schuf neue Staaten. Die führende Rolle dabei hatten inne: Russland, das Vereinigte Königreich, Österreich, Preußen, das wiederhergestellte Königreich Frankreich und der Kirchenstaat. Vertreter aus ca. 200 europäischen Staaten (ohne das Osmanische Reich), Herrschaften, Körperschaften und Städten nahmen an diesem Kongress teil. Die deutschen Fragen wurden von den übrigen europäischen Angelegenheiten getrennt beraten wegen ihrer Komplexität und ihres Umfangs.
[192] Nicht näher bestimmt; ggf. sind Truppenteile des Ostpreußischen Jäger-Bataillons aus dem I. Armeekorps gemeint.

Garden nebst andern Truppen in Halle an; u. gingen über Zörbig u. Radegast auf Dessau.

Nach dem Pariser Frieden ging Alexander[193] u. Wilhelm[194] begleitet von ihren Heerführern nach England, wo sie sehr hoch aufgenommen wurden, u. wo besonders für den alten Blücher die Ehrenbezeugungen zur höchsten Epoche stiegen.

Anfangs **Octbr:** nahm der **Congrehs** zu Wien seinen Anfang. Der Kaiser von Rußland[195], der König von Preußen[196], der von Dänemark[197], Bayern[198] und Würtenberg[199] nahmen persönlich Antheil an den Unterhandlungen. Auch viele Fürsten, so wie die ersten Staatsmänner von Rußland, Oesterreich, England, Preußen, Frankreich; Schweden, Spanien u. Portugall, ferner Gesandten von Holland, der Schweiz, Neapel, Italien u. Deutschland waren gegenwärtig.

Die Hauptrolle spielten der östreichische Minister Meternich[200]; der rußische Stein[201], der preußische Hardenberg[202] u. der englische Kastleragh[203]. Die französischen Minister Talleyrand[204] u. Dalberg[205] suchten sich freilich auch beteutend zu machen, allein sie konnten

---

[193] Zar Alexander I. von Russland
[194] König Friedrich Wilhelm III. von Preußen
[195] Zar Alexander I. von Russland
[196] König Friedrich Wilhelm III. von Preußen
[197] König Friedrich VI. von Dänemark und Norwegen; s.a. Personenregister unter *Friedrich VI.*
[198] König Maximilian I. Joseph von Bayern
[199] siehe Personenregister unter *Friedrich Wilhelm Karl von Württemberg*
[200] Clemens Wenzel Lothar von Metternich; s.a. Personenregister unter *Meternich*
[201] Heinrich Friedrich Karl Reichsfreiherr vom und zum Stein; s.a. Personenregister unter *Stein*
[202] Karl August Fürst von Hardenberg; s.a. Personenregister unter *Hardenberg*
[203] Robert Stewart, 2. Marquess of Londonderry; s.a. Personenregister unter *Kastleragh*
[204] Charles-Maurice de Talleyrand-Périgord; s.a. Personenregister unter *Talleyrand*
[205] Emmerich Joseph Herzog von Dalberg; s.a. Personenregister unter *Dalberg, Herzog*

keinen Ton angeben. Die Unterhandlungen wurden sehr geheim betrieben, u. es kam wenig ins Publikum. Sachsen wurde einem Vertrage nach von Russen geräumt, u. von Preußen in Besitz genommen. Zwar prostetirten der alte König von Sachsen[206], so wie Frankreich u. andere dagegen, allein, wie es schien, ohne Erfolg.

Hauptziele des Wiener Kongresses		
Restauration	Legitimität	Solidarität
Wiederherstellung des politischen Zustandes von 1792	Rechtfertigung der Ansprüche der Dynastie des Ancien Régime	Gegenseitiger Schutz fürstlicher Interessen vor revolutionären Ideen und Bewegungen

Abb. 31: Hauptziele des Wiener Kongresses

Dieses merkwürdige Jahr, in welchem der Völkerkampf geendet wurde, war nun zu Ende; noch aber nicht der Congreß zu **Wien**. Die Monarchen selbst waren noch da, u. unsere Hoffnung zum allgemeinen Weltfrieden müssen wir dem künftigen Jahre überlassen.

Das Jahr 1815.

Die Congreßangelegenheiten wurden immer fortbetrieben, doch wie es uns schien, sehr langsam, denn die Monarchen blieben immer noch in **Wien**, u. die öffentlichen Bekanntmachungen von den Verhandlungen wurden immer von einer Zeit zur anderen verschoben, bis die Entweichung Bonapartes[207] von **Elba** am 24 **Febr**: u. dessen Ankunft in Frankreich am 1sten **März** dem Congreß[208] eine andre Wendung gab.

---

[206] König Friedrich August von Sachsen
[207] Mit Bonaparte ist ab hier immer *Napoleon* Bonaparte gemeint; s.a. Personenregister unter *Napoleon*
[208] Wiener Kongress

Der Ehrgeiz u. die Herrschlust ließen diesem Mann[209] nicht ruhen; er hatte eine Verschwörung in ganz Frankreich angezettelt. Kaum war er ans Land gestiegen, als ihm Alles entgegen lief. Seine ganze Macht bestand aus etwa 1.100 Mann, die sich aber mit jedem Schritt verstärkte.

Die von dem König getroffenen Maasregeln wirkten nicht, da der Kriegsminister **Soult**[210], u. die mehresten Marschälle u. Generals mit in der Verschwörung begriffen waren, u. das ganze Militair Bonapartisch gesinnt war; und so war es Bonaparten möglich, schon den 20sten März in **Paris** einzutreffen. Den Tag vorher hatte der König[211] dieses verlassen, u. sich mit wenig Getreuen nach den Niederlanden geflüchtet.

Wie durch einen Zauberschlag war die alte Ordnung der Dinge vernichtet, u. Bonaparte stand wieder an dem Platz, wovon er vor einem Jahre vertrieben worden war. Bey diesem Ereigniß zeigte sich die französische Nation öffentlich in ihrer wahren Gestallt; nun sah man deutlich, daß dieses die verworfenste Nation der Erde ist, bey welcher Treu u. Glaube ganz verschwunden. Frankreich kann nicht anders, als durch einen Tyrannen beherrscht werden; eine milde u. ruhige Regierung ist demselben zuwider. Größtentheils im Kriege erzogen, wünschen sie nur immer denselben, u. können nicht eher ruhen, bis sie aus Ohnmacht die Ruhe der Welt nicht mehr stören können. Erst hatten wir die besten Hoffnungen, nun bald im Frieden u. glücklich leben zu können, da uns der Beste der Könige[212] beherrschte; schon hofften wir freudig auf Endigung des Congresses[213], u. bereiteten uns zum Friedensfeste; allein unsere schönen Erwartungen täuschten uns. Die Vorsehung hatte es anders

---

[209] Napoleon Bonaparte
[210] Nicolas Jean-de-Dieu Soult; s.a. Personenregister unter *Soult*
[211] König Ludwig XVIII. von Frankreich
[212] König Friedrich Wilhelm III. von Preußen
[213] Wiener Kongress

beschlossen; das Kriegsgeschrey ertönte von neuen durch ganz Europa; die Krieger eilten von allen Enden wieder herbey, um die französische Nation zu bezäumen; Krieg war aufs neue wieder die Loosung.

Dießmal bekam unser Dorf viele Einquartierung, denn den 5ten Maj quartierten eine Compagnie vom 2ten Ostpreußischen Infanterie Regiment bey uns, ferner den 9^{tn} eine Compagnie vom 9ten Schlesischen Landwehr Inf. Regm; den 13ten 1 Compagnie vom 11ten Schlesischen Landwehr Inf. Regm; den 14ten 1 Comp. von 10ten Schlesischen L.W. Infant. Regiment, u. den 15 u. 16^{tn} März ½ Compagnie von 8^{tn} Schlesischen Linien Inf. Regm.

Das Schicksal Sachsen wurde den 18ten Maj völlig entschieden; Preußen erhielt einen großen Theil unter dem Titel: Herzogthum **Sachsen**, so wie es schon vorher die Großherzogthümer Posen u. Niederrhein zur Entschädigung erhalten hatte. Die Sachsen aber waren mit dieser Theilung nicht zufrieden, der französische Dünkel hatte sie so sehr befallen; sie hofften daher immer wieder auf den Weltstürmer Bonaparte, u. hofften den Preußen entrissen zu werden; aber ihre thörichten Hoffnungen werden gewiß nie erfüllt.

Den 16ten Juny war der Tag, an welchen in den Feldern bey Bendorf die erste Landsturms Brigade des Saalkreises vereidet ward. Dies war ein feierlicher Tag. Als der Kreis geschlossen war, spielten die Janitscharen ein herzerhebendes Stück. Nun wurde das Lied: Lobe den Herren den mächtigen König der Ehren, gesungen; u. nachher hielt der Brigade Prediger eine Rede über den Text: Ps: 119, v. 106; dann wurden wir vereidet u. das Lied: Nun danket alle Gott, gesungen; endlich wurde unserm guten Könige, Blüchern, Hardenberg u. vielen anderen ein feierliches Lebe hoch gebracht.

Der Kongreß zu **Wien** wurde nun aufgelöst; sämmtliche Monarchen reisten ab; der Kaiser von Oestreich[214] u. Rußland[215] zur Armee, der König von Preußen[216] auf Berlin, dann aber nach kurzen Aufenthalt gleichfalls zur Armee, wo er den 24$\underline{\text{sten}}$ **Juny** durch Skeudiz u. Merseburg ging.

Haupergebnisse des Wiener Kongresses			
Pentarchie	**Heilige Allianz** zwischen	**Deutsche Bundesakte**	**Schweizer Neutralität**
Herstellung des Gleichgewichts der fünf Großmächte	• Preußen • Russland • Österreich	Grundgesetz des Deutschen Bundes	Internationale Anerkennung
• Verlust der von **Frankreich** annektierten Gebiete • Gebietsgewinne für **Preußen, Russland, Großbritannien, Österreich** • Teilung **Polens** • Gebietsgewinn für den „Kranz mittlerer Staaten" (**Schweden, Vereinte Niederlande, Sardinien-Piemont**)	• Verpflichtung zur christlich-patriarchalischen Regierung • Solidarität • Intervention gegen alle nationalen und liberalen Bestrebungen		

Abb. 32: Hauptergebnisse des Wiener Kongresses

Der Schwager Bonapartes **Mürat König von Neapel**[217] wurde seinen Bündniß untreu, u. wollte gemeinschaftliche Sache mit Bonaparten machen; drang in Italien vor; wurde jedoch von den Oestreichern zurückgeschlagen, u. mußte endlich das Land so er unrechtmäßiger Weise besaß, gänzlich räumen, und sich nach Frankreich flüchten.

Den 15$\underline{\text{ten}}$ **Juny** eröfnete Bonaparte die Blutbahne wieder, indem er die Gränzen überschritt u. Blücher grimmig anfiel, es fiel den 16$\underline{\text{ten}}$ eine harte Schlacht zwischen beyden Heeren in der Gegend von

---

[214] Franz Joseph Karl aus dem Hause Habsburg-Lothringen
[215] Zar Alexander I. von Russland
[216] König Friedrich Wilhelm III. von Preußen
[217] Joachim Murat

Namur vor[218]. Viele tapfere Preußen, unter welchen auch der tapfere Herzog von Braunschweig[219] war, fielen, u. doch wurde Blücher zurückgedrängt; sogar wurde der alte Held, nachdem ihn sein Pferd erschossen worden war, u. er bewußtlos in einem Graben sank, von der französischen Kavallerie überritten; jedoch die Hand des Herrn beschützte ihn, u. er kam am Abend unbeschädigt wieder zu den Seinen.

Den 17ten warf sich Bonaparte auf **Wellington**[220] bey **Belle Alliance** in der Gegend von Brüssel, wo den 18ten ebenfalls eine große Schlacht[221] vorfiel. Obgleich die Engländer wie Löwen stritten, so sahen sie sich doch genöthigt der Uebermacht der Franzosen zu weichen. Bald waren die Engländer aufgerieben; als endlich am Abend Blücher zu Hülfe eilte, den Franzosen in Rücken u. Seiten fiel u. Bonaparte nöthigte, den Rückzug anzutreten, welcher bald in einige stürmische Flucht ausartete. Die Preußen hielten sich hier sehr tapfer, u. die Folgen dieses Sieges waren sehr groß; denn die stolzen Hofnungen **Bonapartes** u. der Franzosen wurden hierdurch zertrümmert; sie verlohren über 300 Kanonen; den besten Theil ihrer Truppen, welche theils geblieben u. gefangen waren. Der

---

[218] Folgende zwei Schlachten sind im Zusammenhang zu sehen: *Schlacht bei Quatre-Bras* im heutigen Belgien, 16.06.1815. Im Süden von Waterloo verteidigten unter dem Herzog von Wellington britische, deutsche und niederländische Truppen eine Straßenkreuzung gegen französische Truppen unter Ney. Nur wenige Kilometer entfernt fand nahezu zeitgleich die *Schlacht von Ligny* statt (in Gaertners Manuskript als "in der Gegend von Namur" gemeint): Hier kämpften französische Truppen unter Napoleon gegen preußische Truppen unter Blücher. Aufgehalten durch die Kämpfe um *Quatre-Bras*, konnte Wellington nicht seiner Garantie nachkommen, die verbündete preußische Armee im Falle eines Angriffs durch Napoleon zu unterstützen.
[219] Friedrich Wilhelm von Braunschweig
[220] Arthur Wellesley, 1. Duke of Wellington; s.a. Personenregister unter *Wellington*
[221] Schlacht bei Waterloo, 18.06.1815: letzte Schlacht Napoleon Bonapartes. Sie wurde gelegentlich auch „Schlacht bei Belle Alliance" genannt, weil Blücher in seinen Berichten am 21.06.1815 diesen Namen verwendete. Napoleons Niederlage in dieser Schlacht beendete seine „Herrschaft der Hundert Tage", führte zu seiner endgültiger Abdankung am 22.06.1815 und somit zum Ende des französischen Kaiserreichs.

übrige Theil wurde immer mehr zurückgedrängt u. nach Paris zugetrieben. Bonaparte entsagte nun dem Throne u. flüchtete aus Paris, wo Blücher u. Welington[222] am 2ten u. 3ten July anlangten. Es kam hier nochmals zu harten Kämpfen; endlich kapitulirte Paris wo Preußen u. Engländer am 6ten bis 7ten Jul: siegreich einzogen. Der König **Louis**[223] kam nun wieder u. auch der König von Preußen[224], der König von Oestreich[225] u. Rußland[226], hielten den 11ten ihren feyerlichen Einzug. Dieses mal kamen die Franzosen nicht so gnädig weg, wie das vorige Jahr; jeder Ort, wo man sich widersetzte, wurde rein ausgeplündert, u. nachher verbrannt. Paris mußte große Contributionen zahlen; bekam viele Einquartierung; alle geraubte Sachen wurden aufgesucht und fortgeschafft; auch der besetzte

Abb. 33: „Übermuth nahm sie – Tapferkeit bringt sie zurück" – satirische Zeichnung zur (bereits 1814 erfolgten) Rückführung der Quadriga nach Berlin

---

[222] Wellington

[223] König Ludwig XVIII. von Frankreich

[224] König Friedrich Wilhelm III. von Preußen

[225] Franz Joseph Karl aus dem Hause Habsburg-Lothringen

[226] Zar Alexander I. von Russland

Theil von Frankreich mußte Contributionen zahlen; die Güter der bonapartischen Anhänger wurden in Beschlag genommen; immer mehrere Truppen – Russen, Bayern, Oestreicher rückten in Paris ein.

Die Franzosen fingen nun zu unterhandeln an. Es wurde ein Waffenstillstand[227] geschlossen; die noch übrigen französischen Truppen standen hinter der **Loire**, von **Davoust** befehligt, u. wurde endlich aufgelöst. Bonaparte hatte sich von _____[228] aus auf ein englisches Schiff geflüchtet, u. ward von hier nach der von Frankreich 1000 M. entfernten Insel Helena gebracht, wo er wohl nicht wieder entwischen wird, indem er stark bewacht wird, u. wo er Zeit genug hat, seine durchlaufene Blutbahn zu durchschauen.

Der 25$\underline{^{ste}}$ Sept: war der Tag, an welchen die Provinzen zwischen der Elbe u. Weser dem König **Fr: Wilhelm**[229] zu Magdeburg in der Person des Ministers von Reck[230] aufs neue huldigten.

Auch bey uns wurde dieser Tag sehr hoch gefeiert. Früh versammelte sich der Landsturm mit Musik bey Oßmünde u. stellte sich in **fronte** auf, die 2 **Capitains** holten den Prediger &. Schullehrer

---

[227] Gemeint ist hier wohl der Zweite Pariser Frieden, unterzeichnet am 20.11.1815 von König Friedrich Wilhelm III. von Preußen, Kaiser Franz I. von Österreich und Zar Alexander I. von Russland nach Napoleons Niederlage in der Schlacht bei Waterloo, die seine „Herrschaft der Hundert Tage" beendete. Frankreich musste wegen dieses Feldzuges weitere Forderungen der Alliierten erfüllen. Bestätigt wurden zudem der Erste Pariser Frieden vom 30.05.1814, die Schlussakte des Wiener Kongresses vom 09.06.1815, und in einem separaten Dokument wurde die Quadrupelallianz von 1814 erneut unterzeichnet.

[228] Diese Stelle lässt Johann Christian Gaertner offen; scheinbar konnte er den betreffenden Hafen nicht recherchieren. Der Fakt: Napoleon trat am 22.06.1815 zurück. Parlament und ehemalige Getreue unterstützten ihn nicht mehr, und so hoffte er nun auf eine Emigration nach Amerika oder auf politisches Asyl in Großbritannien. Auf alliierten Beschluss wurde er jedoch nach St. Helena (Südatlantik) verbannt.
Am 15.07.1815 ging er an Bord der *HMS Bellerophone*, um nach Plymouth zu gelangen. Dort bestieg er die *HMS Northumberland* mit Ziel St. Helena.

[229] König Friedrich Wilhelm III. von Preußen

[230] Eberhard Friedrich Christoph Ludwig Freiherr von der Recke; s.a. Personenregister unter *Reck*

nebst der Schuljugend; dann ging es mit Gesang zur Kirche, wo der Prediger eine vortreffliche Rede hielt; nach geendigtem Gottesdienst ging es unter Geläute u. Musik in voriger Ordnung wieder vors Dorf, wo der Landsturm u. die Schuljugend einen Kreis formirten u. das Lied: <u>Heil Dir im Siegerkranz</u> u.s.w. gesungen wurde; auch hielt der **Lieutenant** des Landsturms u. Einnehmer Markgraf eine schöne Rede; dann wurde der Kreis eröffnet; Victoria gerufen u. geschossen; Nachmittags war Vogelschießen; am Abend ward ein Feuerwerk aufgeführt, wo auch die Kirche, Pfarre, Schule &. mehrere Häuser zu Oßmünde schön erleuchtet waren.

Am Weihnachten kamen endlich die mehresten Truppen wieder aus Frankreich zurück, von welchem wir nur 2 mal Einquartierung bekamen, u. ein Theil blieb zur Bewachung in Frankreich.

Der 18$^{\underline{te}}$ **Jan** war endlich der längst ersehnte Tag, an welchem im ganzen Preußischen Staate das große Friedensfest gefeiert ward. Dieser Tag wurde überall feierlich begangen; in den Kirchen wurden Canzeln u. Altäre bekleidet &. Friedensfahnen zum immerwährenden Andenken aufgestellt.

Bey uns zwar ward erst den 28$^{\underline{sten}}$ Jan: das Hauptfriedensfest gefeiert, indem wir der vielen Arbeit wegen unsere Friedensfahne nicht zum 18$^{\underline{ten}}$ Jan: erhalten konnten. Den 27$^{\underline{sten}}$ wurde dieselbe vom reitenden Landsturm mit Musik in Halle, wo sie überall herum geführt wurde, geholt. Nun wurde sie durch alle 6 Dörfer getragen, u. endlich in Oßmünde aufgestellt.

Am Morgen des 28$^{\underline{sten}}$ versammelte sich der Landsturm bey Oßmünde, wo er in **fronte** aufgestellt wurde; zwei Offiziere holten den Prediger, Schullehrer nebst der ganzen bekränzten weiblichen Jugend; dann brachte der reitende Landsturm die Fahne; hierauf ging es mit Musik u. Gesang zur Kirche, wo der Altar u. die Canzel neu bekleidet waren; die Fahne wurde vor dem Altar aufgestellt;

der Prediger hielt eine erbauliche, schöne Predigt; auch waren viele Fremde da, &. die Kirche gedrückt voll.

Nach geendigtem Gottesdienst ging Alles in voriger Ordnung wieder aufs Feld; hier wurde ein Kreis geschlossen, darauf von dem **Lieutenant** Markgraf eine vortreffliche Rede gehalten, ein Kriegslied gesungen, dann der Kreis eröfnet &. einige Lauffeuer gegeben; endlich wurde von sämtl. Landsturmoffizieren die Fahne wieder in die Kirche getragen, &. daselbst zum Andenken aufgehängt. Und so wurde dieser Tag einer der herrlichsten u. merkwürdigsten nach den vielen Leiden, die uns trafen; an welchem gewiß jeder Gott innig dankte, da uns Gott nach so vielen Blutvergießen den Frieden schenkte. Möge der himmlische Vater uns nur denselben lange erhalten, damit die ruinirten Länder sich wieder erholen u. glücklich seyn können.

Tabellenteil der Chronik

Uebersicht der Lasten im Jahr 1813.

a. An die Franzosen.

1. Lieferungen.

Korn — 13 Schfl. — à 60 rgh. macht	— 32 rf. 12 gl.
Hafer — 50 „ — à 32.	66 „ 16 „
Heu — 3 Ctr — — 24 „	3 „ — „
Stroh — 10 „ — — 16 „	6 „ 16 „
Fleisch — — — — — —	38 „ — „
Lieferungen an Gelde bezahlt —	168 „ — „

314 rf. 20 gl.

Für das Magdeburger Verschann — 78 „ — „
für das Magdeburger Verschann — 64 „ — „

456 rf. 20 gl.

2. Einquartierung.

270 Mann — à 8 rgh — macht — — 90 rf.

3. Vorspann.

100 Pferde zum Verschann gestellt — à Pferd 1 rf. 12 gl. 150 rf.

Recapitulation.

Lieferungen .. 457 rthl.
Einquartierung .. 90 „
Vorspann .. 150 „
Summa — 697 rthl.

Den Franzosen haben wir vom 1t. Jan: 1808 bis 1 Jan 1813
546 Pferde zum Vorspann gestellt à Pferd 1½ rthl. macht 819 rf.

Im Jahr 1812 mußten wir zur Kriegssteuer zur Mobilmachung der Landwehr geben, welche betrug — — — 79 „

Summa 898 rthl.

Summa der Kriegslasten an die Franzosen.
1806 & 7 .... 6784 rf.
1808 & 13 .... 898 „
1810 .... 697 „
Summa 8379 rthl.

3. Tabelle aus dem Manuskript

Uebersicht der Lasten im Jahr 1813.

a. An die Franzosen.
1. Lieferungen.

Korn	13	Schfl.	à	60 g*l*.	macht	32	rtl.	12 g*l*.
Hafer	50	"	à	32	…	66	"	16 "
Heu	3	Cl.	…	24 "	…	3	"	"
Stroh	10	"	…	16 "	…	6	"	16 "
Fleisch						38	"	"
Lieferungen an Gelde bezahlt						168	"	"
						314	**rtl.**	**20 g*l*.**
Für das Magdeburger Vorspann						78	"	"
für das Magdeburger Schanzen						64	"	"
						456	**rtl.**	**20 g*l*.**

2. Einquartierung.

270 Mann	à	8 g*l*.	macht	**90**	**rtl.**

3. Vorspann.

100 Pferde gestellt	à Pferd	1 rtl.	12 g*l*.	**150**	**rtl.**

Recapitulation.

Lieferungen	457	Thlr.
Einquartierung	90	"
Vorspann	150	"
Summa	**697**	**Thlr.**

Den Franzosen haben wir vom 1. Jan. 1808 bis 1. Jan. 1813
546 Pferde zum Vorspann gestellt
à Pferd 1 1/2 Thlr.   macht 819 rtl.
Im July 1812 mußten wir eine Kriegssteuer zur Mobil=
machung der Armeepferde geben, welche betrug   79 "

Summa	**898**	**Thlr.**

Summa der Kriegslasten an die Franzosen.

1806 u. 7	6784	rtl.
1808 bis 13	898	"
1813	697	rtl.
Summa	**8379**	**Thlr.**

Abschrift der 3. Tabelle aus dem Manuskript

Uebersicht der Lasten im Jahr 1813.

v. An Rußen und Preußen.

1. Lieferungen.

Korn — 28 Schfl. ... à Schfl. 60 Gr. macht .. 70 rh.
Hafer — 449 „ — „ — 32 „ — — „ 600 „
Heu — 86 Ctr. — à Ctr. — 1 rh — ... — 86 „
Stroh — 50 „ — „ — 16 gr — ... — 33 „
Brod — 8000 ℔ à ℔ 9 d. — — — — — 250 „
8 Kühe — — — — — — — — — — 185 „
2 Kühe den Rußen bezahlt — — — — — 20 „
11 Schaafe — — — — — — — — 22 „
für Schinken, Würste, Gänse, Fleisch u. Hühner 50 „
für 175 Kannen Branntwein à 8 rh bezahlt 58 „
Lieferungen so im Geld bezahlt — — — — 59 „
———————
1 5 3 3 rh.

2. Einquartierung.

1350 Mann nach einem Tag 8 gr — 330 rh.

3. Vorspann.

314 Pferde gestellt - à Pferd 1 rh 12 gr macht 471 rh.

4. Verlohrene Pferde S. Wagen.

Eigne Einwohner der Gellenden zingen verlohren
13 Pferde S. 2 Wagen — Werth — 820 rh.

Recapitulation

Lieferungen betragen 1533 rh.
Einquartierung - - - - 330 „
Vorspann ... ... 471 „
Verlohrene Pferde ... 820 „
———————
Summa. 3154 Gr.

Summa der Lasten an Franzosen u. Rußen u. Preußen 1813.
Lieferungen ... ... 1900 rh.
Einquartierung ... 420 „
Vorspann ... 621 „
Verlohrene Pferde ... 820 „
———————
also in Summa 3851 rh.

4. Tabelle aus dem Manuskript

Uebersicht der Lasten im Jahr 1813.

b.   **An Russen und Preuhsen.**

1. Lieferungen.

Korn	28	Schfl.	à Schfl.	60	Gr.	macht	70	Thlr:
Hafer	449	"		32	"	...	600	"
Heu	86	Cl.	à Cl.	1 Thlr:		...	86	"
Stroh	50	"	"	16	g/.	...	33	"
Brod	8000	Ꝑ	à Ꝑ	9	₰	...	250	"
	8	Kühe				...	185	"
	2	Kühe	den Russen bezahlt			...	20	"
	11	Schaafe				...	22	"
	für Schinken, Würste, Gänse, Fleisch u. Hühner					...	50	"
für	175	Kannen Branntwein	à	8	g/.	bezahlt	58	"
	Lieferungen so an Gelde bezahlt					...	159	"
							1533	"

2. Einquartierung.

1350	Mann	auf einen Tag	8	g/.	...	**330** rtl. *(?)*

3. Vorspann.

314	Pferde	gestellt à Pferd	1 rtl.	12 g/.	macht	**471** rtl.

4. Verlohrene Pferde u. Wagen.

Beym Einrücken der Alliirten gingen verlohren

13 Pferde u. 2 Wagen im Werth	...	**820** rtl.

Recapitulation.

Lieferungen betragen	1533	rtl.
Einquartierung	330	"
Vorspann	471	"
Verlohrene Pferde	820	"
Summa	**3154**	**Thlr.**

Summa der Lasten an Franzosen, Russen u. Preußen 1813.

Lieferungen	1990	Thlr.
Einquartierung	420	"
Vorspann	621	"
Verlohrne Pferde	820	"
also in Summa	**3851**	**Thlr.**

Abschrift der 4. Tabelle aus dem Manuskript

Uebersicht der Lasten im Jahr 1814.

1. Lieferungen.

Korn 25 Scheffel à 56 gg macht 58 rg 8 gg
Weizen 8 " — à 60 " — 20 " — "
Hafer 10 r " — à 36 " — 15 r... 12 "
Stroh 72 ... — à 16 " — — 48 " — "
...geld bezahlt — — — — 47 " — "
... baaren Gelde — — — — 96 " 8 "

421 rg 4 gg

2. Einquartierung.

751 Mann auf 1 Tag 8 gg à Mann — 252 thlr

3. Vorspann.

215 Pferde gestellt à 36 gg macht 322 rg 12 gg

4. Krieges und Landwehrausrüstungssteuer.

Kriegessteuer — — — 112 thlr 13 gg
Landwehrsteuer — — 44 "

156 rg 13 "

Recapitulation.

Lieferungen — — — 421 rg 4 gg
Einquartierung — — 252 " —
Vorspann — — 322 " — "
Kriegessteuer — — 156 " 13 "

Summa 1151 thlr 17 gg

5. Tabelle aus dem Manuskript

Uebersicht der Lasten im Jahr 1814.

1. Lieferungen.

Korn	25	Schfl.	à 56 g/.	macht	58	rtl.	8 g/.
Weizen	8	"	à 60 "	...	20	"	... "
Hafer	101	"	à 36 "	...	151	"	12 "
Stroh	72	Cl.	à 16 "	...	48	"	... "
Fleischgeld bezahlt				...	47	"	... "
an baarem Gelde				...	96	"	8 "
					421	**rtl.**	**4 g/.**

2. Einquartierung.
751 Mann auf 1 Tag   8 g/. à Mann   ...   **252 Thlr:**   (?)

3. Vorspann.
215 Pferde gestellt à 36 g/.   macht   **322 rtl. 12 g/.**

4. Krieges und Landwehrausrüstungssteuer.

Kriegessteuer	...	**112 Thlr: 13 g/.**	
Landwehrsteuer	...	**44**	"
		156 rtl.	**13 g/.**

Recapitulation:

Lieferungen	421	rtl.	4 g/.
Einquartierung	252	"	"
Vorspann	322	"	"
Kriegessteuer	156	"	13 "
Summa	**1151 Thlr.**	**17 g/.**	

Abschrift der 5. Tabelle aus dem Manuskript

adH: A.

Krieges Lieferungen an die Preußen vom Octbr 1805 bis Octbr 1806

1805	Ort.	Kosten		Korn ahlt a 80 f	Hafer ahll a 50 f	Steu. Le a 2 f	Werth.	
		f.	H.				f.	H.
Octbr 16	nach Magdeburg ins Magazin	8.	—	—	48.	—	108	—
29.	nach Halle ins Magazin	2.	8.	—	48.	—	102	—
Nov: 3.	nach Halberstadt ins Magazin	38.	16.	—	65.	—	174	2.
23.	nach Halle ins Magaz. Mühl	—	—	33.	.	.	110.	—
24.	nach Eisleben ins Magaz.	3.	16.	.	67.	.	143	6.
30.	zu Hause an Etterans Hofe	—	—	—	41.	—	85	10.
dec. 4.	nach Magdeburg ins Magazin	—	—	—	74.	—	154	4.
21.	nach Halle ins Magazin	2.	8.	33.	—	—	112.	8.
1806 Jan: 15.	nach Leipzig ins Magazin	.	.	.	144.	.	300	—
Jul. 1.	nach Halle ins Magazin	.	.	.	.	23½	47.	—
Aug. 1.	nach Halle ins Magazin	.	.	.	.	26½	53	.
Sept. 3.	eben dahin	.	.	.	21.	—	70.	.
24.	—	.	.	.	49.	.	102	2.
Octbr 8.	. .	.	.	33.	82.	.	280	20.
	Summa	55.	—	120.	618.	50.	842	12.
	in Octbr 1806 wurde vorgestellt und durch Empfang						393	—
	beträgt nach Abzug noch	—	—				449	12 H

6. Tabelle aus dem Manuskript

adt: A.

Krieges Lieferungen an die Preußen vom Octbr: 1805 bis Octbr: 1806

1805 Octbr:	Oct.	Kosten rtl.	g/.	Korn Schfl. à 80 g/.	Hafer Schfl. à 50 g/.	Heu Cl. à 2 ß	Werth rtl.	g/.
16.	nach Magdeburg ins Magazin	8.			48.		108	
29.	nach Halle ins Magazin	2.	8.		48.		102.	
Nov.								
3.	nach Halberstadt ins Magazin	38.	16.		65.		174.	2.
23.	nach Halle ins Magaz. Mehl			33.			110.	
24.	nach Eisleben ins Magaz.	3.	16.		67.		143.	6.
30.	zu Hause an **Etterans** Husar.				41.		85.	10.
Dec.								
4.	nach Magdeburg ins Magazin				74.		154.	4.
21.	nach Halle ins Magazin	2.	8.	33.			112.	8.
1806.								
Jan.								
15.	nach Leipzig ins Magazin				144.		300	
Jul.								
1.	nach Halle ins Magazin					23 1/2	47.	
Aug.								
1.	nach Halle ins Magazin					26 1/2	53	
Sept.								
3.	eben dahin			21.			70.	
24.	...				49.		102	2.
Octbr.								
8.	...			33.	82.		280.	20.
	Summa	55.	...	120.	618.	50.	1842.	12.
	in Octbr: 1806 wurde vergütet aus dieser Lieferung						393.	...
	beträgt nach Abzug noch ...						1449.	12 g/.

Abschrift der 6. Tabelle aus dem Manuskript

1806.

Verlust bey der Invasion der Franzosen
am 17 Oct: 1806.

Durch 3 französische Küster verloren durch Plünderung bey Rübitz
am 20 Octbr:

a. Christian Schuh in Pfund Vich u. s. w. u. s. w. abkauft) 18 ℔ ⎫
   . . . . eine Uhr . . . . 10 „ ⎬ · 70 ℔
   . . . . . . an baarem Gelde . . . . 42 „ ⎭

b. Christian Gärtner in Pfund (nach Abkauf) — — 18 rℓ ⎫
   . . . . . an baarem Gelde — . . . . . 12 „ ⎬ · 30 „

c. Christian Teuder eine Uhr . : . — — 10 rℓ ⎫
   . . . . . an baarem Gelde . . . — 10 „ ⎬ · 20 „

d. Adam Lau in Pfund, Einbüßung Cotta bei Wesenitz — — 60 „
                              _____
                              Summa — — — 180 ℔

Kriegslieferungen an die Franzosen vom Novbr: 1806
bis Jul: 1807.

1806	Ort.	Weitzen	Korn	Hafer	Kuche	Kosten			Werth	
		Schfl. a. 72 rℓ	Schfl. a. 72 rℓ	Schfl. a. 40 ℔	a. 64 ℔	℔	℔	rℓ	℔	
Nov. 18.	bei Belagerung vor von Magdeburg	6.	2.	48.	·	32	·	136	—
Decbr. 5.	an dem Felde	·	·	·	2.	·	·	128	—
1807 Jul. 5.	nach Mag: dal: 1. W.: ℔. Hafer Verschickung eine Mag: Zeitung 20 rℓ Nachschuß	—	—	·	—	—	20	—	20	—
	Summa.	6.	2.	48.	2.	52	·	284 ℔	—

7. und 8. Tabelle aus dem Manuskript

110

adt: B.

1806

Verlust bey der Invasion der Franzosen

am 17. Octbr: 1806

Durch 3 Französische Reuter verlohr durch Plünderung bey Rabutz
am 20 Octbr:

a.	Christian Schaaf	ein Pferd			
		(welches er ihm wieder abkaufte)	18	$u\beta$	
		eine Uhr	10	"	70 $u\beta$
		am baaren Gelde	42	"	

b.	Christian Gärtner	ein Pferd (nach Abkauf)	18	rtl.	30 "
		am baaren Gelde	12	"	

c.	Christian Sander	eine Uhr	10	rtl.	20 "
		am baaren Gelde	10	"	

d.	Adam Laue	ein Pferd, Ausgang Octbr: bei Wesenitz	60	"
		Summa	180	**Thlr:**

adt: C.

Kriegslieferungen an die Franzosen vom Novbr: 1806

bis Jul: 1807.

1806	Oct.	Weitzen	Korn	Hafer	Kuehe	Kosten		Werth.	
		Schfl. à 72 gl.	Schfl. à 72 gl.	Schfl. à 40 gl.	à 64 $u\beta$	rtl.	gl.	rtl.	gl.
Nov. 18.	an das Belagerungs- cor von Magdeburg	6.	2.	48.		32		136.	
Decbr: 5.	an dasselbe				2.			128	
1807 Jul. 5.	nach Magdeb. 1 1/2 Wispl. Hafer. Dieses übernahm einer daselbst gegen 20 rtl. Nachschuß					20		20	
	Summa.	6.	2.	48.	2.	52.		284.2β	

Abschrift der 7. und 8. Tabelle aus dem Manuskript

adt: D.

Große Kriegescontribution an die Franzosen

1807 u. 8.	1. ste Zwangs=Anleihe			Grohse Contribution			2 te Zwangs=Anleihe			Totalsumme			Bemerkungen
	rtl.	gl.	ß	rtl.	gl.	ß	rtl.	gl.	ß	rtl.	gl.	ß	Die erste Zwangs-
Christph. Meihsner	13.	10.	8	153.	4.	7.	24.	8.		190.	23.	3	anleihe wurde
... Menzel.	6.	17.	4.	94.	22.	10.	12.	4.		113.	20.	2.	im Octbr: 1807
Adam Laue.	26.	11.	3.	300.	9.	3.	47.	21.	9.	377.	18.	3.	bezahlt auf die Aussaat.
Gottfr. Schulze	27.	12.	6	335.	13.	2.	49.	19.	4.	412.	21.		Auf den Schfl. kam
Christp. Schiller.	15.	3.		195.	17.	2.	27.	9.		238.	5.	2.	10 gl. 1 ß.
Gottfr. Sander jun	31	2.	2.	349.	11.	4.	56.	6.	6.	436.	20.		Die große Contri=
Gottfr. Sander sen:	23.	12.	8.	248.	12.	2.	42.	14.		314.	14	10.	bution ein Zehntel
... Timler.	1.	16.	4.	41.		7.	3.	1.		45.	17.	11.	im Nov. Die Hälfte
Christph. Gottwald	12.	14.	6.	143.	8.	6.	22.	19.	6.	178.	18.	6.	im Decb. 1807 u. der
Wittwe Stoye.	8.	9.	8.	135.	22.	1.	15.	5.		159.	12.	9.	Rest in Febr: 1808
Christ. Schütze.	21.	10	3.	207.	13.					228.	23.	3.	auf die ordinaire
Gottfr. Schaaf.	37.	9.	5.	401.	19.	3.	67.	16.	3.	506.	20.	11.	Steuer bezahlt. Auf
Christ: Gaertner	20.	14.	1.	256.	14.	7.	37.	6.	3.	314.	10.	11.	den Thlr: kam
Christph. Schulze	8.	9.	8.	105.		11.				113.	10.	7.	8 Thlr: 9 gl. 1 1/3 ß.
Chr. Sander	5.	1.		75.	3.					80.	4.		Die zweite Zwangs=
Chr. Kramer.	18.	11.	8.	238.	10.	2.				256.	21.	10.	anleihe wurde im
Mor. Schaaf	45.	9.		511.		7.	82.	3		638.	12.	7.	Jun: 1808 auf die
Gottfr. Gottwald.	32.	18.	6.	362.	2.	7.	59.	7.	6.	454.	4.	7.	Aussaat bezahlt.
Chr. Stieme.	11.	13.	4.	138.	9	10.	20.	21.	11.	170.	21.	1.	Auf den Schfl. kam
Ernst Loss.	6.	17.	4.	93.	12.					100.	5.	4.	18 gl. 3 ß.
Gottfr. Gaertner	20.	14.	4.	227.	2.	3.	37.	6.	3.	284.	22.	10.	Einige Einw. blieben mit
Reiche aus Schwödsch	5.	1.	4.	51.	4.	4.	9.	3.		65.	8.	8.	108 rtl. 17 gl. 9 ß in Rest.
Chr. Hartmann				30.	23.	9.				30.	23.	9.	Der Maire Sander behielt
Carl Moescher				26.	19.	2.				26.	19.	2.	auch 75 rtl. 4 gl. 3 ß
Gottfr. Sorgenfrey				26.	12.	10.				26.	12.	10.	zurück, so daß also nur
Dan. Riemer.				29.	7.	6				29.	7.	6	540 rtl. einge=
Fr. Stoye.				26.	12.	10.				26.	12.	10.	zahlt wurden.
Chr. Semm				2.	19.					2.	19.		Die Contribution des
Mart. Zille.				2.	19.					2.	19.		Möscher wurde von
Chr. Heinberg				2.	19.					2.	19.		der Gemeinde bezahlt.
Fr. Schaaf.				2.	19.					2.	19.		Landes=Obligationen.
Gottfr. Grohse.				2.	19.					2.	19.		a. 483 Fr: 33 Ct.
... Werner.				2.	19.					2.	19.		b. 4000 " -
Andr. Hebold.				2.	19.					2.	19.		c. 3178 " 3 "
Summa	400.			4825.	15.	3.	615.	4.	3.	5840.	19.	6.	7661 Fr: 36 Ct.

Abschrift der 9. Tabelle aus dem Manuskript

113

ad. E.

Kriegssteuer zur Mobilmachung der Westphälischen
Armeepferde. *Angestellt im Jul. 2. Aug. 1812.*

Name	rthl.	ℛ	₰
Christoph Meißner	2.	13.	4.
Menzel	1.	11.	9.
Adam Laue	5.	.	1.
Gottfr. Schulze	5.	14.	—
Christoph Schiller	3.	6.	—
Gottfr. Sander	5.	21.	5.
Christ. Sander	4.	3.	3.
Gottfr. Tuemler	—	10.	—
Christoph Gottwald	2.	9.	—
Gottlob Schumann	2.	—	—
Gottlieb Reuter	3.	11.	8.
Gottfr. Schaaf	6.	18.	2.
Christian Gaertner	4.	5.	8
Christoph Schulze	1.	15.	0.
Marie Sander	1.	5.	3.
Christoph Hartmann	—	10.	—
Kramer	3.	22.	8.
Moritz Schaaf	8	13	4
Gottfr. Gottwald	0.	2.	2
Wittwe Hame	2.	6.	10.
Ernst Luf.	1.	12	10
Gottfr. Gaertner	3.	16.	10
Reiche und Schwerdtsch	—	24.	8.
Dr. Lorenz aus Lünisch	—	4.	5
Gottlob Bergamburg	—	10.	—
Daniel Zimmer	—	10.	—
fr. Maya	—	10.	—
Summa	**79.**	**4.**	**10**

10. Tabelle aus dem Manuskript

114

adt: E.

Kriegssteuer zur Mobilmachung der Westphälischen Armeepferde. bezahlt im Jul. u. Aug. 1812.

	rtl.	gl.	₰
Christoph Meihsner	2.	13.	4.
.... Menzel	1.	11.	9.
Adam Laue	5.		1.
Gottfr. Schulze	5.	14.	
Christoph. Schiller.	3.	6.	
Gottfr. Sander	5.	21.	5.
Christ. Sander	4.	3.	3.
Gottfr: Tuemler		16.	
Christoph Gottwald	2.	9.	
Gottlob Schumann	2.	7.	
Gottlieb Reuter	3.	11.	8.
Gottfr. Schaaf.	6.	18.	2.
Christian Gaertner	4.	5.	8
Christoph. Schulze	1.	15.	6.
Maire Sander	1.	5.	3.
Christoph. Hartmann		10.	
... Kramer	3.	22.	8.
Moritz Schaaf	8	13	4
Gottfr: Gottwald	6.	2.	2
Wittwe Stieme	2.	6.	10.
Ernst Loss.	1.	12.	10.
Gottfr: Gaertner	3.	16.	10.
Reiche aus Schwoedtsch		20.	8.
Dr. Lorenz aus Queis		4.	5.
Gottfr. Sorgenfrey		10.	
Daniel Riemer.		10.	
Fr. Stoye.		10.	
Summa	**79.**	**4.**	**10.**

Abschrift der 10. Tabelle aus dem Manuskript

ad. .ſt. No
Magdeburger Vorſpann- und Schanzgeld
bezahlt vom Jul. bis September 1813.

	Vorſpann.	Schanzen.
	Thlr.	Thlr.
Gottl. Günthal.	—	8.
Chriſtoph Menzel.	—	6.
Adam Hans	6.	—
Gottfr. Schütze	9.	—
Chriſtoph Schiller	—	8.
Gottfr. Vander	6.	—
Chriſtian Vander	6.	—
Gottfr. Jüngler	—	2.
Chriſtoph Gottwald	—	4.
Gottlob Schumann	3.	—
Gottlieb Hauder	6.	—
Chriſtian Schaaf	9.	—
Günther	6.	—
Chriſtoph Kramer	6	—
Moritz Schaaf.	12.	—
Gottfr. Gottwald.	6.	—
Chriſtian Meyer	—	8.
Ernſt Haß	3.	—
Gottfr. Günther	—	8.
Carl Müller	—	2.
Zaulmann	—	2.
Gottfr. Verzenberg	—	2.
Daniel Kramer	—	2.
Friedrich Meyer	—	2.
Chriſtoph Timm	—	1.
Gottfr. Ernſt.	—	1.
Chriſtoph Spannberg	—	1.
Friedr. Schaaf.	—	1.
Gottfr. Große.	—	1.
Daniel Gebhold u. Gottfr. Willdorff a 6		2.
Summa	**78**	**59**

11. Tabelle aus dem Manuskript

adt: F.

Magdeburger Vorspann= und Schanzgeld.
bezahlt vom Jul. bis Septembr: 1813.

	Vorspann. Thlr.	Schanzen. Thlr.
Gottl. Beutel.		8.
Christoph Menzel		6.
Adam Laue	6.	
Gottfr. Schulze	9.	
Christoph Schiller.		8.
Gottfr. Sander	6.	
Christian Sander	6.	
Gottfr: Tumpler		2.
Christoph Gottwald		4.
Gottlob Schumann	3.	
Gottlieb Reuter	6.	
Christian Schaaf	9.	
.... Gärtner	6.	
Christoph Kramer	6.	
Moritz Schaaf	12.	
Gottfr. Gottwald	6.	
Christian Stoye		8.
Ernst Loß	3.	
Gottfr. Gärtner		8.
Carl Möscher		2.
........Faulmann		2.
Gottfr. Sorgenfrey		2.
Daniel Riemer		2.
Friedrich Stoye		2.
Christoph Semm		1.
Gottfr. Arnt		1.
Christoph Heinberg		1.
Frieda Schaaf.		1.
Gottfr. Große		1.
Andr. Hebold u. Gottfr. Mutterlinse a 1 rtl.		2.
Summa	**78 Thlr:**	**59 Thlr:**

Abschrift der 11. Tabelle aus dem Manuskript

Kriegslieferungen an die Franzosen
im Jahre 1813.

1813.	Ort.	Korn.	Hafer.	Erbs.	Heu.	Stroh.	Fourage.	Werth.	
						#	rf.	r.	rf.
Mai 20.	...Magdeburg	—	24.	.	.	.	3r.	63.	—
Jun. 25.	nach Halle ins Magazin	4.	8.	.	3.	139.	—	40.	—
Jul. 5.	nach Doellnitz...	—	—	—	—	.	32 2/4	32.	18.
8.	nach Rausnitz...	—	—	—	—	.	32 3/4	32.	18.
13.	nach Halle ins Magazin	4.	8.	1.	1½.	.	.	22.	16.
20.	nach Doellnitz...	—	.	.	.	—	13½.	13.	12.
21.	nach Halle ins Magazin	.	.	1.	3½.	—	.	3.	8.
.	nach Magdeburg...	.	.	.	.	.	6.	6.	—
26.	nach Doellnitz zur Unterhaltung	—	—	.	.	.	16.	16.	—
30.	nach Halle ins Magazin	.	6.	1.	2.	.	.	10.	8.
Aug. 5.	nach Halle ins Magazin	—	4.	.	.	.	.	5.	8.
6.	nach Doellnitz zur Unterhaltung	.	.	.	.	.	8.	8.	.
10.	nach Halle ins Magazin	5.	.	.	.	.	.	12.	12.
12.	nach Magdeburg...	.	.	.	.	.	10.	10.	—
16.	nach Magdeburg ins Magazin	.	—	.	.	168.	—	21.	—
20.	nach Magdeb. ...	—	.	.	—	.	22.	22.	.
29.	nach Magdb. ...	—	—	—	—	.	2.	2.	.
	Summa.	13.	50.	3.	10.	307.	174.	321.	4.

NB. Im Jahre 1813 ... die Westfälische Regierung ...
... Kriegssumme ..., welche aber nicht bezahlt worden.

Kriegssumme 73 ... 5 rf. 5 d.
... 43 " 11 " 3 "
... 85 " 1 " 4 "
in Summa 201 " 18 " — "

12. *Tabelle aus dem Manuskript*

adt: G.

Kriegslieferungen an die Franzosen.

im Jahr 1813.

1813	Ort.	Korn.	Hafer.	Heu.	Stroh.	Fleisch.	Kosten	Werth	
Maerz.		Schfl. à. 60 gl.	Schfl. à. 32 gl.	Ctr. à. 24 gl.	Ctr. à. 16 gl.	℔ à. 3 gl.	rtl.	rtl.	gl.
20.	Zur Verproviantirung Magdeburgs		24.				31.	63.	
Jun.									
25.	Nach Halle ins Magazin	4.	8.		3.	139.		40.	
Jul.									
5.	nach Doellnitz an das 15. Drg.Regm.						32 3/4	32.	18.
	für 113 ℔ Eisen u. 900 Nägel								
8.	nach Rashnitz an das Drg.Regm.						32 3/4	32.	18.
	Herz. Padua.								
	55 Ratzionen, 13 ℔ Eisen u. 7 ℔ Nägel.								
13.	nach Halle ins Magazin.	4.	8.	1.	1 1/2.			22.	16.
20.	nach Doellnitz an das 15. Dr:Regm.						13 1/2	13.	12
	60 ℔ Eisen 1200 Nägel u. Rohbrenn (?)								
21.	nach Halle ins Magazin.			1.	3 1/2.			3.	8.
"	nach Magdeburg für Schanzarbeiter						6.	6	
26.	nach Doellnitz zur Unterstützung						16.	16.	
30.	nach Halle ins Magazin.		6.	1.	2.			10.	8.
Aug.									
5.	nach Halle ins Magazin.		4.					5.	8.
6.	nach Doellnitz zur Unterstützung						8.	8.	
10.	nach Halle ins Magazin.	5.						12.	12.
12.	nach Magdeburg für Erdsäcke						10.	10.	
16.	nach Magdeburg ins Magaz. bezhlt.					168.		21.	
26.	nach Magdeb. 1 Ctr. 13 ℔ Heu 18 Ctr. Stroh								
	2 1/2 Schfl. Gerste bezahlt						22.	22.	
29.	nach Magdebr. eine Essiglieferung bezahlt						2.	2.	
	Summa	13.	50.	3.	10.	307.	174.	321.	4.

Ns. Im Jahr 1813 schrieb die Westphälische Regierung noch ver= schiedene Kriegssteuern aus, welche aber nicht bezahlt wurden.
als:

Kriegssteuer	73 Thlr:	5 gl.	5 ⸗
Lazarethsteuer	43 "	11 "	3 "
17 Zulagscentimen	85 "	1 "	4 "
in Summa	201 "	18 "	

Abschrift der 12. Tabelle aus dem Manuskript

ad. H.

Verlohrne Pferde beim Einrücken der Alliierten.

Namen.	datum 1813.	Truppen	Umstände.	Pferd	Wagen	W. M.
Christ. Gaertner	Apr. 28.	Preußen	Ging mit den Russischen Corps ... Fourage ...	1.	—	55.
Ernst Loss.	Maj 4.	Rußen	Ging von Halle mit ...	1.	—	35.
Christ. Sander	Octbr. 11.	Rußen	Wurde in Halle auf Vorspan in das ...	1.	1.	110.
Christ. Schaef.	Octbr. 25.	Preußen	... Pferd ... Fourage ...	1.	.	90.
" Gaertner.	desgl.	. . .	...	1.	1.	115.
Moritz Schaef.	desgl.	. . .	...	1.		55.
deselbe.	28.	Preußen	... Fourage ...	1.	.	35.
Christoph Kramer	desgl.	. . .	...	1.	.	35.
Adam Laue.	14.	Preußen	Wurde mit Fourage nach Doelau ...	1.	.	20.
Christoph Schulz	15.	Rußen	... Vorspan ...	2.	.	50.
Gottfr. Schulze	Nov. 24.	Rußen	... mit ... Vorspan ...	2.	.	220.
			Summa	13.	2.	820.

13. Tabelle aus dem Manuskript

120

adt: H.

Verlohrne Pferde beim Einrücken der Alluerten.

Namen.	Datum	Truppen	Umstände.	Zahl der Pferde	Wagen.	Werth.
	1813. Apr.					rtl.
Christ. Gaertner.	28.	Preußen	Ging mit den Lützowschen Corps von hier mit Fourage auf Großzerbst; kam glücklich nach Hause, aber wegen Übetrteibung fiel es bald hernach.	1.		55.
Ernst Loß:	Maj 4.	Russen.	Ging von Halle mit auf Wurzen, war sehr übertrieben u. fiel bei der Zuhausekunft	1.		35.
Christ. Sander	Octbr: 11.	Russen.	War in Halle auf Vorspann; ein Kosack nahm es u. kam nicht wieder; auch ging der Wagen verlohren.	1.	1. Werth 35 ₰	110.
Christ. Schaaf.	Octbr: 25.	Preußen.	Diese Pferde wurden zum Fourage fahren von Preußischer Landwehr bis Langensalze mitgenommen, wo man die Kutscher fortjagte.	1.		90.
.... Gaertner.	desgl.			1.	1. Werth 50 ₰	115.
Moritz Schaaf.	desgl.			1.		55.
derselbe.	28.	Preußen.	Mußten gleichfalls Fourage auf Langensalze fahren. Beym Retour fahren tauschte man Schaafe ein, u. nahm das des Kramer.	1.		35.
Christoph Kramer.	desgl.			1.		35
Adam Laue.	14.	Preussen	Mußte mit Fourage auf Doelau, u. wurde zu Grunde gerichtet.	1.		20.
Christoph Schulz.	15.	Russen	Wurden beym Vorspann zu Grunde gerichtet; eins im Frühjahr auf Gröbers, u. eins im Herbst auf Freirode.	2.		50.
Gottfried Schulze	Nov. 24.	Russen	Mußten mit Preußen auf Vorspann bis Weißensee; beym Retour fahren wurden sie von Russen genommen.	2.		220.
			Summa	13.	2.	820 Thlr.

Abschrift der 13. Tabelle aus dem Manuskript

121

14. Tabelle aus dem Manuskript

adt: J.

Kriegeslieferungen an Russen u. Preußen. 1813.

1813		Korn. Schfl. à 60 gl.	Hafer. Schfl. à 32 gl.	Heu. Cl. à 21 gl.	Stroh. Cl. à 16 gl.	Brod. ℔ à 9 ₰	Fleisch. ℔ à 3 gl.	Brandtwein Kanne à 8 gl.	Kosten rtl.	Werth rtl.	Werth gl.
Apr:											
11.	nach Halle ins Magazin.		12.	4 3/4	4 3/4					23.	22
13.	Kosacken von Großkugel.		46.	14.						75.	8.
27.	Preußen von Klepzig		40.	24.		480	200.		12.	129	8.
28.	nach Halle ins Magazin.	24.	8.				120.			85	16
...	nach Großkugel zur Unterstützung					480.				15.	
29.	Preußische Drajoner von Gröbers		39.							52.	
...	Preußen von Jork von Großkugel.					640.	240.			50.	
Mey.											
3.	Kosacken von Gröbers.					640.	260.		2.	54.	12.
...	Kosackenpikets u. Patroulle während dieser Zeit.		8.	2.		48.	72.	30.		33.	4.
Octbr:											
7.	Rußisch:Polnisch Uhlanen erpreßten für 3 Pferde								27.	27.	
10.	nach Halle ins Magazin.		4.	1.	4.		80.			19.	
11.	Kosacken von Skeuditz		34	20.	13.	480.	200.	40.	9.	137.	16
12.	Für ein von der Commune geliefertes Pferd für die Russen									20.	
14.	Preußen von Lieskau.		34.			800.	200.			95	8.
...	Preußische Landwehr von Bruckdorf.		6.							8.	
15.	Preußische Landwehr zur Armee		21.	5.		800.	272.	60.		112	
16	Russen nach Freirode					750.				23.	10.
17.	Russen von Gröbers		25.	5.		1224.	200.		20.	121.	12
18.	Preußische Drajoner zur Armee		6.							8.	
...	gefangene Franzosen nach Oßmünde					120.			8.	11.	18.
19.	Preußische Uhlanen zur Armee		16.			320.				31.	8.
20.	Preußische Uhlanen -" - -" -		10.							13	8
...	für durchmarschierte Blessirte					300.				9.	9.
...	Preußen von Gröbers		12.	1.					3.	20.	
...	1 Stückpferd für die Preußen nach Halle									36.	
21.	nach Großkugel zur Unterstützung					200.			6.	6.	
22.	Preußische Jäger zur Armee.		5.			160.			3.	14.	16.
28.	Russen von Reideburg		16.		10.					28.	
...	Preußische Husaren von Skeuditz		8.							10.	16.
Nobr:											
6.	Russen von Großkugel		20.	5.		200.	80.		4.	51.	22.
7.	Russen von Gröbers		15.		3.				3.	25.	
10.	Russen von Großkugel		22.			100.				32.	11
17.	Vorspannpferde der Preußisch. Einquartier.		6.	2.						10.	
30.	nach Halle ins Magazin.		24.		12.		120.		5.	60.	
...	für Stiefeln der hiesigen Sakregarde (Saalkreisgarde?)							5 1/2		5.	12.
...	für 10 Schfl. gelieferte Gerste n. Halle								15.	15.	
...	für Kosackenpatroull in Oct: u. Nov.		8.	2.		200.		45		34.	
Decbr:											
18.	nach Halle ins Magazin.	4.	4.		1.					16.	
20.	zu den vom Saalkreis gelieferten Pferden							5 1/2		5.	12.
		28.	449.	86.	50.	7942.	2044.	175.		1527.	14.

Abschrift der 14. Tabelle aus dem Manuskript

123

ad. K.

Kriegerlieferungen im Jahr 1814.

Datum	Ort und Truppen	Brod	Mehl	Heu	Stroh	Haber	Hafer	Rind		Milch
1814.		Zahl a bd	Zahl a bd	Zahl a bd	Ze a rbd	K.	Z.	K.	Z.	K.
6 Jan:				8.	6.				16.	—
9.	nach Halle und Magazin			16.	15.				34.	
21.							16.	—	16.	—
29.	nach Halle und Magazin			24.	21.		7.		57.	
31.	nach Halle und Mag.	6.	6.			12.	2.	—	43.	
12 Febr	nach Halle und Magazin			12.			—	12.	18.	12.
7 März	nach Halle und Magazin	6.				12.	1.	12.	21.	12.
20.	Für Nützefrode.						21.	—	21.	
21.	Den Russischen Dragoner in Quartier			10.	4.				17.	16.
23.	Den Russischen Husaren in Quartier			10.	4.		1.	8.	19.	
April 7.	nach Halle und Magazin	13.			12.				38.	8.
3.	denen in Quartier ge- standene Russischen			21.	8.				36.	20.
10.	nach Halle und Magazin					23.			23.	
	Execution u. anderer Kost						7.		7.	
12.	nach Halle und Magazin							15.	15.	
13.	nach Magdeb.						12.		12.	
1 Jun	nach Halle und Magazin		2.		2.		1.		7.	8.
25 Jul.							12.		12.	
	Summa	25.	8.	101.	72.	47.	—	96.	484.	4.

15. Tabelle aus dem Manuskript

124

Kriegeslieferungen im Jahr 1814.

Datum	Ort der Truppen.	Korn.	Weizen.	Hafer	Stroh.	Fleisch-geldt	Kosten		Werth	
1814		Schfl. à 56 gl.	Schfl. à 60 gl.	Schfl. à 36 gl.	Cl. à 16 gl.	rtl.	rtl.	gl.	𝑥𝑔	gl.
6 Jan:	der Pr. reitenden Landw. Einq.			8.	6.				16	
9.	nach Halle ins Magazin			16.	15.				34.	
21.	Russischen Husaren für Fourage u. Einquartier.						16.		16.	
29.	nach Halle ins Magaz.			24.	21.		7		57.	
31.	nach Halle ins Mag.	6.	6.				12.	2.	43.	
12 Febr:	nach Halle ins Magaz.			12.				12	18	12.
7 März.	nach Halle ins Magaz.	6.				12.	1	12.	27	12.
20..	Für Stückpferde.						21.		21.	
21.	Den Russischen Dragonern im Quartier			10.	4.				17.	16.
23.	Den Russischn Husarn hier in Quartier			10.	4.		1.	8.	19.	
Apr.										
1.	nach Halle ins Magaz.	13.			12				38.	8.
3.	den hier in Quartier gestandenen Kosacken			21.	8.				36.	20.
10.	nach Halle ind Magaz.					23.			23.	
...	Excution u. andre Kosten.						7		7.	
12.	nach Halle ins Magazin in 10 Schfl. Gerste						15.		15.	
13.	nach Magdeburg für Vorspann						12.		12.	
16 Jun:	nach Halle ins Magaz.		2.		2.		1.		7.	8.
25 Jul:	geliefert an die Offizierpferde						12.		12.	
	Der Russischen Einquartierung 8 Schfl. Hafer: Derselbe wurde bezahlt.									
	Summa.	25.	8.	101.	72.	47.	96.		421	4.
							(?)			

Abschrift der 15. Tabelle aus dem Manuskript

Ad D.

Kriegs und Landwehrausrüstungs-Steuer 1814.
bezahlt im Febr. u. März.

	Landwehr Steuer		Krieges Steuer	
	ℛ	𝓰	ℛ	𝓰
Gottlieb Beutel	1	12.	6.	14
Christoph Menzel	1	18.	2.	8.
Adam Laue	2.	17	6.	10.
Gottfried Schulze	3.	12.	8.	4
Christoph Schiller	1	15.	3.	20
Gottfr. Sander	3.	4.	7.	3.
Christian Sander	2	10.	5.	19.
Gottfried Tuemler		6.	1.	5.
Christoph Gottwald		18.	2.	.
Gottlob Schumann		6.	2.	17.
Gottlieb Reuter	2.	6.	5.	6.
Christian Schaaf	4.	4.	9.	2.
Gaertner	2.	7.	5.	14.
Christoph Schulze	.	22.	2.	10.
Der Schulz. Sander	—	14.	1.	15.
Christoph Hartmann	—	7.		9.
Kramer	2.	2.	4.	18.
Moritz Schaaf	4.	19	11.	2
Christoph Gottwald	3.	19.	7	21.
Christian Stoye	2.		4.	18.
Ernst Losf.		19.	2.	19.
Gottfr. Gaertner	2.	3.	5.	1.
Gottfr. Reiche und Schwedsch.	—	14.	1.	4.
Dr. Lorenz und Emil.		5.		10.
Carl Moeßer		4.		9.
Gottfr. Sorgenfrey		4.		9.
Dan. Riemer		4.		9.
Fr. Stoye		4.		9.
Christoph Heinberg				9.
Gottfr. Weiner				7
Andr. Hebold u. Chr. Huebner à 7	—			3
Gottfr. Dölige				14.
				10.
Christian Reichstein				7.
Summa	44.	—	112.	19.

adt: L.

Kriegs und Landwehrausrüstungs=Steuer 1814.

bezahlt im Febr. u. März.

	Landwehr= Steuer.		Krieges= Steuer.	
	rtl.	g*l* .	rtl.	g*l* .
Gottlieb Beutel	1.	12.	3.	14.
Christoph Menzel	1.	18.	2.	8.
Adam Laue	2.	17.	6.	10.
Gottfried Schulze	3.	12.	8.	4.
Christoph Schiller	1.	15.	3.	20.
Gottfr. Sander	3.	4.	7.	3.
Christian Sander	2	10.	5.	19.
Gottfried Tuemler		6.	1.	5.
Christoph Gottwald		18.	2.	
Gottlob Schumann		6.	2.	17.
Gottlieb Reuter	2.	6.	5.	6.
Christian Schaaf	4.	4.	9.	2.
- - - Gaertner	2.	7.	5.	14.
Christoph Schulze		22.	2.	10.
Der Schulze Sander		14.	1.	15.
Christoph Hartmann		7.		9.
- - - Kramer	2.	2.	4.	18.
Moritz Schaaf.	4.	19.	11.	7.
Christoph Gottwald	3.	19.	7.	21.
Christian Stoye	2.		4.	18.
Ernst Losh *(Loß)*		19.	2.	19.
Gottfr. Gaertner	2.	3.	5.	1.
Gottfr. Reiche aus Schwoedsch		14.	1.	4.
Dr: Lorenz aus Queis		5.		10.
Carl Moescher		4.		9.
Gottfr. Sorgenfrey		4.		9.
Dan: Riemer		4.		9.
Fr: Stoye.		4.		9.
Christoph. Heinberg				7.
Gottfr: Werner.				3.
Andr: Hebold u. Chr: Huebner.à 7 g*l* .				14.
Gottfr: Ochse				10
Christian Reichstein				7.
Summa.	44.		112.	13.

Abschrift der 16. Tabelle aus dem Manuskript

Einquartierung von 1805 bis 1854.

Jahr	Mon.	Tage.	Truppen Gattung.	Offiz.	Soldaten	Kosten fl.
1805.	Nov.	28.2.29	Französische gegen ... Offiz. 12 ...	8.	242.	104.
1806.	Sept.	14.c.18.	Französische Infanterie Regiment Renaud. 2 Offiz. 1187 ...	8.	472.	200.
. .	Dect.	18.	... Vorgang ...	1.	89.	60.
1813.	Aug.	16.	... Meiningen ...	4.	260.	50.
. .	Octb.	Nov.	...	—	200.	50.
. .	Nov.	17.20.	Französische ... 260 Soldaten	4.	1040.	260.
. .	Dect.	30.31.	... Infanterie 50 Soldaten	—	100.	25.
1814.	Jan.	0.	Französische ... Landwehr.	1.	24.	9.
. .	Merz.	21.	... Vorzomm	1.	40.	15.
. .		23.	...	1.	50.	19.
. .	Apr.	3.11.	3 Mann ...	—	24.	9.
. .	Jul.	2.	2 Compagnie vom 23...	5.	297.	100.
. .	..	3.2.4.	1 Compagnie vom 3... 4 Offiz. 150 Soldaten	8.	360.	100.
1815.	Maj.	5.	1 Compagnie vom 2... Infanter.	3.	177.	75.
. .	..	9.	1 ... vom 9...	2.	143.	60.
. .	..	13.	1 ... vom 11...	3.	127.	54.
. .	..	14.	1 .. vom 10...	2.	130.	55.
. .	..	15.2.16.	½ " vom 8...	1.	70.	60.
. .	Jul.	1.2.2.	⅔ " vom 16...	2.	68.	60.
. .	..	31.	1 " vom 4...	2.	210.	70.
. .	Dect.	2.	½ Escadron vom 4...	2.	78.	33.
1816.	Jan.	2.	⅔ Comp. vom 15...	2.	112.	48.
				19.	1115.	515.
			Summa.	41.	3118.	1041.

17. Tabelle aus dem Manuskript

adt: M.

Einquartierung von 1805 bis 1814.

Jahr	Mon.	Tage.	Truppen Gattung.	Offiez.	Soldaten.	Kosten
			auf 1 Tag gerechnet.			rtl:
1805.	Nov.	28. u. 29.	Preußische grüne Husaren Regiment von Etteran. 4 Offiziere 121 Soldaten	8.	242.	104.
1806.	Sept	14. u. 18.	Preußische Infanerie Regiment von Renuard. 2 Offiziere 118 Soldaten	8.	472.	200.
	Decbr:	18.	Hohenzollern Drajoner Franz. Hülfstr.	1.	89.	60.
1813.	Aug.	16.	Sachsen Meinungen-Infantr-Contigent an Fr.	4.	260.	50.
	Octbr: u.	Novbr:	Rheinbundstruppen Pohlen, Russen, Preußen ohngefähr		200.	50.
	Novbr:	17. = 20.	Preußische Infantrie Ergänzungstruppen 1. Offizier 260 Soldaten.	4.	1040	260.
	Decbr:	30. u. 31.	Russische Infanterie 50 Soldaten.		100.	25.
1814.	Jan:	6.	Preußische reitende Landwehr.	1.	24.	9.
	März.	21.	Russische Drajoner	1.	40.	15.
		23.	Russische Husaren	1.	50.	19.
	Apr.	3 = 11.	3 Mann Cosacken		24.	9.
	Jul.	2.	2 Compagnien vom 23.-ten Russischen Jäger Regiment; kamen uns 125 rtl. zu stehen, wir erhielten aber von der Ettappenkasse zu Doelitzsch 50 Thlr vergütet.	5.	297.	100.
		3 u. 4.	1 Compagnie von 3-ten Russischen Jäger Regiment. Diese kamen uns auch so hoch, wir erhielten aber die nehmliche Vergütung. 4 Offiziere 150 Soldaten.	8.	360.	100.
1815.	Maj.	5.	1 Compagnie von 2-ten Ostpr. Infantr. Regm.	3.	177.	75.
		9.	1 --- --- --- --- vom 9-ten Schlesisch. Landw. Inf. Reg.	2.	143.	60.
		13.	1 --- --- --- --- vom 11-ten Schlesisch. Landw. Inf. Reg.	3.	127.	54.
		14.	1 --- --- --- --- vom 10-ten --- --- --- ---	2.	130.	55.
		15 u.16.	1 --- --- --- --- vom 8-ten --- --- --- ---	1.	70.	60.
	Jul.	1 u.2.	1 --- --- --- --- vom 16-ten Westpr. Infantr. Reg.	2.	68.	60.
		31.	1 --- --- --- --- vom 4-ten Schl. Landw. Inft. Reg.	2.	210.	70.
	Decbr:	2.	1/2 Escadron von 4-ten Schl. Ldw. Caval. Reg.	2.	78.	33.
1806.	Jan.	2	2/3 Comp. von 15-ten Ostpr. Inft. Regm.	2.	112.	48.
				19.	1115.	515.
			Summa.	41.	3118.	1041.

Abschrift der 17. Tabelle aus dem Manuskript

129

Vorhmann von 1805 bis ... 1814.

Jahre.	1805	1806	-7.	-8	-9	10	-11.	12.	13.	-14	Summa Hd.	Werth
Werth ä Hd. 12yl.												
Christoph Meißner	3.	9.	8.	4.	6.	3.	1.	4.	.	.	38.	57.
Adam Laue	7.	17.	16	9.	14.	6.	2.	8.	46.	22.	144.	216.
Gottfr. Schulze	7.	17.	16.	9.	11.	9.	3.	8.	42.	16.	138.	207.
... Sander	14.	34.	32.	18.	22.	6.	2.	8.	32.	22.	190.	285.
Christ. Sander	4.	8.	8.	5.	5.	6	2.	8.	28.	13.	87.	130.
Christ. Gottwald	.	.	.	.	.	3.	1.	.	.	.	4.	6.
Wittwe Stoye	7.	17.	16.	9.	11.	6.	2.	4	14	-	86.	129.
Christ Schütze	3.	9.	8.	4.	6.	6.	2.	8.	32.	20.	98.	147.
Gottfr. Schaaf	14.	34.	32.	18.	22.	9.	3.	12.	46	22	212.	318.
Christ. Gaertner	7.	17.	16.	9.	11.	6.	2.	8.	30.	20	126.	189.
Christoph Schulze	4.	8.	8.	5.	5.	3.	1.	4.	10.	.	48.	72.
... Kramer	7.	17.	16.	9.	11.	6.	2.	8.	26.	9.	111.	167.
Moritz Schaaf	14.	34.	32.	18.	22.	12.	4.	16.	60.	40.	252.	378.
Gottfr. Gottwald	14.	34.	32.	18.	22.	6	2.	8.	32.	20	188.	282.
Ernst Lerf	3.	9.	8.	4	6.	3.	1.	4.	10.	11.	65.	98.
	108.	264.	248.	129.	171.	90.	30.	108.	414.	213.	1788.	268.

18. Tabelle aus dem Manuskript

adt: N.

Vorspann von 1805 bis Ende 1814.

Jahre.	1805	1806	-7.	-8	-9	-10.	-11.	-12.	-13.	-14.	Summa.	Werth
Werth	à Pferd	1 Thlr:		12 gl.							der Pferde.	rtl.
Christoph Meihsner	3.	9.	8.	4.	6.	3.	1.	4.			38.	57.
Adam Laue.	7.	17.	16.	9.	11.	6.	2.	8.	46.	22.	144.	216.
Gottfr. Schulze.	7.	17.	16.	9.	11.	9.	3.	8.	42.	16.	138.	207.
… … … Sander.	14.	34.	32.	18.	22.	6.	2.	8.	32.	22.	190.	285
Christ. Sander.	4.	8.	8.	5.	5.	6.	2.	8.	28.	13.	87.	130.
Christ. Gottwald.						3.	1.				4.	6.
Wittwe Stoye.	7.	17.	16.	9.	11.	6.	2.	4	14		86.	129.
Christ. Schütze	3.	9.	8.	4.	6.	6.	2.	8.	32.	20.	98.	147.
Gottfr. Schaaf.	14.	34.	32.	18.	22.	9.	3.	12.	46.	22.	212.	318.
Christ. Gaertner.	7.	17.	16.	9.	11.	6.	2.	8.	30.	20.	126.	189.
Christoph Schulze.	4.	8.	8.	5.	5.	3.	1.	4.	10.		48.	72
… … … Kramer.	7.	17.	16.	9.	11.	6.	2.	8.	26.	9.	111.	167.
Moritz Schaaf.	14.	34.	32.	18.	22.	12.	4.	16.	60.	40.	252.	378.
Gottfried Gottwald.	14.	34.	32.	18.	22.	6.	2.	8.	32.	20.	188.	282
Ernst Losh. *(Loß)*	3.	9.	8.	4.	6.	3.	1.	4.	16.	11.	65.	98
	108.	204.	248.	139.	171.	90.	30.	108.	414.	213.	1787.	268.

Abschrift der 18. Tabelle aus dem Manuskript

131

Nahmen der Einwohner die nach Schwoedisch contribuiren.	Zwangs anleihe.			Grosse Contribution			Totalsumme.		
	r.	gr.	f.	r.	gr.	f.	r.	gr.	f.
Gottfr. Sander –	18	22	4	70	14	10	89	13	2
Wittwe Stoye –	18	22	4	70	14	10	89	13	2
Christoph Schütze –	8	5	4	32	7	3	40	12	7
Gaertner –	41	2	4	153	9	7	194	11	11
Christoph Hartmann	9	2	–	32	9	5	41	11	5
Kramer	20	8	10	76	7	10	96	16	8
Moritz Schaaf	16	16	8	62	–	3	78	16	11
Gottfr. Gaertner	19	3	–	73	8	5	92	11	5
Summa.	152	10	10	571	–	5	723	11	3

Kriegskosten nach Freyrode.
vom Jahr 1805 bis 1808.
act. a.

Nahmen der Einwohner.	Thlr.	gr.
Adam Laue.	79	6
Gottfr. Schulze.	79	6
Christoph Schiller.	39	15
Gottfr. Sander.	118	21
Wittwe Stoye.	39	15
Christian Schuetze.	79	6
Christian Gaertner.	79	6
Christoph Schulze.	39	15
Gottfr. Gottwald.	118	21
Ernst Loof.	158	12
Gottfr. Gaertner.	79	6
Summa	911	9

19. und 20. Tabelle aus dem Manuskript

Contribution nach **Schwoedsch.**

Namen der Einwohner, die nach Schwoedsch contribirten.	Zwangs= anleihen			Große Contribution			Totalsumme.		
	rtl.	g*l* .	ß	rtl.	g*l* .	ß	rtl.	g*l* .	ß
Gottfr. Sander	18.	22.	4.	70.	14.	10.	89.	13.	2.
Wittwe Stoye.	18.	22.	4.	70.	14.	10.	89.	13.	2.
Christ. Schütze	8.	5.	4.	32.	7.	3.	40.	12.	7.
… … Gaertner.	41.	2.	4.	153.	9.	7.	194.	11.	11.
Christoph. Hartmann.	9.	2.		32.	9.	5.	41.	11.	5.
… … Kramer.	20.	8.	10.	76.	7.	10.	96.	16.	8.
Moritz Schaaf.	16.	16.	8.	62.		3.	78.	16.	11.
Gottfr. Gaertner.	19.	3.		73.	8.	5.	92.	11.	5.
Summa.	152.	10.	10.	571.		5.	723.	11.	3.

Kriegskosten nach Freyrode.

vom Jahr 1805 bis 1808.   adt. a.

Nahmen der Einwohner	Thlr.	g*l* .	
Adam Laue.	79.	6.	
Gottfr. Schulze.	79.	6.	
Christoph Schiller.	39.	15.	
Gottfr. Sander.	118.	21.	
Wittwe Stoye.	39.	15.	
Christian Schütze.	79.	6.	
Christan Gaertner.	79.	6.	
Christoph Schulze.	39.	15.	
Gottfr. Gottwald.	118.	21.	
Ernst Losh. *(Loß)*	158.	12.	
Gottfr. Gaertner.	79.	6.	
Summa	911 Thlr.	9 g*l* .	

Abschrift der 19. und 20. Tabelle aus dem Manuskript

21. Tabelle aus dem Manuskript

Uebersicht sämmtlicher Kriegslasten vom Jahr 1805 bis Ende des Jahres 1814.

Jahr	Korn (Wispl. Schfl.)	Weitzen (Schfl.)	Hafer (Wispl. Schfl.)	Heu (Ctr.)	Stroh (Ctr.)	Brodt (Pfund.)	Fleisch (Ctr.)	Geldlieferung und Kosten (rtl. gl.)	Werth der Lieferung (rtl. gl.)	Einquartierung Mann (aur 1 Tag.)	Einquartierung Kosten (rtl. gl.)	Vorspann Pferde	Vorspann Kosten (rtl. gl.)	Verlust Wagen	Verlust Pferde	Verlust Werth (rtl. gl.)	Magde=burger Vor=spann (rtl.)	Magde=burger Schan=zen (rtl.)	Krieges=steuern (rtl. gl.)	Totalsumme aller Lasten (rtl. gl.)
1805.	2. 18.		14. 7.					55.	789. 12.	250.	104.	108.	216.							1109. 12.
1806.	2. 8.	6.	13. 11.	50.			10 1/4	32.	923.	550.	260.	264.	528.		3.	180				1891.
1807.			1. 12.						20			248.	372.						5225. 20.	5617. 20.
1808.												139.	208. 12.						615. 4.	823. 16.
1809.												171.	256. 12.							256. 12.
1810.												90.	135.							135
1811.												30.	45.							45.
1812.												108.	162.						79. 4.	241. 4.
1813.	1. 17.		20. 19.	89.	60.	7942.	24.	411.	1848. 18.	608.	425	414.	621.	2.	13.	820 Thlr	78. Thlr	59.		3851. 18.
1814.	1. 1.	8.	4. 5.		72.		3 3/4	96.	421. 4.	751.	252.	215.	322. 12.						156. 13.	1152. 5.
1815.										253.	515.	88.	132.							647.
Summa	7. 20.	14.	54. 6.	139.	132.	7942.	38	595. 8.	4002. 10.	2412.	1556	1875.	2998. 12.	2.	16.	1000 Thlr	78. Thlr	59.	6076. 17.	15,771. Thlr.

Abschrift der 21. Tabelle aus dem Manuskript

135

Nº 188

Kriegskosten nach Freirode
vom Jahr 1809 bis 1814.   adt. b.

Kriegskosten und Vorschann im Jahr 1809.

	~~Thlr.~~	gl.
Kriegssteuer — — — — —	8„	8„
Kriegssteuer — — — — —	7„	14„
Kriegssteuer — — — — —	5„	14„
Kriegssteuer — — — — —	1„	7„
Kriegssteuer — — — — —	2„	14„
Kriegssteuer — — — — —	11„	12„
Kriegssteuer — — — — —	5„	2„
Contribution — — —	15„	18„
für Vorschann bezahlt — —	6„	6„
ferner — — — —	6„	6„
ferner — — — —	16„	10„

Summa 80 ~~Thlr.~~ 15 gl.

Kriegskosten im Jahr 1810   adt. c.

| Kriegssteuer — — — — | 3 ~~Thlr.~~ | |
| für Vorschann bezahlt — — — | 5„ | 10 gl. |

8 ~~Thlr.~~ 10 gl.

Recapitulation.

| Im Jahr 1809 — — | 80 ~~Thlr.~~ | 15 gl. |
| Im Jahr 1810 — — | 8„ | 10„ |

Summa. 89 ~~Thlr.~~ 1 gl.

22., 23. und 24. Tabelle aus dem Manuskript

136

Kriegskosten nach **Freirode**
<u>vom Jahr 1809 bis 1814</u>.   adt.b.

Kriegskosten und Vorspann im Jahr 1809.

	Thlr.		gl.	
Kriegssteuer	8 "		8 "	
Kriegssteuer	7 "		14 "	
Kriegssteuer	5 "		14 "	
Kriegssteuer	1 "		7 "	
Kriegssteuer	2 "		14 "	
Kriegssteuer	11 "		12 "	
Kriegssteuer	5 "		2 "	
Contribution	15 "		18 "	
Für Vorspann bezahlt	6 "		6 "	
Ferner	6 "		6 "	
ferner	10 "		10 "	
Summa	80 Thlr:		15 gl	

<u>**Kriegskosten im Jahr 1810**</u>

		adt. c.
Kriegssteuer	3 Thlr	
Für Vorspann bezahlt	5 "	10 gl
	8 Thlr:	10 gl

Recapitulation.

Im Jahr 1809	80 Thlr.	15 gl
Im Jahr 1810	8 "	10 "
Summa.	89 Thlr:	1 gl.

Abschrift der 22., 23. und 24. Tabelle aus dem Manuskript

Kriegskosten im J.hr 1811.   ad d

Für Vorspann bezahlt — — — — — 3 Rthlr 8 gr
für ... — — — — " 18 "
Kriegssteuer — — — — — — — 12 " — "
für den ... Einlag — — — 3 " 10 "
                        Summa 19 Rthlr 18 gr

Kriegskosten im J.hr 1812. — ad e.

Für sämmtliche Nachgeld in diesem Jahr 20 Rthlr
Kriegssteuer — — — — — — — 6 " 10 gr
Kriegssteuer — — — — — — — 6 " 3 "
Kriegssteuer — — — — — — — 6 " 22 "
Kriegssteuer — — — — — — — 6 " 22 "
Kriegssteuer — — — — — — — 17 "
Kriegssteuer — — — — — — — 9 " 20 "
für ... — — — — — — — 12 " 22 "
für ... — — — — — — — 12 " 20 "
für ... bezahlt — — — — —
                              99 Rthlr — —

Kriegskosten im Jahr 1813.   ad f.

für Vorspann u. Einquartierung — — 15 Rthlr 5 gr
für Vorspann — — — — 3 " 5 "
für Lieferung — — — — — 2 " 15 "
Contribution — — — — — 17 " 9 "
Vorspann — — — — — — 5 " — "
für Nachgeld — — — — 4 " 22 "
Lazareth geld pr. Haus 4 Rthlr — — 25 " — "
Contribution — — — — — 8 " — "
... — — — — — 17 " 3 "
                        Summa 98 Rthlr 9 gr

Kriegskosten im Jahr 1811.

	adt. d.	
Für Vorspann bezahlt	3 Thlr.	8 gl.
Ferner		18 "
Kriegssteuer	12 "	
Für den Torgauer Baubez.	3 "	16 "
Summa	19 Thlr:	18 gl.

Kriegskosten im Jahr 1812.

	adt. e.	
Für sämmtliche Stückpferde in diesem Jahr	20 Thlr.	
Kriegssteuer	6 "	9 gl.
Kriegssteuer	6 "	3 "
Kriegssteuer	6 "	22 "
Kriegssteuer	6 "	22 "
Kriegssteuer	17 "	
ferner	9 "	20 "
ferner	12 "	22 "
Für Fuhrlohn bezahlt	12 "	20 "
	99 Thlr:	

Kriegskosten im Jahr 1813.

	adt. f.	
Für Vorspann u. Einquartierung	15 Thlr.	5 gl.
Für Vorspann	3 "	5 "
für Lieferung	2 "	15 "
Contribution	17 "	9 "
Vorspann	5 "	
Für Stückpferde	4 "	22 "
Lazarethgeld pr. Hufe 4 Thlr:	25 "	
Contribution	8 "	
ferner	17 "	3 "
Summa.	98 Thlr	9 gl.
	Latus	

Abschrift der 25., 26. und 27. Tabelle aus dem Manuskript

Latus — — — — 98 ⎯⎯ — ℳ

Kriegsfuhre — — — — 3 „ 23 „
ferner — — — — 4 „ 16 „
ferner — — — — 5 „ 16 „
zum Wegebau ... — — 2 „ 15 „
Kriegsfuhre — — — — 9 „ 22 „
ferner — — — — 16 „ 16 „
Contribution — — — 11 „ 9 „
für Rückständer bezahlt — — 3 „ — „

Summa 156 ⎯⎯ 6 ℳ

———————————————————————————

ad 9. **Kriegssteuer** im Jahr 1814, 15 u. 16.

Vorschuss u. Kriegsfuhre — 12 ⎯⎯ 8 ℳ
Kriegsfuhre — — — 4 „ 4 „
für Lazareth nach Leipzig — 15 „ 15 „
für Branntwein u. ... — 7 „ 20 „
Kriegsfuhre — — — 8 „ 8 „
ferner — — — 11 „ 10 „
für ... — — — 64 „ — „
für ... d. ... 96 „ 18 „
ferner — — — 97 „ 6 „
ferner — — — 21 „ — „

338 ⎯⎯ 17 ℳ

Recapitulation:
Für Jahr 1811 — — — 19 ⎯⎯ 18 ℳ
für Jahr 1812 — — — 99 „ — „
Im Jahr 1813 — — — 156 „ 6 „
für Jahr 1814, 15 u. 16. 338 „ 17 „

Summa 613 ⎯⎯ 17 ℳ

27. Tabelle (Fortführung), 28. und 29. Tabelle aus dem Manuskript

140

Latus	98 Thlr:	9 gl.
Kriegssteuer	3 "	23 "
ferner	4 "	16 "
ferner	5 "	16 "
zum Napoleonsfeste	2 "	15 "
Kriegssteuer	9 "	22 "
ferner	16 "	16 "
Contribution	11 "	9 "
Für Stückpferde bezahlt	3 "	"
Summa	**156 Thlr:**	**6 gl.**

adt. g.
Kriegssteuer im Jahre 1814, 15 u. 16.

Vorspann u. Kriegssteuer	12 Thlr:	8 gl.
Kriegssteuer	4 "	4 "
Ins Lazareth nach Leipzig	15 "	15 "
Für Brantwein u. Hufeisen	7 "	20 "
Kriegssteuer	8 "	8 "
ferner	11 "	10 "
Für Vorspann	64 "	"
Für Einquartierung u. Lieferung	96 "	18 "
ferner	97 "	6 "
ferner	21 "	"
Recapitulation:	**338 Thlr: 17 gl.**	

Im Jahr 1811	19 Thlr:	18 gl.
Im Jahr 1812	99 "	"
Im Jahr 1813	156 "	6 "
Im Jahr 1814, 15 u. 16.	338 "	17 "
Summa	**613 Thlr: 17 gl.**	

Abschrift der 27. Tabelle (Fortführung), der 28. und 29. Tabelle aus dem Manuskript

Übersicht sämtlicher Kriegskosten
vom Jahr 1805 bis 16 nach Freirode.

Vom Jahr 1805 bis 1808 — — 911 Thlr 9 gr
Im Jahr 1809 — — — 80 „ 15 „
Im Jahr 1810 — — — 8 „ 10 „
Im Jahr 1811 — — — 19 „ 18 „
Im Jahr 1812 — — — 99 „ — „
Im Jahr 1813 — — — 156 „ 6 „
Im Jahr 1814, 15 u. 16 — — 338 „ 17 „

Totalsumme 1614 Thlr 3 gr

[Zwei Zeilen, unleserlich]

Kriegeslieferungen nach Schmödtsch.

3 3/4 Scheffel Hafer — — — — 5 Thlr
für Hafer, Heu, Mehl, Fleisch, Brod, Branntwein ... 14 „ 8 gr
für eine Ruhlieferung — — 8 „ 4 „
für Hafer und Heu — — 3 „ — „
für Brod — — 2 „ 12 „
für Hafer und Heu — — 3 „ 4 „
für Hafer, Heu, Mehl — — 32 „ 16 „
Brod und Geldlieferung — — 11 „ 8 „
Geldlieferung — — 1 „ 15 „
für Weizen, Roggen, Hafer u.s.w. — 4 „ — „
Geldlieferung — — 2 „ 16 „
[...] — 4 „ 9 „
für Hafer, Heu, Mehl — — 11 „ 18 „
für Hafer — — 4 „ 16 „
für Hafer und Heu — — 13 „ 18 „

123 Thlr

30., 31. und 32. Tabelle aus dem Manuskript

Uebersicht saemtlicher Kriegskosten
vom Jahr 1805 bis 16 nach **Freirode.**

Vom Jahr 1805 bis 1808	911	Thlr:	9 *gl*.
Im Jahr 1809	80	"	15 "
Im Jahr 1810	8	"	10 "
Im Jahr 1811	19	"	18 "
Im Jahr 1812	99	"	"
Im Jahr 1813	156	"	6 "
Im Jahr 1814, 15 u. 16.	338	"	17 "
Totalsumma	**1614**	**Thlr:**	**3 *gl*.**

Dieses ist nur die ohngefähre Summa, da wahrscheinlicher
Weise nicht jedes pünktlich quittiert u. ausgezeichnet ist.

Kriegeslieferungen nach Schwo^edtsch.

3 3/4 Schfl. Hafer	5	Thlr:	
für Hafer, Heu, Stroh, Fleisch, Brod, Brantw.	14	"	8 *gl*.
Für eine Kauflieferung	8	"	4 "
Für Hafer und Heu	3	"	"
Für Brod	2	"	12 "
Für Hafer und Heu	3	"	4 "
Für Hafer, Heu, Stroh	32	"	16 "
Brod und Geldlieferung	11	"	8 "
Geldlieferung	1	"	15 "
Für Weizen, Roggen, Hafer u.s.w	4	"	"
Geldlieferung	2	"	16 "
Excutionsgeld u. für Hallische Stückpferde	4	"	9 "
Für Hafer, Heu, Stroh	11	"	18 "
Für Hafer	4	"	16 "
Für Hafer und Heu	13	"	18 "
	123 Thlr:		

Latus

Abschrift der 30., 31. und 32. Tabelle aus dem Manuskript

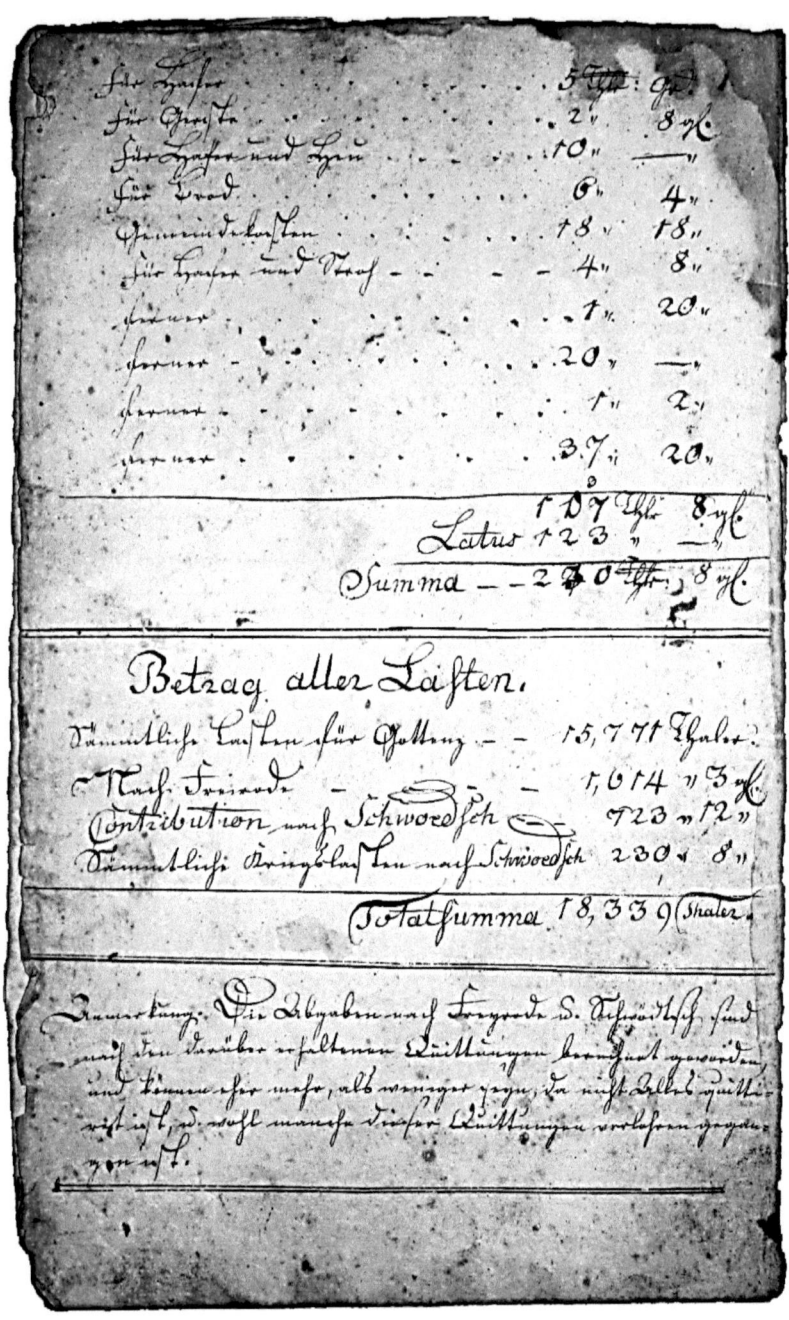

für ... . 5 Thl. 9...
für ... . 2 „ 8 ...
für ... und ... . 10 „ —„
für Brod . . . . 6 „ 4 „
... . 18 „ 18 „
für ... und ... . 4 „ 8 „
ferner . . . . 1 „ 20 „
ferner . . . . 20 „ —„
ferner . . . . 1 „ 2 „
ferner . . . . 37 „ 20 „

_____

      107 Thl. 8...
    Latus 123 „ —„

   Summa — — 230 Thl. 8...

_____

Betrag aller Lasten.

Sämmtliche Lasten für ... — — 15,771 Thaler
Nach ... — — — 1,014 „ 3 „
Contribution nach Schwedsch — 723 „ 12 „
Sämmtliche ... nach Schwedsch 230 „ 8 „

     Totalsumma 18,339 Thaler

_____

Anmerkung. Die Abgaben nach ... ... sind
... ...
und ... ...
... ...
... ...

_____

32. Tabelle (Fortführung) und 33. Tabelle aus dem Manuskript

Für Hafer	5 Thlr:	gr.
Für Gerste	2 "	8 g*l*.
Für Hafer und Heu	10 "	"
Für Brod	6 "	4 "
Gemeindekosten	18 "	18 "
Für Hafer und Stroh	4 "	8 "
ferner	1 "	20 "
ferner	20 "	"
ferner	1 "	2 "
ferner	37 20	"
	107 Thlr:	8 g*l*.
Latus	123 "	
Summa	270 Thlr:	8 g*l*.

Betrag aller Lasten.

Sämmtliche Lasten für Gottenz	15,771	Thaler.
Nach Freirode	1,614 "	3 g*l*.
Contribution nach Schwoedsch	723 "	12 "
Sämmtliche Kriegslasten nach Schwoedsch	230 "	8 "
Totalsumma	18,339	Thaler.

Anmerkung. Die Abgaben nach Freyrode u. Schwödtsch sind nach den darüber erhaltenen Quittungen berechnet gewurden, und können eher mehr, als weniger seyn, da nicht Alles quittiert ist, u. wohl manche dieser Quittungen verlohren gegangen ist.

Abschrift der 32. Tabelle (Fortführung) und der 33. Tabelle aus dem Manuskript

145

Beschluß

Beschluhs.

Wer kann wohl immer die Absicht Gottes bey den Schicksalen, die einzelnen Menschen sowohl, als ganze Völkerschaften treffen, einsehen? Wer ist wohl im Stande, zu ergründen, warum Gott öfters allerley Unglücksfälle über uns verhängt? – Zwar Gottes Liebe und Güte ist uns hinlänglich bekannt. Wir sehen sie, wann wir nur darauf merken wollen – in jedem Lüftchen, das uns anweht, an jedem Pulsschlage; in jedem Jahre, in jeder Woche, an jedem Tage, in jeder Stundte wird sie über uns neu, - und dennoch scheint es öfters, als wenn seine Vaterhand uns verließe, und wir ganz umkommen sollten; allein, er will uns dadurch vom Bösen ab zum Guten, zur Tugend anführen. So herrschte ein Langwieriger Krieg über die Völker, durch welche viele Menschen unglücklich wurden. --- --- ---

Im Jahr 1819 in der Nacht vom 8$^{\underline{ten}}$ bis zum 9$^{\underline{ten}}$ July entstand, nachdem vorher eine schreckliche Hitze gewesen, ein sehr starkes Gewitter. Schon den ganzen Abend leuchtete und blitzte es ohne Aufhören am ganzen westlichen Himmel, bis endlich um 11 ½ Uhr alle Einwohner unsers Ortes aus dem ersten Schlafe mit Schrecken erwachten. Welche schreckliche Begebenheit! Es erfolgte Blitz auf Blitz, ungeheurer Regen, so ein fürchterlicher Sturm, daß man den Donner gar nicht hörte; man fürchtete den gänzlichen Untergang aber so, wie oft in anderen Gegenden ganze Städte u. Dörfer durch Erdbeben zerrüttet u. untergegangen sind. Ueber eine Stundte dauerte dieses schreckliche Ereigniß, und nachher sah man die traurigen Folgen, die dieses besonders für etliche Einwohner unsers Dorfes hatte. Drey Scheunen wurden völlig umgeworfen, nehmlich die 1.) des Bespänners Gottfr. Sander, 2.) des Cossathen Gottfr. Schulze und 3) des Cossathen u. Schenkwirth Schumann.

Abb. 34 gegenüberliegende Seite:
letztes Kapitel der Chronik. Es wirkt „angesetzt", scheint nachträglich hinzugekommen und gab den Ausschlag für die Datierung auf dem Deckel der Chronik („…im Jahr 1820.").

Mehrere wurden schadhaft, u. auch Häuser und Ställe bey Mehrern von Ziegel und Stroh sehr entblößt. – Eine vortreffliche Linde, die in der Mitte unsers Dorfes stand, und jeden Vorübergehenden durch ihren schönen Wuchs erfreute, wurde zerspalten und umgeworfen. – Die zwei Mühlen in Kritschina wurden ebenfalls umgeworfen, und Theile davon weit von ihren Orte fortgeführt. – Viele herrliche Obst und Holzbäume auf unseren Anger u.s.w. wurden umgeworfen. Dies war der Schade, der Gottenz betraf; aber auch der ganze Strich von Frankreich bis in die Mark Brandenburg, litte unaussprechlich, &. Häuser, Scheunen, Ställe, Mühlen, Bäume ohne Zahl wurden umgerissen.

Gott bewahre uns ferner vor solchen Unglücksfällen!

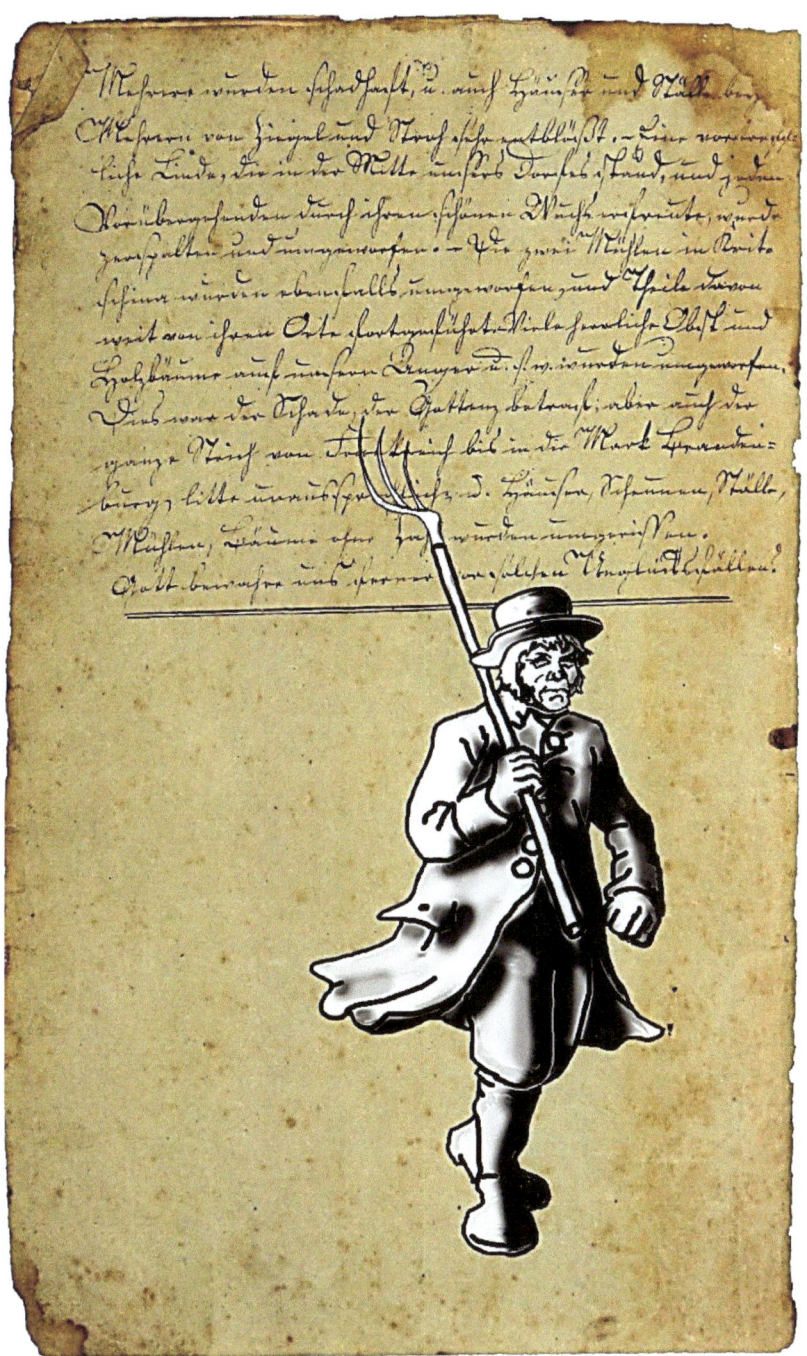

Abb. 35: modifizierte letzte Textseite der Chronik

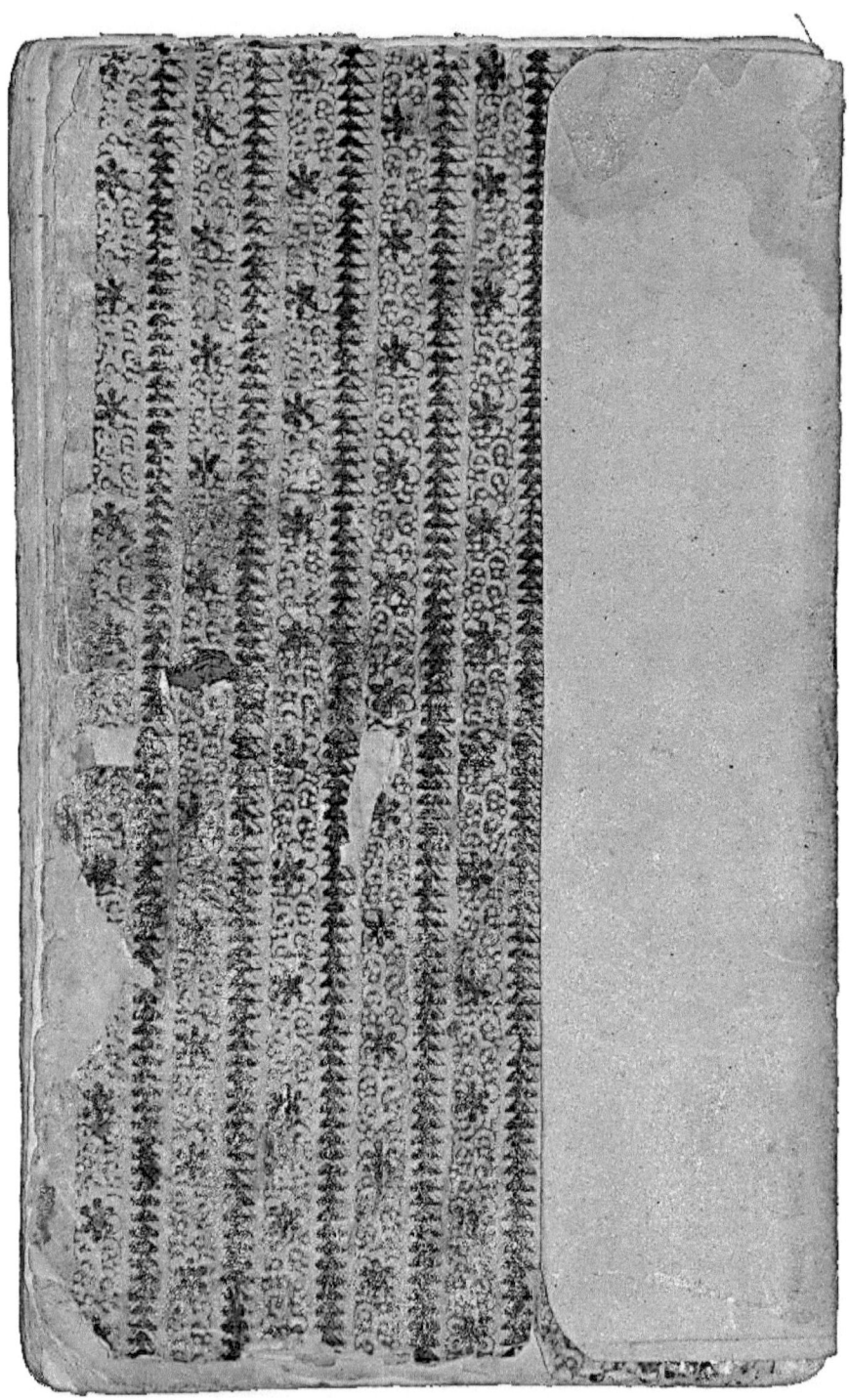

Anhang

Kaufkraftäquivalente

In den Tabellen werden stets Werte in Thaler, Groschen und Pfennig angegeben. In Gaertners Berichtszeitraum galt der T(h)aler 24 Groschen, der Groschen 12 Pfennig. Nun ist es interessant zu erfahren, welche Kaufkraft die Tabellen-Beträge nach heutigen Maßstäben hätten.

Die nachfolgenden Angaben[231] sind ohne Gewähr:

Jahr	ein Taler	ein Groschen	ein Pfennig
1810	39,30 €	1,638 €	0,136 €
1811	40,20 €	1,675 €	0,140 €
1812	34,60 €	1,442 €	0,120 €
1813	34,60 €	1,442 €	0,120 €
1814	35,30 €	1,471 €	0,123 €
1815	32,70 €	1,363 €	0,114 €
1816	26,40 €	1,100 €	0,092 €

---

[231] Diese Tabelle basiert auf einer Aufstellung der „Kaufkraftäquivalente historischer Beträge in deutschen Währungen" im Euro-Durschnitt des Jahres **2016**, Stand vom Januar 2017. Für die Zeit vor 1810 werden in der verwendeten Quelle keine Angaben gemacht.

Siehe hierzu auch Abschnitt **Quellen der Kommentare**, Fußnote 231.

Anmerkungen

Begriffe, Abkürzungen, Schreibweisen	Quelle Nr.

&.
im Originaltext gelegentlich als "und" verwendet

(?)
unklar bzw. nicht genau lesbar

₰
Pfennig; siehe Pfennig

à parté
gemeint ist wohl frz. *en partie*: zum Teil, sonst *à part*:
separat, gesondert, extra

Aaken
Aken/Elbe in Sachsen-Anhalt

Adjuncten
Adjunkt: Gehilfe eines Beamten

Alliierte
Verbündete, Mitglieder einer Allianz (Bündnispartner)

Allürte
siehe Alliierte

Altenburg
im Osten Thüringens, ehemalige Residenzstadt; heute
Kreisstadt des Landkreises Altenburger Land

Alürte
siehe Alliierte

Ancien Régime A1
Bezeichnung für den Absolutismus der Zeit vor Beginn der
Revolution in Frankreich 1789

Anspach u. Beireuth A2
Ansbach-Bayreuth; zwei ehemalige Fürstentümer in
Bayern, die zusammen preußisch verwaltetet wurden

ausfouragirt
fouragieren: Beschaffung von Futter, Heu, Stroh (s.a.
Fourage) für Militärpferde, auch Truppenverpflegung;
ausfouragiert: Es wurde so fouragiert, dass nichts mehr "zu
holen" ist

Barde
Parthe: Fluss in Sachsen, mündet in Leipzig in die Weiße
Elster

Basel
Stadt in der Schweiz; Grenzstadt am Dreiländereck
Schweiz-Deutschland-Frankreich

Baufröhnen
Baufron: Frondienst beim Bauwesen der Herrschaft; s.a.
Frondienst

Bautzen
obersorbisch Budyšin, bis 03. 06. 1868 offiziell Budissin;
liegt in Ostsachsen

Bayonne A3
französische Stadt im französischen Gebiet des
Baskenlandes; span. Bayona; "Statut von Bayona" (1808):
erste schriftlich niedergelegte spanische Verfassung; von
Napoleon aufgezwungen, um in Spanien ein autokratisches
System zu sichern

Belagerungscor oder **Belagerungs-cor**
Belagerungskorps

Belle Alliance A4
Belle-Alliance (frz.: „Schöne Verbindung"); Name eines
Gasthauses, das Napoleon Bonaparte als Hauptquartier in
der Schlacht bei Waterloo gedient hat.

Bendorf A5
hier: Benndorf, heute zu Gröbers/Gemeinde Kabelsketal
(Sachsen-Anhalt) gehörend; nach dem Wiener Kongress
dem Regierungsbezirk Merseburg der preußischen Provinz
Sachsen angeschlossen und dem Saalkreis zugeordnet.

Bennewitz
siehe Gröbers

Bereßina
Beresina: rechter Nebenfluss des oberen Dnepr in Russland
und Weißrussland

Beschluhs (*ß* wird häufig als *hs* geschrieben)
Beschluss

Bespänner
sinngemäß: jemand, der Vorspann gibt bzw. Spanndienste
leistet (s.a. Vorspann). Es handelt sich um jemanden, der
im Besitz von Zugvieh ist; je mehr Zugtiere er besitzt, umso
mehr Spanndienste kann er leisten. Das ist ein Hinweis auf
seinen gesellschaftlichen Status in der Gemeinde.

Bistum Hildesheim A6
römisch-katholische Diözese in Norddeutschland; von 815
bis 1805 zur Kirchenprovinz Mainz gehörend; danach mit
rechtlicher Sonderstellung

Blessirte
Blessierte: Verwundete

Breitenfeld
hier Breitenfeld, gehört zur Stadt Leipzig; im Norden

Leipzigs in der Nähe der alten Straße nach Landsberg

Breslau A7
Wrocław, deutsch Breslau; Stadt im Südwesten von Polen;
Woiwodschafts-Hauptstadt Niederschlesien

Brienne A8
hier Brienne-le-Chateau, französische Gemeinde in einer
Ebene namens „la Plaine de Brienne"

Bruckdorf
Kanena/Bruckdorf: Stadtteil von Halle/Saale, bestehend
aus den Dörfern Kanena und Bruckdorf

Brüssel A9
seit dem Mittelalter Hauptstadt des Herzogtums Brabant
(infolge des Pariser Friedens von 1814 und der Beschlüsse
des Wiener Kongresses Teil des Vereinigten Königreichs der
Niederlande), heute Haupt- und Residenzstadt des
Königreichs Belgien

Buttstädt
Stadt im Landkreis Sömmerda/Thüringen

Cantonirungsquartier
vorübergehendes Truppenquartier in bewohnten Orten;
wohl eine Art Bereitschaftsquartier, aus dem heraus die
Truppen schnell wieder formiert werden können

Capitains
Hauptleute; Capitain: Hauptmann (lateinisch caput: Haupt)

capitulirte
kapitulierte

Cavallerie
siehe Kavallerie

Cavalleristen
Reitersoldaten; s.a. Kavallerie

Chalons in Champagne
Châlons-en-Champagne; Stadt im Nordosten Frankreichs in der Champagne

Chattilon   A10
Châtillon-sur-Seine: französische Gemeinde, Arrondissement Montbard, Hauptort des Kantons Châtillon-sur-Seine. Hier fand vom 05.02.1814 bis 19.03.1814 der **Kongress von Châtillon** statt mit dem letzten Versuch im Rahmen der Befreiungskriege, Frieden zwischen Napoleon und den Alliierten zu schließen.

Chor
hier: das Korps/franz. Corps/Armeekorps

Chore
hier: die Korps/franz. Corps/Armeekorps

Cl.
Zentner; siehe Zentner; handschriftlich *Cl.*

Comp.
Kompanie; s.a. Compagnie

Compagnie
Kompanie; militärische Einheit innerhalb eines größeren Verbandes; in Teileinheiten aufgegliedert

Congrehs (*ß* wird häufig als *hs* geschrieben)
Kongress

Conscribirte
Conscribierte/Konskribierte (Eingeschriebene, Ausgehobene, Angeworbene): zum Wehrdienst einberufene Rekruten

Conscription
Einberufung

Contigente
Kontingente

contonirten
Condonation: Erlassung, Pardon, Vergebung, Verzeihung;
hier wohl im Sinne stillschweigenden Pardons und
Straffreiheit nach Desertion (unerlaubtes Verlassen des
militärischen Verbandes)

Contributionen   A11
Kontribution; von lateinisch *contribuere*:„beisteuern";
Zwangserhebung von Geldbeträgen im feindlichen Gebiet
durch Besatzungstruppen. Kontribution löste die bis ins 18.
Jahrhundert übliche Plünderung und Brandschatzung ab,
wobei diese beiden „Kriegsbräuche" trotzdem nicht sicher
auszuschließen waren, wie Gaertners Bericht erkennen
lässt.

Corps
Korps/frz. Corps/Armeekorps

corps
siehe Corps

Corse
Korse

Cossath   A12
Dorfbewohner; Besitzer einer Kate; Landbesitz gering
(keine ganze Hufe); besaß wenig Vieh und nicht mehr als
ein Pferd; arbeitete meist zusätzlich handwerklich oder für
Tagelohn auf fremden Höfen

Couleur
frz. *la couleur*: die Farbe

Ct: A13
Centime; ehemalige frz. Währungseinheit (ein Hundertstel
Franc); abgekürzt (Währungssymbol) meist Ct., selten c.

Ctr.
Zentner; siehe Zentner; handschriftlich Ctr.

Cuestrin   A14
Kostrzyn nad Odrą, deutsch Küstrin; bis 1928 noch Cüstrin;
Kleinstadt in der polnischen Woiwodschaft Lebus; an der
Mündung der Warthe in die Oder gelegen

Cursdorf
Kursdorf, heute Stadtteil von Schkeuditz

d.J.
des Jahres

d.M.
des Monats

Danzig
Gdańsk, deutsch Danzig; Woiwodschafts-Hauptstadt
Pommern, Polen.

dasigen
dasig: dortig

Decbr:
Dezember

Dei zu Algier
Dey: von den Osmanen bestätigter Statthalter

Delitzsch
Stadt im Nordwesten Sachsens

Dennewitz A15
Ortschaft in der Gemeinde Niedergörsdorf im Landkreis
Teltow-Fläming (Brandenburg)

Dessau
ehemals Hauptstadt und Residenz des Fürsten-, späteren
Herzogtums Anhalt-Dessau und Anhalt, heute Stadtteil der
kreisfreien Stadt Dessau-Roßlau in Sachsen-Anhalt

Detaschement
Détachement: kleinere Truppenabteilung

District von Halle A16
Distrikt Halle: per Königliches Dekret von 1807 als
Verwaltungseinheit im Saale-Departement im Königreich
Westphalen gebildet; bestand bis 1813

Diversion A17
hier als Begriff der Militärsprache vornehmlich des 17./18.
Jahrhunderts: wörtlich "umleiten"; meint das Ablenken des
Gegners von seinen Kriegszielen vermittels Eröffnung
weiterer Kriegsschauplätze

Döbersthau A18
Doberstau: Ortsteil der Ortschaft Neukyhna, die wiederum
zur Gemeinde Wiedemar gehört (Landkreis Nordsachsen,
Freistaat Sachsen)

Doelau
Dölau; Stadtteil von Halle/Saale

Doelitzsch
Delitzsch: Kreisstadt im Nordwesten des Freistaates
Sachsen

Doellnitz
Döllnitz: Ortsteil der Gemeinde Schkopau, Sachsen-Anhalt

Domainen
Domaine = Domäne: Landgut

Dr. Regm.
Dragonerregiment; siehe Dragoner

Dragoner   A19
ursprünglich berittene Infanterie, die ihre Pferde primär
zum Transport einsetzte, nicht aber für den Kampf; diese
Waffengattung entwickelte sich fast überall zur
Schlachtenkavallerie (siehe Kavallerie).

Drajoner
siehe Dragoner

Dresden   A20
heute Landeshauptstadt des Freistaates Sachsen.
Sachsen/Dresden kämpfte auf der Seite Napoleons, und
1813 fanden im Großraum Dresdens Vorentscheidungen
vor der Völkerschlacht bei Leipzig statt. Napoleon
erkämpfte am 27.08.1813 in der Schlacht um Dresden
einen seiner letzten Siege auf deutschem Boden

Drg. Regm.
Dragonerregiment; siehe Dragoner

Einnehmer
Gemeint ist hier möglicherweise eine Beamtenfunktion im
Steuerwesen.

Emmerich
Emmerich am Rhein

Enzersdorf
Groß-Enzersdorf in Niederösterreich, östlich von Wien

Erfurt   A21

heute Landeshauptstadt des Freistaates Thüringen; kam
gemäß dem Reichsdeputationshauptschluss 1802 als
Entschädigung für verlorengegangene linksrheinische
Gebiete zu Preußen. Nach Preußens Niederlage in der
Schlacht bei Jena und Auerstedt erfolgte die kampflose
Einnahme der Festung durch französische Truppen am
16.10.1806. Napoleon machte Erfurt und Blankenhain 1807
als Fürstentum Erfurt zur kaiserlichen Domäne. 1814
endete die französische Besetzung (nach Belagerung durch
die Alliierten). 1815 ging Erfurt wieder an Preußen.

Erzbistum Paderborn   A22

Diözese im Land Nordrhein-Westfalen, die aber auch in die
Länder Hessen und Niedersachsen hineinreicht

Esquadron   A23

Eskadron (Schwadron): kleinste taktische Einheit der
Kavallerie; Kriegsstärke im 19. Jahrhundert etwa 150 Pferde
und 5 Offiziere

Fere-Camponoise

Fère-Champenoise: Gemeinde im Département Marne in
der Region Grand Est, südwestlich der Stadt Châlons-en-
Champagne, Frankreich

Fieguerras

Figueres; Provinz Girona, Spanien

Fontanoible

Fontainebleau: Stadt südlich von Paris, Frankreich

Fourage

Futter, Heu, Stroh für Militärpferde, auch
Truppenverpflegung

fouragieren

Beschaffung von Fourage: es wird fouragiert; s.a. Fourage

fouragirt
fouragiert: s.a. fouragieren

Fr: A24
Franc; ehemalige französische Währungseinheit; wurde
1795 als einheitliche, dezimal unterteilte Währung
eingeführt; verbreitete sich dann in anderen europäischen
Staaten und in den französischen Kolonien; 1 Franc = 10
Décimes = 100 Centimes; abgekürzt (Währungssymbol)
meist Fr, in neuerer Zeit gebräuchlich ist F, FF für franc
français oder nach ISO 4217 FRF

Frankfurt
hier: Freie Reichsstadt Frankfurt am Main

Freiburg
hier: Freyburg/Unstrut im Burgenlandkreis, Sachsen-Anhalt

Freiroda
heute Ortsteil von Schkeuditz

Freirode
siehe Freiroda

Freyrode
siehe Freiroda

Friedland   A25
Prawdinsk, deutsch bis 1946 Friedland/Ostpreußen;
polnisch *Frydlqd*, litauisch *Romuv*: Kleinstadt im Süden der
russischen Oblast Kaliningrad

Frondienst   A26
Frondienste waren typisch für das Feudalsystem. Sie waren
Leistungen u.a. des Bauern für den Grund-/Leibherrn,
umfassten verschiedenste Tätigkeiten für eine festgelegte
Anzahl von Tagen pro Jahr, waren üblicherweise vertraglich
geregelt. Trotzdem bot das System Möglichkeiten zum
Missbrauch durch die Grund-/Leibherrschaft.

furagieren
siehe fouragieren

Generalmarsch   A27
auf der Trommel gespielter militärischer Marsch; hatte im
19. Jahr-hundert die Funktion eines Alarmsignals, mit dem
der Truppe das rasche Sammeln befohlen wurde. Der
Generalmarsch wurde lt. militärischer Fachsprache
„geschlagen", nicht gespielt

Gierronne
Girona; Provinz Girona, Spanien

gl.
Groschen; siehe Groschen

Glogau   A28
Głogów, deutsch Glogau; auch *Groß-Glogau;* Stadt in der
polnischen Woiwodschaft Niederschlesien.

Gottenz   A29
Das Dorf ist nördlich von Gröbers im Bereich zwischen
Halle/Saale und Leipzig gelegen und gehört zum Ortsteil
Gröbers der Gemeinde Kabelsketal in Sachsen-Anhalt.
Angaben von 1785: Gottenz hatte 33 Feuerstellen,
darunter "4 Vollspänner, 8 große und 15 kleine Cossäten...
Die Einwohner besitzen 721 Morgen Acker, 2 Morgen
Gärten, einen Gemeindeanger von 3 Morgen und einen
Teich zur gemeinschaftlichen Nutzung, nebst dem
Koppelnutzungsrechte auf den wüsten Feldmarken
Rintschöna und Kritzene, welche letztere im sächsischen
liegt, und dienen dem Rittergute Lochau... Im Jahre 1782
war 175 die Seelenzahl, ..."

Gr.
Groschen; siehe Groschen

Gröbers
zur Gemeinde Kabelsketal im Saalekreis in Sachsen-Anhalt gehörend mit den Ortsteilen Benndorf (mit Bennewitz und Proitz), Gottenz, Gröbers, Osmünde und Schwoitsch

Groschen A30
Währungseinheit; im deutschen Sprachraum galt gewöhnlich (bis 1821) 24 Groschen = 1 Taler; folglich 1 Groschen = 1/24 Taler = 12 Pfennig; abgekürzte Schreibweise für Groschen: g und (vermutlich) schräges l: *gl.* in Schreibschrift, ansonsten auch gr., Gr.; s.a. Reichstaler

Großbeeren
Gemeinde im Landkreis Teltow-Fläming, Brandenburg

Großkugel
Ortsteil der Gemeinde Kabelsketal, Sachsen-Anhalt

Großzerbst
Stadt Zerbst/Anhalt, Landkreis Anhalt-Bitterfeld, Sachsen-Anhalt

Gullgotiené
Guillotine, nach dem französischen Arzt Joseph-Ignace Guillotin (*1738 †1814) benannt, der ihre Anwendung empfohlen haben soll.

Halberstadt
heute Kreisstadt des Landkreises Harz, Sachsen-Anhalt; nördliches Harzvorland

Halle
gemeint ist hier Halle/Saale

Hammeln A31
Hameln, Stadt an der Weser in Niedersachsen; Die Festung Hameln wurde 1806 den Franzosen überlassen. Wegen

dieser Kapitulation wurde der Festungskommandant, Generalmajor von Schoeler, 1809 durch ein Kriegsgericht zu lebenslanger Festungshaft verurteilt, der Orden Pour le Mérite wurde ihm aberkannt. 1814 wurde er begnadigt und verstarb drei Jahre später.

Hanau   A32
Stadt im Osten des Rhein-Main-Gebiets an der Mainmündung der Kinzig; ehemalige Residenzstadt der Herren und Grafen von Hanau; gehörte 1813 zum Großherzogtum Frankfurt.

Hänichen
heute Stadtteil im Leipziger Stadtbezirk Nordwest

Hufe   A33
„Hufe" meint hier sowohl Hofstelle, Eigentumsrecht, Nutzungsrechte an der Allmende und die von der betreffenden Familie bewirtschaftete Fläche. Ihre Größe wird nach der örtlichen Schätzung hinsichtlich der Boden-Ertragsleistung ermittelt und kann regional verschieden sein. Man kann sagen, dass die Hufe etwa der Grundgröße entsprach, die eine Bauernfamilie benötigte, um ihr Auskommen zu sichern.

in fronte
vorn

Inf. Regm
Infanterie-Regiment; s.a. Regiment

Infant. Regiment
Infanterie-Regiment; s.a. Regiment

Jan
Januar

Janitschar   A34

hier: Militärmusiker. Hintergrund: Janitscharenmusik war ursprünglich die Militärmusik der Osmanen und durch die Türkenkriege in Europa bekannt, eingesetzt zur Taktvorgabe beim Marsch zu Militärparaden und Truppenbewegungen, und in den Schlachten zur Motivation. Dieser Musik - auch als "Türkische Musik" bezeichnet – begegnete man dann auch in der klassischen Musik. Um 1800 ging man zum Vergnügen am Sonntagvormittag „zur türkischen Musik" (Platzkonzert der Militärkapelle am Ort). Im Preußen der 1830-er Jahre lautete der Dienstgrad eines Militärmusikers „Janitschar".

Kaluga

Kaluga: russische Stadt an der Oka, südwestlich von Moskau gelegen

Kanonnen

Kanonen

Kassel

Stadt in Nordhessen nahe der Grenzen zu Niedersachsen und Thüringen

Kavallerie

mit Blank- und Handfeuerwaffen ausgerüstete Reiterei

Klepzig

Ortsteil von Queis; gehört zur Stadt Landsberg in Sachsen-Anhalt

Kloster Cappenberg   A35

ehemaliges Prämonstratenserkloster in der Stadt Selm, Ortsteil Cappenberg; nach der Säkularisation im Zuge der Napoleonischen Kriege 1803 Gutsdomäne. Das Abteigebäude wurde nach Umbau zum Schloss von dem preußischen Staatsmann Freiherr vom Stein als Altersruhesitz gekauft.

Kloster Ellen   A36

in Niederzier gelegen; 1190 bis 1802 Kloster der
Prämonstratenserinnen. Ab 1794 stand das linke Rheinufer
- also auch Ellen - unter französischer Herrschaft. Zwischen
1798 und 1814 zählte Ellen zur Mairie Arnoldsweiler im
Département de la Roer.

Kloster Werden   A37

heute Essen-Werden; um 799 als Benediktinerkloster
Werden gegründet; 1803 im Zuge des
Reichsdeputationshauptschlusses säkularisiert (wie auch
Stift Essen)

Kohlgärten

Gebiet östlich Leipzigs (Gemeinde Reudnitz); „Kohlgärten",
da es Leipzig mit Gemüse versorgte

Königsberg   A38

Kaliningrad, deutsch Königsberg; Königsberg in Ostpreußen
war seit 1724 Königliche Haupt- und Residenzstadt in
Preußen; liegt südlich der Halbinsel Samland in der
Pregelniederung; heute Haupstadt der russischen Exklave
Oblast Kaliningrad, grenzt im Süden an Polen und im
Norden und Osten an Litauen

Konnewitz

Connewitz, heute Stadtteil von Leipzig

Kor

gemeint ist hier Korps/franz. Corps/Armeekorps

Kore

gemeint sind hier die Korps/franz. Corps/Armeekorps

Kosacken   A39

Kosaken: Gemeinschaften freier Reiterverbände, etwa ab

dem 18. Jahrhundert als freie Kavallerieverbände in die russische Armee integriert

Kremlin
Moskauer Kreml

Kritschina   A40
in Flur Wiesenena; auf Gottenzer Seite Flurnamen „Kurzes"
und „Langes Kritzschin"

L.W.
Landwehr; s.a. Landwehr

Landsberg
hier Landsberg, Stadt im Saalekreis in Sachsen-Anhalt.

Landsturm   A41
besetzter Begriff im Militärwesen, etwa im Sinne „letztes
Aufgebot" aller wehrpflichtigen Zivilisten, letzte
Landesreserve; Ziel: Abwehr eines feindlichen Einfalls. In
Preußen war die gesamte wehrbare männliche
Bevölkerung vom vollendeten 17. bis zum vollendeten 60.
Lebensjahr - sofern nicht in die stehende Armee oder in die
Landwehr eingereiht - verpflichtet, dem
Landsturmaufgebot Folge zu leisten (Landsturm-Edikt vom
21.04.1813).

Langensalze
Bad Langensalza; Unstrut-Hainich-Kreis in Thüringen

Laon   A42
Stadt im Norden Frankreichs, Hauptstadt des
Départements Aisne

Latus
hier in den Tabellen verwendet, um anzuzeigen, dass ein

Übertrag des angegebenen Betrages auf die nächste
Seite/von der vorigen Seite erfolgt (Übertragsumme)

Lauffeuer
hier: spezielle Schussfolge, wo ein Gewehr nach dem
andern abgefeuert wird; beim Böllerschießen noch üblich

Leipzig   A43
Stadt der Völkerschlacht von 1813 im Zuge der
Befreiungskriege gegen Napoleon. Die alliierten
Österreicher, Preußen, Russen und Schweden brachten in
dieser Schlacht Napoleons Truppen und deren
Verbündeten die entscheidende Niederlage bei.

Liebertwolkwitz
ehemals eigenständige Gemeinde, heute Stadtteil Leipzigs

Lieskau
gehört heute zur Gemeinde Salzatal; Saalekreis, Sachsen-
Anhalt

Lieutenant
Leutnant; als Lieutenant aus dem Französischen
übernommen

Lohen
aufwärtsstrebende, lodernde Flammen; Waberlohe =
ringförmiger Feuerwall; hier vielleicht ein Hinweis auf
Brände in den Getreidefeldern

Loire
größter der zum Atlantik fließenden Ströme Frankreichs

Luetzen
siehe Lützen

Lützen
Stadt im Burgenlandkreis, Sachsen-Anhalt

℔   A44
Pfund; auch so geschrieben: **Lb.**, **lb.**, **lb**. Das Kürzel geht auf
die altrömische Libra zurück. s.a. bei Pfund

M.
Je nach Zusammenhang: Mann oder Meilen

Magdeburg   A45
heute Landeshauptstadt von Sachsen-Anhalt; wurde 1807
vorübergehend dem Königreich Westphalen angegliedert
und Sitz des Elbdepartements; ging 1814 wieder an
Preußen und wurde 1816 Provinzhauptstadt von Sachsen

Mainz
heute Landeshauptstadt von Rheinland-Pfalz

Merseburg
Domstadt an der Saale, Süden Sachsen-Anhalts

Möckern
Stadtteil im Norden Leipzigs

Moskau (Fluss)
die Moskwa, auch Moskau-Fluss; linker Nebenfluss der Oka
im europäischen Teil Russlands

Mühlhausen
hier: Freie und Reichsstadt Mühlhausen im oberen Tal der
Unstrut

Munizipalräthe
Munizipalrat: Gemeinderat

Namur A46
Namur, in Belgien auch Namür geschrieben; Stadt in
Belgien; Hauptstadt der Wallonischen Region und der
Provinz Namur

Neuschatel
Neuchâtel in der Schweiz

Niemen
Niemen: Fluss Memel; Flussabschnitt in Weißrussland und
Litauen, im früheren deutschen Sprachgebrauch eher als
Njemen oder *Niemen* bezeichnet

Niethleben
Nietleben; heute Stadtteil von Halle/Saale

Nordhausen
heute Kreisstadt des Landkreises Nordhausen, Thüringen

Nov.
November

Ns.
Nachsatz (heute ist **PS:** = **Postskriptum** gebräuchlich)

Nvbr:
November

Oberstift Münster A47
war der südliche Teil des Fürstbistums Münster; bildete mit
dem Niederstift das Hochstift Münster mit Bischofssitz in
Münster. Das Oberstift ist der Ursprung der heutigen
Region des Münsterlandes.

Occupation
siehe Okkupation

Octbr:
Oktober

Okkupation
Besatzung, Besetzung, Fremdbesetzung

operiren
operieren

organisirt
organisiert

Oßmünde
Osmünde: gehört als Ortsteil von Gröbers heute zur
Gemeinde Kabelsketal, Sachsen-Anhalt

Pair
französischer Adelstitel

Partheigänger
Parteigänger: hier als Angehöriger eines Freikorps zu
verstehen, also nicht den regulären Streitkräften eines
Staates zugehörig (Schill war Freikorpsführer)

Patroull
Patrouille: Trupp Bewaffneter, die regelmäßig ein
bestimmtes Gebiet kontrollieren und überwachen

Patroullen
siehe Patroull

Pfennig   A48
Währungseinheit; Pfennig (Abkürzung Pf., Pfg., Symbol ₰);
s.a. Reichstaler

Pfund.   A49

Pfund: Es galt in Preußen und Hannover:
1 Pfund = 467,711 Gramm.

pg.

Pfennig; siehe Pfennig

Pg.

Pfennig; siehe Pfennig

Pikets   A50

aus dem Französischen Piquet: hier Vorposten bei
Landstreitkräften, oft Kavallerie; agierte in vorderster Linie,
hielt Fühlung mit dem Gegner, beobachtete seine
Bewegungen im vorderen Frontabschnitt

Pirmasens

Stadt in Rheinland-Pfalz, Westrand des Pfälzerwaldes

Plessur

Blessur: Verletzung, Verwundung

Pohlen

Polen

Polacken

Polak: in der polnischen Sprache Bezeichnung für den
polnischen Staatsbürger; in Deutschland als "Polacke"
abwertend für Menschen polnischer Abstammung

Portugall

Portugal

Prenzlo   A51

Stadt Prenzlau in der Uckermark, schon im 17. Jahrhundert
Garnisonsstadt

Preusen
Preußen

Preußisch Eylau   A52
Bagrationowsk, deutsch Preußisch Eylau; Stadt in der
russischen Oblast Kaliningrad (ehemals Königsberg).

Procklamation
Proklamation

prostetirten (= protestirten)
protestierten

Ps: 119, v. 106   A53
Psalm 119, Vers 106; heute übliche Schreibweise: Ps
119:106; modernisierter Text: *Ich schwöre und will's halten,
daß ich die Rechte deiner Gerechtigkeit halten will.*

Pultusk
Pułtusk, deutsch Pultusk: Stadt in Masowien, Zentralpolen

Quatre-Bras   A54
Quatre-Bras oder Quatre-Bras de Baisy-Thy (vier Arme);
Knotenpunkt der Landstraße von Brüssel nach Charleroi
und von Namur nach Nivelles; belgische Provinz
Wallonisch-Brabant, Bezirk Nivelles.

Queis
Ortschaft der Stadt Landsberg, Sachsen-Anhalt

Rabutz
Ortsteil von Wiedemar; Gemeinde im Landkreis
Nordsachsen, Sachsen.

Radefeld
Ortsteil von Schkeuditz

Radegast A55
ehemals Stadt, heute Ortsteil der Stadt Südliches Anhalt,
Landkreis Anhalt-Bitterfeld; liegt zwischen Köthen (Anhalt)
und Bitterfeld-Wolfen

ranzonirten sich A56
Ranzionieren: Freikaufen und Austauschen von
Gefangenen. Im Jahre 1792 erklärte Frankreich, dass es
keine Ranzion mehr zahlen werde, folglich gab es in Europa
bloß noch den Gefangenenaustausch, und so sind diese
Leute wohl durch Gefangenenaustausch freigekommen.
Möglich ist aber auch, dass sie aus der Gefangenschaft
entwichen.

Rashnitz (*sh* meint *hs*: *ß* wird häufig als *hs* geschrieben) A57
Raßnitz; Ortsteil von Schkopau, Sachsen-Anhalt; dazu
gehören die Orte Weßmar und Pritschöna.

Raummaße/Hohlmaße A58
In Preußen galt vor 1816 für trockene Schüttgüter:
1 Last = 3 Wispel ≈ 3940,200 Liter;
1 Wispel = 2 Malter ≈ 1313,400 Liter;
1 Malter = 12 Scheffel ≈ 656,700 Liter;
1 Scheffel = 4 Viertel ≈ 54,725 Liter;
1 Viertel = 4 Metzen ≈ 13,680 Liter;
1 Metze ≈ 3,420 Liter

Regensburg
Stadt in Ostbayern an den Mündungen der Flüsse Naab und
Regen

Regiment A59
mittelgroße militärische Formation; Gliederung und Stärke
abhängig von Waffengattung, Epoche und Land

Reichstaler

Währungseinheit; mögliche Abkürzungen: Rthlr., Rthl., rthl., rtl., Thl.; vom 16. bis zum 19. Jahrhundert im Heiligen Römischen Reich verbreitete Silbermünze; 1 Reichstaler = 24 Groschen (bis 1821); 1 Groschen = 12 Pfennig

Reichsthaler
siehe Reichstaler

Reideburg
östlichster Stadtteil von Halle/Saale, Sachsen-Anhalt

rekrutieren
militärisch: einberufen zum Militärdienst; s.a. Rekrutierung

Rekrutierung
Rekrutierung (von Rekrut), militärisch: Einberufung gemusterter Wehrpflichtiger in den Militärdienst

rekrutiren
siehe rekrutieren

rekrutirte
siehe rekrutieren

requirirte
requirierte: beschlagnahmte; requirieren: hier im Sinne eines erzwungenen Vorgangs

Requisitionen
Requisition: Beschlagnahmung von zivilen Sachgütern für militärische Zwecke

Retirade
Rückzug

retirieren
sich zurückziehen

retiriren
siehe retirieren

Retiriren
das Retirieren; s.a. Retirade

retirirte
retirierte: zog sich zurück

Rettirade
siehe Retirade

retur
retour: zurück

Reußen
Ortschaft der Stadt Landsberg (Saalekreis), Sachsen-Anhalt

Rheinbund   A61
Von Napoleon initiierte, 1806 in Paris gebildete
Konföderation deutscher Staaten, verbunden mit dem
Austritt dieser Staaten aus dem Verband des Heiligen
Römischen Reiches Deutscher Nation; als Militärallianz mit
dem französischen Kaiserreich gegründet. Napoleon
fungierte hier als „Bundesprotektor", sein Kaiserreich als
„Schutzmacht". Ziel war, den Rheinbund zu einem
Bundesstaat mit gemeinsamen Verfassungsorganen
auszubauen, was jedoch von den größeren
Mitgliedsstaaten verhindert wurde. So blieb der Rheinbund
im Wesentlichen ein deutsch-französisches Militärbündnis,
das nach der Völkerschlacht bei Leipzig 1813
zusammenbrach

Rintschane   A62
Rintzschöna, nach anderen Quellen Rinschaina oder

Rinschau – heute wüst; im Umkreis von Gottenz gelegen

Rintschaner Marke
siehe Rintschane

Rosla
Roßlau/Elbe war eine eigenständige Stadt in Sachsen-Anhalt, seit 2007 mit der Stadt Dessau zur Stadt Dessau-Roßlau zusammengeschlossen

rottirte
hier wohl gemeint: rottete

rtl.
siehe Reichstaler

ruinirte
ruinierte

Russisch-Pohlnische
russisch-polnische

Saale
Fluss in Bayern, Thüringen und Sachsen-Anhalt

Sansculottes A63
von franz. *ohne Kniebundhose, Culotte;* in der Zeit der Französischen Revolution (1789–1799) Bezeichnung für die Kniebundhosen tragenden Pariser Arbeiter und Kleinbürger zur Unterscheidung von lange Hosen tragendem Adel und Klerus; Bezeichnung der revoltierenden Frühproletarier.

Schanzarbeit
Arbeit zur Errichtung bzw. Instandhaltung militärischer Befestigungsanlagen („Schanzen")

Scheffel
siehe Raummaße/Hohlmaße

Schfl.
siehe Scheffel, auch Raummaße/Hohlmaße

Schkeuditz
Kreisstadt in Sachsen; etwa zwischen Leipzig und
Halle/Saale; heute Standort des Flughafens Leipzig-Halle

Schlesien   A64
Region in Mitteleuropa beiderseits des Ober- und
Mittellaufs des Flusses Oder; von 1740/1745 (Schlesische
Kriege unter Friedrich II.) bis 1945 größtenteils zu Preußen,
ergo von 1871 bis 1945 zum Deutschen Reich gehörend

Schmolensk
Smolensk: russische Stadt im Westen des Landes, grenznah
zu Weißrussland

Schönfeld   A65
Schönefeld: heute Stadtteil von Leipzig. Das Dorf wurde
während der Völkerschlacht bei Leipzig völlig verwüstet.

Schwödsch
siehe Schwoitsch

Schwödtsch
siehe Schwoitsch

Schwoedsch
siehe Schwoitsch

Schwoedtsch
siehe Schwoitsch

Schwoitsch
Schwoitsch; zum Ortsteil Gröbers der Gemeinde
Kabelsketal gehörendes Dorf, Sachsen-Anhalt

Sept:
September

Skeuditz
siehe Schkeuditz

Spandau   A66
heute namensgebender Ortsteil im Berliner Bezirk
Spandau. Während des Krieges mit Frankreich kapitulierte
der Kommandant der Zitadelle Spandau am 25. Oktober
1806 ohne jeglichen Versuch der Verteidigung.

Standwagen
wohl Wagen zum Einsatz bei Schanzarbeit

Stettin
Szczecin, deutsch Stettin; Hauptstadt der polnischen
Woiwodschaft Westpommern.

Stift Essen   A67
Frauenstift, das von ca. 845 bis 1803 bestand; aufgelöst im
Zuge der Säkularisation 1803. Das geistliche Territorium
ging 1803 an Preußen, von 1808 bis 1813 an das
Großherzogtum Berg und infolge des Wiener Kongresses
zurück an Preußen.

Stift Herford   A68
Frauenstift, Damenstift, Reichsabtei, Fürstabtei oder
Reichsprälatur Herford

Stift Quedlinburg   A69
wurde 936 gegründet; war ein reiches königliches
Familienstift. Hauptaufgabe: Totengedenken für den 936

verstorbenen Heinrich I. (auch genannt Heinrich der Vogler oder Heinrich der Finkler); Inbesitznahme des Reichsstiftes durch Preußen nach der Säkularisation 1802 und 1803 als Fürstentum Quedlinburg; zwischen 1807 und 1814 zum Königreich Westfalen gehörend

Stückpferd
Pferd, welches zum Ziehen eines Geschützes (Stück) eingesetzt wird

Thaler
siehe Reichstaler

Thlr:
Thaler; siehe Reichstaler

Thlr/.
Thaler; siehe Reichstaler

Tilsit A70
ehem. ostpreußische Stadt, heute Sowjetsk (Kaliningrad)

Tirrannen
Tyrannen

Töplitz
tschechisch Teplice (deutsch Teplitz); Stadt in Nordböhmen/Tschechien

Torgau
Stadt in Sachsen am westlichen Ufer der Elbe

u.s.w.
und so weiter

Uhlanen
Ulanen: Gattung der Kavallerie; Lanzenreiter; oft als
Aufklärer eingesetzt

Ulm
Stadt an der Donau in Baden-Württemberg; an der Grenze
zu Bayern gelegen

Vallengien
Valangin in der Schweiz

Vestung
Festung

Vorspann   A71
Spanndienste sind Dienstpflichten: Das Gemeindemitglied
(Dienstpflichtiger) hat für bestimmte Pflichten der
Gemeinde (u.a. bei Brandbekämpfung) oder für
Frondienste Gespann oder Fuhrwerk, Zugvieh und Geschirr
zu stellen, sofern in seinem Besitz (s.a. Bespänner). Beim
Vorspann werden Zugtiere zur Beförderung gestellt.
Vorspann war auch finanziell abgeltbar (hat ein monetäres
Äquivalent als Dienstleistung), konnte gemietet werden.

Vortrab
Vorhut der Kavallerie

Wachau
hier Wachau, heute Stadtteil von Markkleeberg südlich von
Leipzig in Sachsen, zuvor eigenständige Gemeinde

Wachfeuer
Wachtfeuer; häufig auch zur Irreführung des Gegners
genutzt, um nachts eigene Präsenz oder größere
Truppenstärke vorzutäuschen

Wagram
Deutsch-Wagram: Stadtgemeinde in Niederösterreich,
unmittelbar an der nordöstlichen Stadtgrenze Wiens
gelegen

Wartenburg
Ortsteil der Stadt Kemberg, Landkreis Wittenberg, Sachsen-
Anhalt

Waterloo   A72
Waterloo (Wallonisch Waterlô); Gemeinde in der Provinz
Wallonisch-Brabant in Belgien, südlich von Brüssel; gehörte
1815 zum Königreich der Vereinigten Niederlande

Weißenfells
Weißenfels: Stadt im Burgenlandkreis, Sachsen-Anhalt

Weißensee
Weißensee: hier Stadt im Landkreis Sömmerda, Thüringen

Wesenitz
Ortsteil der Ortschaft Lochau (zur Gemeinde Schkopau
gehörend), Sachsen-Anhalt

Willna
Vilnius, deutsch Wilna: Hauptstadt Litauens

Wirtenberg
Württemberg

Wispel
siehe Raummaße/Hohlmaße

Wispl:
Wispel; siehe Raummaße/Hohlmaße

Wittenberg
Lutherstadt Wittenberg, Sachsen-Anhalt

Wolkewitz
siehe Liebertwolkwitz

Wolkwitz
siehe Liebertwolkwitz

Wörlitzsch
Werlitzsch; Ortsteil von Wiedemar, Sachsen

Würtenberg
Württemberg

Wurzen
Stadt im Landkreis Leipzig, Sachsen

Zentner   A73
Vor der Gründung des Deutschen Zollvereins galt für
Preußen der Zentner zu 100 Pfund, und 51,45 kg waren 110
Pfund; abgekürzt handschriftlich *Cl.* oder Ctr.

Zörbig
Stadt im Landkreis Anhalt-Bitterfeld/Sachsen-Anhalt

Zweendorf
Zwebendorf

Personenregister

Name und Erläuterungen zur Person	Quelle Nr.

Alexander I.   **P1**

Zar Alexander I. Pawlowitsch Romanow von Russland (*1777 †1825); Kaiser von Russland (1801–1825), König von Polen (1815–1825), erster russischer Großfürst von Finnland (1809–1825); stammte aus dem Hause Romanow-Holstein-Gottorp. Alexander I. bemühte sich um Reformen des Finanzwesens Russlands und um die Verbesserung der geistigen Bildung in seinem Reich. Die Veranlassung der Aufhebung der Leibeigenschaft in Estland, Livland und Kurland geht auf ihn zurück. - In seinen letzten Regierungsjahren betrieb er dagegen eine Politik, die dem Fortschritt nicht immer zugewandt war, indem er z.B. Maßnahmen ergriff, welche Wissenschaft und Bildungswesen behinderten (etwa die Wiedereinführung der Zensur). Alexander I. war mit Prinzessin Louise von Baden verheiratet (nach ihrer Konversion zum orthodoxen Glauben Elisabeth Alexejewna genannt). Deren Bruder Karl Ludwig Friedrich, Großherzog von Baden, hatte die Adoptivtochter Napoleons - Stephanie Louise Adrienne de Beauharnais – geheiratet. Mit Preußens König Friedrich Wilhelm III. war Alexander I. befreundet. Alexander I. zog zunächst diplomatische Mittel vor, um mit Napoleon Bonaparte einverständliche Lösungen in den europäischen Angelegenheiten zu finden, sah sich aber endlich 1805 veranlasst, sich mit Österreich gegen Frankreich zu verbünden - und verließ diese Allianz nach der verlorenen Schlacht bei Austerlitz wieder. Nachfolgend paktierte er sowohl mit Preußen, als auch mit Frankreich. Bei einer Zusammenkunft am 25.07.1807 auf einem schwimmenden Pavillon in der Mitte der Memel ließ er sich von Napoleon wiederholt für die Idee einer gemeinsamen Leitung der europäischen Angelegenheiten einnehmen. Die endgültige Abkehr davon erfolgte, nachdem sich im Russlandfeldzug Napoleons Niederlage abzeichnete: Alexander I. entschloss sich für einen Kampf bis zum Sturz Napoleons und setzte damit auch ein Signal für die Erhebung Deutschlands gegen die französische Fremdherrschaft. Alexander I. war in den Befreiungskriegen der stärkste

Verbündete der anti-napoleonischen Alliierten, bemühte sich um eine schonende Behandlung Frankreichs und um die Restauration der Bourbonen.

Auguste Amalia Ludovika P2

Prinzessin Auguste Amalia Ludovika von Bayern, ab 1806 Auguste de Beauharnais (*1788 †1851), war durch Heirat Vizekönigin von Italien, ab 1817 Herzogin von Leuchtenberg und Fürstin zu Eichstätt. Sie war bereits mit dem Erbgroßherzog von Baden, Karl Ludwig Friedrich, verlobt, musste sich jedoch dazu entscheiden, Napoleons Stiefsohn Eugène de Beauharnais, den Vizekönig von Italien, zu heiraten. - Dafür wurde ihr Vater durch Napoleon zum König Maximilian I. Joseph von Bayern proklamiert.

Bernadotte P3

Jean Baptiste Bernadotte (*1763 †1844); französischer Maréchal d'Empire, Fürst von Ponte Corvo; später schwedischer Oberbefehlshaber der alliierten Nordarmee im Kampf gegen Napoleon; Adoptivsohn des schwedischen Königs Karl XIII.; seit 1810 schwedischer Kronprinz und Gegner Napoleons; 1818 bis 1844 König von Schweden als Karl XIV. Johann sowie König von Norwegen als Karl III. Johann. Das schwedische Königshaus Bernadotte geht auf ihn zurück.

Berthier P4

Louis Alexandre Berthier (*1753 †1815); Fürst und Herzog von Neuchâtel und Valangin, Fürst von Wagram sowie Maréchal d'Empire. Er wurde von Napoleon mit Titeln, Würden und materiellen Gütern überhäuft und zum Marschall des Kaiserreichs ernannt. Nach Napoleons Absetzung verließ er heimlich seinen einstigen Gönner, sandte noch vor dessen Abdankung dem Senat und der provisorischen Regierung eine Treueerklärung und ging - den Marschällen des Kaiserreichs voran - zu Ludwig XVIII., um diesen devot zu begrüßen. Sein neuer Förderer ernannte ihn daraufhin zum Pair von Frankreich und zum Capitaine-Lieutenant der wiedererrichteten Garde de la porte. Bald darauf fiel Berthier bei Ludwig XVIII. in Ungnade und kam unter mysteriösen Umständen ums Leben.

Blücher

Gebhard Leberecht von Blücher, Fürst von Wahlstatt (*1742 †1819); preußischer Generalfeldmarschall. Die Russen gaben ihm den noch heute bekannten Beinamen „Marschall Vorwärts" wegen seiner offensiven Truppenführung. Er setzte seine Vorwärts-Strategie gegen die drei zögerlichen Monarchen der Sechsten Koalition durch, indem er im Winter 1813/1814 den Rhein bei der Burg Pfalzgrafenstein bei Kaub („Pfalz bei Kaub") überquerte und zügig gegen Paris vormarschierte. Dieses Vorgehen beschleunigte die Niederlage der Franzosen. Der endgültige Sturz Napoleons wurde durch den Sieg Blüchers in der Schlacht von Waterloo eingeleitet, den er gemeinsam mit Wellington errang. Blücher erhielt wegen seiner Verdienste in der Schlacht an der Katzbach in Schlesien den Titel eines Fürsten Blücher von Wahlstatt nach dem nahen, durch die Mongolenschlacht 1241 bekannten Dorf Wahlstatt. Blücher war ein bei der Truppe ungemein beliebter Heerführer, für sein Draufgängertum und seine Tollkühnheit bekannt, der aber auch wegen seiner Leutseligkeit bei seinen Soldaten in hohem Ansehen stand.

Bonaparte, Jérôme

siehe unter **Jerome**

Bonaparte, Joseph

Joseph Bonaparte, ältester Bruder Napoleons (*1768 †1844); eigentlich Giuseppe Buonaparte, als Joseph I. König von Neapel (1806–1808); als Joseph I. König von Spanien (1808–1813). Obgleich es verschiedentlich Auseinandersetzungen mit seinem Bruder Napoleon gab, vertrat er 1805, da Napoleon in Deutschland Krieg führte, diesen als eine Art Regent in Frankreich. Seine Regentschaft als König von Neapel war trotz seiner Bemühungen um die Beseitigung feudaler Strukturen und die Durchsetzung verschiedener Reformen im Justiz-, Finanz- und Bildungssystem vergleichsweise kurz, weil Napoleon unzufrieden mit ihm war, und so wurde er hier im Jahre 1808 durch Joachim Murat abgelöst, der seit 1800 mit Caroline Bonaparte verheiratet und damit Schwager Napoleons und Josephs war. Auf die Herrschaft über Spanien musste Joseph 1813 ebenfalls verzichten, weil Napoleon Spanien räumte und als spanischen König wieder Ferdinand VII. anerkannte. Nach Napoleons Sturz ging Joseph 1814 ins Exil (Schweiz). Nach der Rückkehr Napoleons aus Elba führte Joseph während der „Herrschaft der Hundert Tage" die Regierungsgeschäfte in Paris. Danach emigrierte er in die Vereinigten Staaten, wo er 17 Jahre blieb, bevor er wieder nach Europa zurückkehrte.

Bonaparte, Louis Napoleon   P7

Louis Napoleon Bonaparte (*1778 †1846); Bruder des Kaisers Napoleon I. von Frankreich; 1806 bis 1810 als „Lodewijk Napoleon" König des Königreichs Holland, das sein Bruder geschaffen hatte. Louis reformierte dort u.a. das holländische Recht, führte eine neue Verfassung ein und verbesserte die Armen- und Medizinfürsorge. Da der Handelsboykott gegen Großbritannien den Wirtschaftsinteressen Hollands entschieden widersprach, zögerte er die Einführung der Kontinentalsperre hinaus. Im Februar 1810 musste er – trotz seiner und der Holländer Gegenwehr - einen Vertrag unterzeichnen, in dem festgelegt wurde, dass er alle Gebiete südlich des Rheins an Frankreich abzutreten hatte. Da französische Truppen in das Königreich Holland einmarschierten und Holland von Frankreich annektiert wurde, trat Louis zurück und ging ins Exil. 1840 gestattete ihm König Wilhelm II. der Niederlande, das Land zu besuchen, und seine ehemaligen Untertanen bereiteten Louis einen herzlichen Empfang. Er starb nach langen körperlichen Leiden, die ihm seit seinen jüngeren Jahren zu schaffen machten, an einem Gehirnschlag.

Bonaparte, Lucien   P8

Lucien Bonaparte (geb. als Luciano Buonaparte, *1775 †1840), seit 1814 Principe de Canino e Musignano; war der Drittgeborene der Bonaparte-Brüder. Er nahm Einfluss auf die Wahl seines Bruders Napoleon zum Ersten Konsul. Lucien hatte zwar - u.a. wegen seiner Heirat einer nicht standesgemäßen Frau - Differenzen mit seinem Bruder Napoleon, nunmehr Kaiser, unterstützte ihn jedoch 1815 während dessen „Herrschaft der Hundert Tage". Nach der endgültigen Abdankung Napoleons wurde Lucien festgenommen, aber nach Intervention Papst Pius´ VII. wieder freigelassen. 1816 erfolgte seine Verbannung aus Frankreich. Den Rest seines Lebens verbrachte er in Italien und betätigte sich als Hobby-Archäologe.

Bonaparte, Napoleon

siehe unter **Napoleon**

Bonaparte, Napoleon Franz Joseph Karl P9

Napoleon Franz Joseph Karl Bonaparte (frz. Napoleon-François-Joseph-Charles Bonaparte; *1811 †1832); einziger legitimer männlicher Nachkomme Napoleon Bonapartes; stammte aus dessen Ehe mit Marie-Louise von Österreich. Er hatte bereits früh ein Lungenleiden und verstarb an „galoppierender Schwindsucht" (Tuberkulose).

Brunow P10

Rittmeister Brunow: Schill'scher Offizier; rettete aus Stralsund, wo Schill den Tod fand, einige Truppen dieses Korps – besonders Reiterei – auf die Insel Usedom.

Buelow P11

Friedrich Wilhelm Freiherr von Bülow, Graf von Dennewitz (*1755 †1816); preußischer Offizier, zuletzt General der Infanterie; galt als Retter Berlins: Durch Bülows Sieg im Gefecht bei Lucka gegen Napoleons Marschall Oudinot (04.06.1813) konnte das von den Franzosen bedrohte Berlin geschützt werden. Da von Bülow der einzige preußische Feldherr seiner Zeit war, der nie eine Schlacht verlor, wurde er „der allzeit glückliche Bülow" genannt. Er unterstützte mit seinen Truppen 1814 den Vormarsch Blüchers nach Paris und beendete dort den Feldzug mit der Erstürmung des Montmartre. In der Schlacht bei Waterloo (1815) führte sein Eingreifen mit zum endgültigen Sieg über Napoleon.

Dalberg, Herzog P12

Emmerich Joseph Herzog von Dalberg (*1773 †1833); badischer, dann französischer Diplomat und Politiker. Bevollmächtigter Minister Frankreichs auf dem Wiener Kongress, unterzeichnete er dort 1815 die Ächtung Napoleons, worauf ihn jener nach seiner Rückkehr von der Insel Elba („Herrschaft der Hundert Tage") unter die zwölf Verbannten setzte, deren Güter konfisziert wurden. Dalberg erhielt aber nach der Zweiten Restauration der Bourbonen das Konfiszierte zurück, wurde Pair von Frankreich und übernahm wichtige staatliche Aufgaben.

Dalberg, Reichsfreiherr P13

Karl Theodor Anton Maria Kämmerer von Worms, Reichsfreiherr von und zu Dalberg (*1744 †1817); Primas der deutschen Kirche 1803–1817; deutscher Erzbischof und Staatsmann, aber auch Schriftsteller und Mitglied wissenschaftlicher Akademien. Dalberg kämpfte zum Schutz des geistlichen Lebens um den Erhalt der katholischen Kirche in Deutschland. Weil aber nur Napoleon die Kirchenpolitik bestimmte, wählte Dalberg Napoleons Onkel, Kardinal Joseph Fesch, im Jahre 1806 zu seinem Koadjutor (Beistand). Das war ungesetzlich, und die Ernennung blieb ohne kirchliche Zusage. Sie wird heute als ein fataler Schritt schierer Verzweiflung zur Rettung der deutschen Kirche gewertet. Zu seiner Zeit aber wurde sie ihm selbst im Freundeskreis schwer verübelt. Bei der Schaffung des Rheinbundes trat Dalberg - von Napoleon dazu bewegt - als Fürstprimas (führte den Vorsitz der Fürsten des Rheinbundes) an die Spitze des neuen Staatengebildes. Das wurde Dalberg als Verrat ausgelegt.

Davoust P14

Louis-Nicolas d'Avoût, auch Davoust geschrieben (*1770 †1823); französischer General, Pair und Maréchal d'Empire. Als einer der besten Generale Napoleons geltend, wurde er als „eiserner Marschall" bezeichnet, da er besonders streng und selbstdiszipliniert in Erscheinung trat. Wegen seines harten Wirkens als Generalgouverneur der Hanseatischen Departements (Sitz Hamburg) von 1813 bis 1814 wurde er im Volksmund der „Robespierre von Hamburg" genannt. Louis-Nicolas d'Avoût hatte bei der Wiederherstellung der Bourbonenmonarchie keinen Eid unter König Ludwig XVIII. geleistet und wurde verbannt. Während dieser Zeit war seine Familie ohne jedes Einkommen. Seine Frau konnte aber letztlich erreichen, dass er sein Exil verlassen und zu seiner Familie nach Savigny zurückkehren durfte. Ludwig XVIII. gewährte ihm wieder seine Bezüge und ernannte ihn zum Marschall von Frankreich. 1822 wurde er Bürgermeister der Stadt Savigny.

de Beauharnais, Eugène-Rose P15

Eugène-Rose de Beauharnais (*1781 †1824); Stiefsohn Napoleons I., wurde von diesem adoptiert; seit 1805 Vizekönig von Italien; heiratete Auguste Amalia Ludovika von Bayern; wurde 1810 Großherzog von Frankfurt. Er war Teilnehmer des Russlandfeldzugs von 1812, befehligte 1813 zeitweise die französischen Truppen in Deutschland, kehrte nach Italien zurück, ergab sich 1814 und lebte dann - von seinem Schwiegervater, dem König von Bayern, mit dem Titel eines Herzogs von Leuchtenberg und Fürsten von Eichstätt versehen - im Königreich Bayern.

de Beauharnais, Joséphine   P16

Joséphine de Beauharnais, geborene Marie Josephe Rose de Tascher de la Pagerie (*1763 †1814); erste Ehefrau Napoleons und durch diese Verbindung Kaiserin der Franzosen.

de Beauharnais, Stéphanie Louise Adrienne   P17

Kaiserliche Prinzessin Stéphanie Louise Adrienne de Beauharnais, auch Stéphanie Napoleon (*1789 †1860); Adoptivtochter von Napoleon Bonaparte, Großherzogin von Baden, verheiratet mit Erbprinz Karl von Baden. Ein Onkel zweiten Grades von Stéphanie ist Alexandre de Beauharnais, der erste Ehemann von Marie Josephe Rose de Tascher de la Pagerie. - Das ist Joséphine, die erste Ehefrau Napoleon Bonapartes.

de Casanova   P18

Jean-Toussaint Arrighi de Casanova, Herzog von Padua (*1778 †1853); französischer General und Politiker, mit Napoleon Bonaparte verwandt. Im Mai 1813 wurde er Gouverneur von Leipzig, nahm im August 1813 an dem nicht erfolgreichen Feldzug Oudinots gegen Berlin teil und verteidigte in der Völkerschlacht bei Leipzig die Vorstädte.

Eugen von Württemberg   P19

Eugen Friedrich Heinrich Herzog von Württemberg (*1758 †1822); Bruder des ersten Königs von Württemberg (Friedrich I., „Dicker Friedrich") und der Zarin Maria Fedorowna, Mutter des Zaren Peter I., somit ein Onkel des Zaren Peter I. Er kommandierte als General der Kavallerie während der Schlacht bei Jena und Auerstedt die preußische Reservearmee und wurde kurz darauf durch den französischen Maréchal d'Empire Bernadotte (späteren schwedischen Kronprinzen) bei Halle geschlagen.

Ferdinand P20

Ferdinand VII. (*1784 †1833); König von Spanien 1808, und erneut von 1814 bis 1833.

Franz Joseph Karl P21

Franz Joseph Karl aus dem Hause Habsburg-Lothringen (*1768 †1835); von 1792 bis 1806 als Franz II. letzter Kaiser des Heiligen Römischen Reiches Deutscher Nation. Als Reaktion auf das Hegemoniestreben Napoleons begründete er 1804 das Kaisertum Österreich mit dem Titel eines erblichen Kaisers von Österreich und regierte das Land bis zu seinem Ableben als Franz I. Trotzdem führte er bis 1806 den Titel des Erwählten Römischen Kaisers weiter. Er blieb bis zu seinem Tode außerdem König von Böhmen, Kroatien und Ungarn.

Friederike Katharina Sophie Dorothea von Württemberg P22

Friederike Katharina Sophie Dorothea von Württemberg (*1783 †1835); von 1807 bis 1813 Königin von Westphalen, weil sie mit Jérôme Bonaparte, dem König von Westphalen, verheiratet war.

Friedrich August P23

Friedrich August I. Joseph Maria Anton Johann Nepomuk Aloys Xaver „der Gerechte" (*1750 †1827) – eine Regentschaft unter schwierigen Bedingungen; nachdem Sachsen dem Rheinbund beigetreten war, Ausrufung Friedrich Augusts zum König von Sachsen (20.12.1806), und nach dem Frieden von Tilsit auch Ernennung zum Herzog von Warschau. Als 1792 zwischen Österreich und Preußen das Verteidigungsbündnis gegen Frankreich geschlossenen wurde, trat Sachsen diesem nicht bei. Der Ausrufung des Reichskrieges durch den Reichstag im März 1793 musste Friedrich August jedoch folgen. Als Preußen 1795 sowie weitere Reichsstände separate Friedensbündnisse mit Frankreich abschlossen und die Franzosen nach Osten vorgerückt waren, schied Sachsen 1796 aus dem Koalitionskrieg aus. An der Gründung des Rheinbundes, der die Auflösung des Reiches vollzog, beteiligte sich Friedrich August nicht. Der preußischen Idee eines norddeutschen Kaiserreiches, innerhalb dessen Sachsen zum Königreich erhoben werden sollte, begegnete er auch zurückhaltend. Als Napoleon aber 1806 bis nach Thüringen vorrückte, verbündete sich

Friedrich August mit Preußen und erlitt zusammen mit seinem Bündnispartner in der Doppelschlacht von Jena und Auerstedt gegen Napoleon eine vernichtende Niederlage. Nach der Absetzbewegung seiner preußischen Verbündeten nach Osten – jetzt völlig allein gelassen - musste Friedrich August mit Napoleon Frieden schließen. Dessen Truppen besetzten nun Sachsen, das daraufhin dem Rheinbund beitrat und zum Königreich erhoben wurde. 1813, zur Zeit des Befreiungskrieges, war das Land noch fest in Napoleons Hand und wurde der zentrale Kriegsschauplatz. Zu Beginn der Leipziger Völkerschlacht standen der sächsischen Bevölkerung von ca. zwei Millionen Menschen knapp eine Million Soldaten gegenüber. Für den Fall eines Seitenwechsels Sachsens zu den Alliierten drohte Napoleon, Sachsen als Feindesland zu behandeln. König Friedrich Augusts Handlungsspielraum war folglich stark begrenzt. Nun versuchte der König während des Jahres 1813 vorsichtig, Verbindung mit den Alliierten aufzunehmen, ohne Napoleons Kriegserklärung zu riskieren. Napoleon wusste um die Aktivitäten Friedrich Augusts und forderte den König nach dem Sieg über die preußisch-russischen Truppen bei Großgörschen ultimativ zur Rückkehr nach Sachsen auf, das dieser mit einer Ausweichbewegung zuvor verlassen hatte. Da die preußisch-russische Koalition nun selber Friedenssignale an Frankreich aussandte, entschloss sich Friedrich August, dem Ultimatum zu folgen. Wegen enttäuschender Erfahrungen, die Friedrich August mit Preußen und Österreich als Gegner Napoleons gemacht hatte, und weil das Land noch immer dem französischen Zugriff ausgesetzt war, wollte er dem im September geschlossenen Bündnis von Österreich, Preußen und Russland gegen Napoleon nicht sofort beitreten. Im Verlauf der militärischen Ereignisse und unter dem Eindruck der sich abzeichnenden Niederlage der Franzosen in der Völkerschlacht bei Leipzig kam es nun bereits zu Übertritten aus der sächsischen Armee zu den Verbündeten. Die preußisch-russischen Alliierten zeigten jedoch kaum ehrliches Bemühen, Sachsen für das antinapoleonische Bündnis zu gewinnen, denn sie hatten sich bereits auf einen Pakt zu Lasten Sachsens und Polens verständigt, wonach u.a. Preußen Sachsen annektieren sollte – der alte Traum Friedrichs II. Dass es auf dem Wiener Kongress dann doch nicht zur völligen Aufgabe Sachsens kam, lag an der Furcht Österreichs und Frankreichs, dass Preußen zu stark werden könnte.

Friedrich Ludwig Christian   P24

Friedrich Ludwig Christian von Preußen; genannt Prinz Louis Ferdinand von Preußen (*1772 †1806); preußischer Prinz (Haus Hohenzollern), Militär, Komponist, Pianist; gefallen als Kommandeur einer preußischen Vorhut am 10.10.1806 im Gefecht bei Saalfeld. Er wurde von dem französischen Unteroffizier Jean-Baptiste Guindey vom 10. Husarenregiment getötet. Dieser erhielt zwar dafür das Kreuz der Ehrenlegion, wurde aber nicht befördert: Napoleon bemerkte, ein gefangener Prinz wäre besser gewesen.

Friedrich VI.   P25

Friedrich VI. (*1768 †1839); wurde am 13.03.1808 König von Dänemark und Norwegen. Weil er während der Napoleonischen Kriege auf Seiten Frankreichs gestanden hatte, musste er 1814 auf Betreiben Schwedens und Englands den Kieler Frieden unterzeichnen. Dadurch verlor Dänemark Norwegen an Schweden.

Friedrich Wilhelm II.   P26

Friedrich Wilhelm II. von Preußen (*1744 †1797) aus dem Haus Hohenzollern; war von 1786 bis 1797 König von Preußen, Markgraf von Brandenburg, Erzkämmerer und Kurfürst des Heiligen Römischen Reiches. Er führte wegen befürchteter Auswirkungen der Französischen Revolution ein verschärftes Zensur- und Religionskontrollwesen in Preußen ein. Friedrich Wilhelm II. sicherte seinen Untertanen Religionsfreiheit zu und stellte Juden unter landesherrlichen Schutz. Bezeichnend für die preußische Innenpolitik unter seiner Regentschaft war die Beibehaltung der alten Verwaltungsstruktur mit den Beamten und Offizieren König Friedrichs II., von denen sehr viele seit den 1760-er Jahren im Dienst waren. Diese Vergreisung wirkte sich nicht nur auf die Staatsverwaltung, sondern auch beim Militär aus, so dass jene Alt-Erfahrungsträger wegen ihrer Ignoranz der neuen militärischen Konzepte der Franzosen nicht fähig waren, den französischen Volksheeren nach 1789 entscheidend gegenüberzutreten. Die Kriege, die der König führte, trieben Preußen an den Rand des Bankrotts: Im Todesjahr des Königs beliefen sich seine Schulden auf 48 Millionen Taler. Friedrich Wilhelm II. regierte in einer Zeit großer gesellschaftlicher Umwälzungen: Er, der Vertreter des Absolutismus, traf auf die neuen Strömungen von Aufklärung und

Französischer Revolution. Diesen Herausforderungen war er nicht gewachsen. Seine Furcht vor einem Revolutions-Export verhinderte daher notwendige politische und gesellschaftliche Reformen in Preußen. Andererseits sind unter ihm schon im Allgemeinen Landrecht für die Preußischen Staaten Anfänge einer rechtsstaatlichen Struktur erkennbar. Diese gingen im Wesentlichen noch auf Friedrich II. zurück, wurden aber erst von Friedrich Wilhelm II. in Kraft gesetzt.

Friedrich Wilhelm III. P27

Friedrich Wilhelm III. von Preußen (*1770 †1840) aus dem Haus Hohenzollern; seit 1797 König von Preußen, Markgraf von Brandenburg, Kurfürst und Erzkämmerer des Heiligen Römischen Reiches bis zu dessen Auflösung 1806. Er war bereits vor 1806 an innenpolitischen Reformen interessiert, die aber wegen des Widerstands der Landstände und von Teilen der Bürokratie nur schleppend verliefen. Ein Vorhaben, den Adel mit einer erhöhten Grundsteuer zu belegen, scheiterte ebenso wie die Abschaffung der Leibeigenschaft auf den königlichen Landgütern. Erst nach 1803 ließ er die Frondienste der Bauern auf seinen Landgütern abbauen. Die Reform der medizinischen Versorgung war ebenfalls ein großes Anliegen des Königs. Nach eigenen Worten verabscheute Friedrich Wilhelm III. den Krieg, und er bemühte sich um eine Neutralitätspolitik gegenüber Frankreich zur Schonung Preußens. Das führte jedoch letztlich dazu, dass Preußen keinen verlässlichen Bündnispartner hatte, um die vereinbarte Neutralitätszone in Norddeutschland zu verteidigen. Nach zunehmenden französischen Provokationen befahl Friedrich Wilhelm III. im August 1806 die Mobilmachung seiner Armee. Im September forderte er Napoleon ultimativ auf, die preußische Neutralitätszone anzuerkennen und preußische Territorien am Niederrhein zurückzugeben. Napoleon ließ das Ultimatum verstreichen und erklärte Preußen den Krieg. In der Schlacht bei Jena und Auerstedt wurde das preußische Heer vernichtend geschlagen. Friedrich Wilhelm III. floh mit Frau und Kindern nach Ostpreußen. Im Februar 1807 wurde die französische Armee von russischen Streitkräften in der Schlacht bei Preußisch-Eylau zurückgeschlagen. Infolgedessen bot Napoleon Friedrich Wilhelm III. einen Waffenstillstand an, in dem Preußen nur auf seine westlich der Elbe gelegenen Gebiete verzichten musste. In der Hoffnung, dass weitere russische Angriffe auf die Franzosen zugunsten

Preußens ausgehen würden, lehnte Friedrich Wilhelm jedoch ab. Letztlich schlug Napoleon die russische Armee in der Schlacht bei Friedland, und am 14.06.1807 musste Zar Alexander I. um Waffenstillstand bitten. Im Frieden von Tilsit (09.07.1807) bestimmte Napoleon die Bedingungen für Preußen, das letztlich die Hälfte seines Territoriums verlor und zu einer hoch verschuldeten Mittelmacht schrumpfte, die der französischen Politik keine wirkungsvollen Widerstände entgegensetzen konnte. Friedrich Wilhelm III. versuchte, Napoleon nicht zu provozieren, um keinen Anlass für die völlige Auflösung des Königreiches Preußen zu bieten. Deshalb verurteilte er auch die Aktivitäten des preußischen Freischärlers Ferdinand von Schill scharf, der sozusagen zur falschen Zeit kämpfte. 1812 musste Preußen Truppen für die Grande Armée stellen. Der Russlandfeldzug entwickelte sich zu einem Desaster für Napoleon durch den einbrechenden Winter und den nicht mehr zu bewältigenden Nachschub für die französischen Truppen. Diese mussten unter widrigsten Bedingungen und enormen Verlusten aus Russland abziehen. Nun erblickten des Königs Berater und Militärs die Chance, Napoleons Herrschaft abzuschütteln. Aber Friedrich Wilhelm III. sah sich weiterhin seinem Bündnis mit Frankreich verpflichtet. Das eigenmächtige Verhandeln des Generals Ludwig Yorck von Wartenburg mit den Russen nach Napoleons Flucht nach Paris führte zur Konvention von Tauroggen, durch die sich Friedrich Wilhelm III. genötigt sah, öffentlich Yorck seines Amtes zu entheben. Allerdings erging kein entsprechender Befehl an die Armee, und es wird vermutet, dass Friedrich Wilhelm III. taktierte, um sowohl Frankreich zu beschwichtigen als auch den russischen Zaren nicht gegen sich aufzubringen, weil zu diesem Zeitpunkt für Preußen noch die Gefahr bestand, zwischen Frankreich und Russland aufgerieben zu werden. Durch Yorcks Vorgehen war Ostpreußen für die russischen Truppen offen, und deren Vormarsch machte es Napoleon nicht mehr möglich, die Reste seiner Armee an der Weichsel zu reorganisieren. Im weiteren Verlauf der Geschichte wurde auf Betreiben führender preußischer Militärs die allgemeine Wehrpflicht eingeführt, wodurch Preußen recht zügig ein Heer von 300 000 Soldaten aufstellen konnte. Auf Druck des russischen Zaren und der eigenen Untertanen schloss Friedrich Wilhelm III. im Februar 1813 mit dem Vertrag von Kalisch ein offizielles Militärbündnis mit Russland und erklärte am 16.03.1813 Frankreich den Krieg.

Friedrich Wilhelm IV. **P28**

König Friedrich Wilhelm IV. von Preußen (*1795 †1861) aus dem Haus Hohenzollern, Sohn Friedrich Wilhelms III.; 1840 bis 1861 König von Preußen; lehnte während der Revolution von 1848/1849 die von der Frankfurter Nationalversammlung angebotene Kaiserkrone ab.

Friedrich Wilhelm Karl von Preußen **P29**

Prinz Friedrich Wilhelm Karl von Preußen (*1783 †1851) aus dem Haus Hohenzollern; jüngerer Bruder von König Friedrich Wilhelm III.; preußischer Offizier, zuletzt General der Kavallerie; Generalgouverneur der Rheinprovinzen, Gouverneur der Bundesfestung Mainz; zur Unterscheidung vom Kronprinzen Wilhelm (dem späteren deutschen Kaiser Wilhelm I.) oft als „Prinz Wilhelm Bruder" bezeichnet. Er kämpfte 1806 an der Spitze einer Kavalleriebrigade bei Auerstedt und war 1807 in diplomatischer Mission in Paris, um eine Ermäßigung der Preußen auferlegten Kriegslasten von Napoleon Bonaparte zu erwirken. Nach 1808 war er an der Umgestaltung Preußens und der Armee beteiligt. Im Befreiungskrieg bewies er weiterhin Tapferkeit und Geschick in der Truppenführung.

Friedrich Wilhelm Karl von Württemberg **P30**

Friedrich Wilhelm Karl von Württemberg (*1754 †1816); ab 1797 als Friedrich II. Herzog; 1803 bis 1806 Kurfürst; 1806 bis 1816 als Friedrich I. König von Württemberg; genannt "Dicker Friedrich"; regierte absolutistisch-autoritär, deshalb auch als "schwäbischer Zar" bezeichnet. Wegen Württembergs Bündnis mit Frankreich musste das Land Soldaten für die Kriege Napoleons gegen Österreich und Russland stellen. 1814 wechselte König Friedrich die Seite: Württemberg kämpfte nun ebenfalls gegen Napoleon.

Friedrich Wilhelm von Braunschweig **P31**

Friedrich Wilhelm von Braunschweig (*1771 †1815), "der Schwarze Herzog"; deutscher Volksheld der Napoleonischen Kriege, preußischer General, Herzog zu Braunschweig-Lüneburg; Fürst im Landesteil Braunschweig-Wolfenbüttel; Herzog des schlesischen Herzogtums Oels;

gefallen in der Schlacht bei Quatre-Bras südlich von Waterloo unter Sir Arthur Wellesley, Herzog von Wellington

Gaertner P32

Johann Christian Gaertner (Geburts-/Sterbedatum unbekannt, vermutlich *2.Hälfte 18.Jahrhundert †1.Hälfte 19.Jahrhundert). Es liegen nur sehr wenige Informationen über ihn vor: In einem „Kalender für Ortsgeschichte und Heimatskunde" von 1901 wird er als „Bauerngutsbesitzer" bezeichnet, als „frommer und patriotischer Mann". In den Tabellen seiner Chronik führt er auch seine persönlichen Abgaben auf, so dass sein Berufsstand als hinlänglich vermögender Bauer mit einiger Sicherheit angenommen werden kann. Jedoch scheint er nicht der Begütertste unter seinesgleichen im Ort gewesen zu sein, gemessen an den Steuern, die auf jede dortige Feuerstelle erhoben wurden, und die er präzise notierte.

Hardenberg P33

Karl August Fürst von Hardenberg (*1750 †1822); preußischer Außenminister von 1804 bis 1806; Staatskanzler von 1810 bis 1822; 1814 Erhebung in den Fürstenstand. Auf dem Wiener Kongress konnte er für Preußen großen Gebietszuwachs heraushandeln. Er gilt als Erneuerer der Verwaltung in den gewonnenen Gebieten (Provinz Sachsen) und als ein herausragender Staatsreformer des 19. Jahrhunderts, weil seine Reformen so effektiv waren, dass sie auf viele benachbarte Länder weiterwirkten.

Höchse

Könnte auch als Höße, Häße oder Hähse gelesen werden.

Hohenloh P34

Friedrich Ludwig Fürst zu Hohenlohe-Ingelfingen, Fürst zu Hohenlohe-Öhringen (*1746 †1818); preußischer General der Infanterie; führte die verbündete preußische und sächsische Abteilung in der Schlacht bei Jena und Auerstedt in eine schwere Niederlage gegen das napoleonische Heer, so dass diese sich auflöste. Er übernahm den Oberbefehl über das preußische Feldheer als Nachfolger des bei Auerstedt tödlich verwundeten Karl Wilhelm Ferdinand von Braunschweig. Wegen falscher Lagebeurteilung seines Generalquartiermeisters Massenbach kapitulierte er am 28.10.1806 nach kurzem Kampf bei Prenzlau. Dafür wurde er von König Friedrich Wilhelm III. verantwortlich gemacht und aus dem Heeresdienst entlassen.

Jerome P35

Jérôme Bonaparte (*1784 †1860), ursprünglich Girolamo Buonaparte; jüngster Bruder Napoleon Bonapartes; König von Westphalen (1807-1813); offizieller Königsname war Jérôme Napoleon (JN) bzw. Hieronymus Napoleon (HN). Napoleon hielt ihn für undiszipliniert und verschwenderisch, aber auch für einen ihm ergebenen Getreuen. Als Erziehungsmaßnahme ließ Napoleon Jerome zur Kriegsmarine versetzen. Dort nutzte Jerome eine Chance, sich in die Vereinigten Staaten von Amerika abzusetzen, um dem Zugriff seines Bruders aus dem Weg zu gehen, und heiratete – ohne Napoleons Zustimmung - in den USA Elizabeth Patterson, eine Kaufmannstochter. Weil ihm das Geld ausging, suchte er die Versöhnung mit Napoleon in Frankreich. Er wurde ins Land gelassen, jedoch nicht seine Ehefrau. Napoleon ließ die Ehe für ungültig erklären, und Jerome fügte sich gehorsam. Er heiratete Katharina von Württemberg, mit der er drei Kinder hatte. Weil Napoleon neue, Frankreich gegenüber loyale Staaten errichtete, brauchte er dort zuverlässige höchste Repräsentanten und oberste Administratoren und setzte dafür bevorzugt ergebene Vertraute oder Verwandte ein. So wurde für Jérôme aus dem ehemaligen Herzogtum Braunschweig, dem Kurfürstentum Hessen und den vormaligen hannoverschen und preußischen Gebietsteilen das Königreich Westphalen geschaffen. Wegen seines Lebensstils wurde Jerome von den deutschen Zeitgenossen als „König Lustig" bezeichnet. Er richtete aber auch das erste Parlament auf deutschem Boden ein und steht für die älteste deutsche Verfassung. Weil das Königreich Westphalen nach Napoleons Vorstellung ein Modell- und Reformstaat mit Vorbildwirkung werden sollte, schaffte Jerome die Leibeigenschaft ab und führte die Religionsfreiheit ein. Nicht ausreichend routiniert und erfahren, nahm Jerome als Befehlshaber eines Korps der Grande Armée 1812 am Russlandfeldzug teil. Seine Vorgehensweise fand die Kritik Napoleons, und wegen der Differenzen mit seinem Bruder zog sich Jerome aus der Grande Armée zurück, verließ Russland und ging wieder in sein Königreich Westphalen. Dieses löste sich nach der Völkerschlacht bei Leipzig auf.

Jerome betätigte sich im weiteren Verlauf der Geschichte bis zu seinem Tod 1860 auf militärischem und diplomatischem Gebiet für Frankreich.

Johann VI. P36

Johann VI. (*1767 †1826); König von Portugal und Brasilien aus dem Hause Braganza; Prinzregent von Portugal 1792 bis 1816, König von Portugal 1816 bis zu seinem Tode, Prinzregent von Brasilien 1815 bis 1816, König von Brasilien 1816 bis 1822

Jork P37

Johann David Ludwig Graf Yorck von Wartenburg (*1759 †1830); preußischer Generalfeldmarschall. Er entschied die Schlacht an der Katzbach, erkämpfte am 03.10.1813 in der Schlacht bei Wartenburg den Elbübergang Blüchers. Ebenso erfolgreich in der Völkerschlacht bei Leipzig, drängte er nach der Schlacht die Franzosen am 20.10.1813 über die Unstrut. Yorcks Bedeutung für den Niedergang der Herrschaft Napoleon Bonapartes ist herausragend: Yorck, 1812 ein Kommandeur preußischer Hilfstruppen der sich aus Russland zurückziehenden napoleonischen Armee, sah die Chance, durch neutrales Verhalten seiner Einheiten den Russen Vorteile gegen Napoleon zu verschaffen, somit zu einer militärischen Schwächung der Franzosen beizutragen und eine Lösung von der napoleonischen Vorherrschaft einzuleiten. Da mehrere Ersuchen Yorcks um eine Zustimmung König Friedrich Wilhelms III. ohne Antwort blieben, handelte er selbstständig und unterschrieb eine Konvention, die unter dem Namen „Konvention von Tauroggen" bekannt ist. Sie bedeutete faktisch einen Waffenstillstand zwischen Preußen und Russland und ermöglichte den Russen ein zügigeres Vordringen nach Westen. Sie löste zusätzlich auch eine offen ausbrechende Erhebung gegen die französische Herrschaft in Norddeutschland aus, die ihren Anfang in Ostpreußen hatte. Yorck setzte zudem durch einen Aufruf die eigenverantwortliche Aufstellung der Landwehr in Königsberg durch die ostpreußischen Stände durch. Dieser Entwicklung konnte sich König Friedrich Wilhelm III. nicht mehr entziehen. Er musste sich entscheiden und erklärte im März 1813 Frankreich den Krieg.

Kalkreuth P38

Friedrich Adolf Graf von Kalckreuth (*1737 †1818); preußischer Generalfeldmarschall; Gouverneur von Königsberg, Berlin, Breslau. Kalckreuth, der schon unter Friedrich II. gedient hatte, war der französischen Kultur zugetan und zeigte keinen Hang zum Nationalismus, der sich in der napoleonischen Zeit herausbildete. 1793 war er verantwortlicher Kommandeur bei der Belagerung von Mainz, das er zur Kapitulation zwang. Dabei ließ er die Kapitulationsbedingungen im Sinne einer Ehrenvollen Kapitulation für die Franzosen aushandeln. 1807 leitete er die Verteidigung der Festung Danzig, musste sie aber nach 76 Belagerungstagen am 24. Mai 1807 an die Franzosen übergeben. Die mit ihm vereinbarten Kapitulationsbedingungen entsprachen dem Mainzer Vorbild von 1793, und so konnte er mit seinen Truppen nach Ostpreußen abziehen. Für die Befreiungskriege war er nicht mehr von Bedeutung.

Karl IV. P39

Karl IV. (*1748 †1819); spanischer König vom 14.12.1788 bis 19.03.1808 (Abdankung zugunsten von Napoleons Bruder Joseph Bonaparte)

Karl Ludwig Friedrich P40

Karl Ludwig Friedrich (*1786 †1818); Großherzog von Baden; Beginn der Regierungszeit: 10.06.1811. Am 08.04.1806 heiratete Karl die Kaiserliche Prinzessin Stéphanie de Beauharnais (1789–1860), Adoptivtochter von Napoleon Bonaparte. Er hatte er sich somit als Schwiegersohn dem französischen Kaiser gegenüber zu fügen, aber er konnte sich ebenso sehr willensstark zeigen: Er beendete 1813 sein Bündnis mit Napoleon und trat der Allianz der Napoleon-Gegner bei. Jene forderten nun vom ihm die Trennung von seiner Frau Stephanie de Beauharnais. Er verweigerte die Trennung, obwohl das schwerwiegende Folgen für das Großherzogtum nach sich ziehen konnte. Da er aber der Bruder der russischen Zarin Elisabeth Alexejewna (geboren Louise von Baden) war, setzte diese sich bei Zar Alexander I. für ihr Heimatland Baden ein und unterstützte somit die Bestandssicherung des Großherzogtums.

Karl Wilhelm Ferdinand P41

Karl Wilhelm Ferdinand von Braunschweig-Wolfenbüttel (*1735 †1806); ererbter Herzog zu Braunschweig und Lüneburg; seit 1780 regierender Fürst im Teilfürstentum Braunschweig-Wolfenbüttel; preußischer Feldmarschall; im Ersten Koalitionskrieg 1792–1794 Oberbefehl über die alliierte Armee. Das Manifest des Herzogs von Braunschweig vom 25.06.1792 sollte die revolutionären Franzosen einschüchtern. Das Gegenteil trat ein, und der Tuileriensturm wurde ausgelöst. Karl Wilhelm Ferdinand wurde in der Schlacht bei Jena und Auerstedt 1806 tödlich verwundet.

Karl XIII. P42

Karl XIII. (*1748 †1818); König von Schweden 1809 bis 1818; auch König von Norwegen als Karl II. von 1814 bis 1818; letzter König von Schweden aus der Holstein-Gottorp-Dynastie. Er wurde 1809 Nachfolger seines abgesetzten Neffen Gustav IV Adolf und betrieb frankreichfreundliche Politik. 1814 wurde er König von Norwegen, weil Norwegen nach Napoleons Niederlage von dem mit Frankreich verbündeten Dänemark an Schweden abgetreten werden musste. Um die Thronfolge zu sichern, adoptierte er – weil er keine eigenen überlebenden Kinder hatte - 1809 Christian August von Schleswig-Holstein-Sonderburg-Augustenburg, als Thronfolger Karl August genannt. Dieser starb jedoch schon 1810. Daraufhin adoptierte Karl XIII. noch im selben Jahr den französischen Marschall Jean-Baptiste Bernadotte als neuen Thronfolger, der sich nun Karl Johann nannte und als schwedischer König ab 1818 als Karl XIV. Johann regierte.

Kastleragh P43

Robert Stewart, 2. Marquess of Londonderry (*1769 †1822 - Suizid); britischer Staatsmann; führte von 1796 bis 1821 den Höflichkeitstitel Viscount Castlereagh. Bis zu seiner Rückbeorderung nach England im Februar 1815 vertrat er auf dem Wiener Kongress sein Land und wurde dann durch Arthur Wellesley, 1. Duke of Wellington, abgelöst. Castlereagh hatte langjährige Erfahrung als Politiker, ehe er auch Fraktionsführer der Tories im Unterhaus wurde. Er übernahm damit eine herausragende Rolle in der britischen Politik sowohl während der Koalitionskriege als auch im

Rahmen der Ausformung einer Nachkriegsordnung. Seinem Wirken als Außenminister ist der Zusammenhalt der Allianz gegen Napoleon in den Kriegsjahren 1813 und 1814 zuzuschreiben.

Kellermann P44

François-Étienne-Christophe Kellermann, auch de Kellerman, 1. Herzog von Valmy (*1735 †1820); französischer General, Pair, Maréchal d'Empire. Er erhielt 1792 das Kommando über die Moselarmee und lieferte den Preußen am 20. September die berühmte Kanonade bei Valmy. Diese veranlasste die Preußen letztlich zum Rückzug aus der Champagne. Wegen seiner erfolgreichen militärischen Tätigkeit wurde er von Napoleon sehr geschätzt. 1814 schloss er sich Ludwig XVIII. an und stimmte für die Absetzung Napoleons.

Kleist P45

Friedrich Emil Ferdinand Heinrich Graf Kleist von Nollendorf (*1762 †1823); preußischer Offizier, zuletzt Generalfeldmarschall. Er kämpfte in der Völkerschlacht bei Leipzig in der Nähe Markkleebergs und blockierte dann mit dem II. preußischen Armeekorps die Stadt Erfurt. Er folgte dem Heer nach Frankreich, wo er unter Blücher kämpfte.

Klenau P46

Johann Graf von Klenau, Freiherr von Janowitz (*1758 †1819); österreichischer General der Kavallerie, der auch in der Völkerschlacht bei Leipzig kämpfte.

Klewitz P47

Wilhelm Anton von Klewiz, auch Klewitz (*1760 †1838); preußischer Politiker; Verwaltungsbeamter; Reformer in Preußen. Er wurde 1813, also bereits noch während der Befreiungskriege, ziviler Gouverneur jener ehemaligen preußischen Gebiete zwischen Elbe und Weser, die Preußen 1807 verloren hatte, und die nun wieder an Preußen anzugliedern waren.

Krusemark P48

Friedrich Wilhelm Ludwig von Krusemarck, auch Krusemark (*1767 †1822); preußischer Generalleutnant, Diplomat. 1813 war er preußischer

Bevollmächtigter beim Kronprinzen Karl Johann von Schweden (der bis 1810 Jean Baptiste Bernadotte hieß und Marschall Napoleons war), welcher die Nordarmee gegen Napoleon führte. Krusemarck hatte hier die Aufgabe, bei Differenzen mit dem preußischen Militärführer (Generalleutnant von Bülow) zu vermitteln.

Kutusow   P49

Fürst Michail Illarionowitsch Kutusow-Smolenski (*1745 †1813); Generalfeldmarschall der russischen Armee. Von seinem Zeitgenossen Langeron – selbst hochrangiger russischer Mililtärführer – durchaus kritisch bewertet, gilt Kutusow in Russland als Held des Vaterländischen Krieges gegen Napoleon Bonaparte.

Langeron   P50

Alexandre-Louis Andrault, comte de Langéron (*1763 †1831); General der Infanterie der russischen Armee. Er stammte aus Frankreich. Dort bereits zum Colonel en second befördert, emigrierte Langeron während der Revolutionswirren 1789 nach Russland und trat dort in den Dienst der russischen Armee. Er war sehr erfolgreich und angesehen, befehligte 1813 unter Blüchers Führung ein russisches Korps, zwang in der Schlacht an der Katzbach eine französische Division zur Kapitulation und kämpfte hervorragend in der Völkerschlacht bei Leipzig. Bis zu seinem Lebensende blieb er in russischen Diensten.

Lauriston   P51

Alexandre-Jacques-Bernard Law, marquis de Lauriston (*1768 †1828); französischer General, Marschall von Frankreich. Lauriston war ein Gefährte Napoleon Bonapartes auf der Artillerieschule Brienne. Er war bereits 10 Jahre nach seinem Eintritt in die Armee Artillerieoberst, bewährte sich ausgezeichnet als Militär und wurde auch mit den Aufgaben eines Gesandten betraut (1811 in Sankt Petersburg). An der Spitze des von ihm zuvor organisierten 5. Armeekorps machte er den Feldzug von 1813 mit. In der Völkerschlacht bei Leipzig geriet er in Gefangenschaft und wurde nach Berlin gebracht. Wieder in Frankreich, huldigte er Ludwig XVIII. und wurde zum Capitaine-lieutenant der Mousquetaires gris ernannt. Als Napoleon von Elba zurückkam („Herrschaft der Hundert Tage"), verhielt sich Lauriston Ludwig XVIII. gegenüber weiterhin loyal. Nach Rückkehr des Königs bekleidete er wichtige Positionen, bis er sich 1824 aus den öffentlichen Ämtern zurückzog.

Ludwig XVI. P52

Ludwig XVI. August von Frankreich (*1754 †1793 - hingerichtet) aus dem Haus der Bourbonen; König von Frankreich und Navarra; letzter König des Ancien Régime. Ludwig XVI. übernahm ein schwieriges Erbe, da Frankreich am Rande des finanziellen Ruins war. In der absolutistischen Monarchie die Krise zu bewältigen, war ihm nicht möglich, und so wurde er mit der Französischen Revolution entmachtet, musste der Umwandlung der Monarchie in eine konstitutionelle Monarchie zustimmen und war dann als König der Franzosen ihr Oberhaupt. Heute wird er teilweise als eine Persönlichkeit gesehen, die trotz guten Willens daran scheiterte, die Privilegien der oberen Stände Adel und Klerus zu beschneiden, um den Staatsbankrott zu verhindern.

Ludwig XVIII. P53

Ludwig XVIII. (*1755 †1824) aus dem Haus der Bourbonen; König von Frankreich und Navarra von 1814 bis 1824. Er war ein Bruder König Ludwigs XVI. Nach dessen Hinrichtung erklärte er sich zum Familienoberhaupt und Regenten für seinen minderjährigen Neffen (Ludwig XVII.), nach dessen Tod im Alter von zehn Jahren er nun den Königstitel für sich beanspruchte. Als Napoleon Bonaparte 1814 gestürzt wurde, kam es unter Ludwig als König Ludwig XVIII. zur Restauration der Monarchie, die eine konstitutionelle Monarchie war. Bei Napoleon Bonapartes Rückkehr 1815 („Herrschaft der Hundert Tage") musste Ludwig wieder fliehen und konnte erst wiederkehren, nachdem Napoleon endgültig besiegt war.

Mackdonald P54

Étienne Jacques Joseph Alexandre MacDonald, 1. Herzog von Tarent (*1765 †1840); Maréchal d'Empire. MacDonald galt als ein erfahrener und erfolgreicher Militär, dem auch diplomatische Aufgaben übertragen wurden. Im Russlandfeldzug Napoleons 1812 kommandierte er das 10. Korps, das aus einer französischen und zwei preußischen Divisionen bestand und in Riga verharrte, während die Grande Armée weiter auf Moskau vorrückte. Als dann die Reste der geschlagenen Grande Armée ungeordnet nach Westen flüchteten, war MacDonalds Stellung unhaltbar geworden. Infolge der im Dezember 1812 geschlossenen Konvention von Tauroggen zwischen dem preußischen General Yorck und dem russischen General Diebitsch schieden die preußischen Truppen aus dem Kampf gegen Russland aus, so dass MacDonald – nun ohne preußische Divisionen - nur noch 9.000 Mann kommandierte. 1813 befehligte MacDonald das 11. Korps, kämpfte in der Schlacht bei Großgörschen und Bautzen, wurde an der Katzbach von Blücher und Gneisenau vernichtend geschlagen und deckte nach der Völkerschlacht bei Leipzig den Rückzug der Truppen Napoleons nach Frankreich. Neben anderen riet MacDonald Napoleon 1814 in Fontainebleau zur Abdankung. Als Napoleon von der Insel Elba zurückkehrte, sicherte MacDonald den militärischen Schutz für den nach Belgien fliehenden König Ludwig XVIII. Napoleon bot ihm ein militärisches Kommando an. - MacDonald lehnte ab und schrieb sich als Grenadier in die Listen der Nationalgarde ein. Unter König Ludwig XVIII. erhielt er nach der Zweiten Restauration ein Armeekommando und u.a. den Titel eines Staatsministers.

Marie Antoinette   P55

Marie Antoinette (*1755 †1793 - hingerichtet); als Maria Antonia Josepha Johanna aus dem Haus Habsburg-Lothringen eine geborene Erzherzogin von Österreich. 1769 erfolgte ihre Heirat mit dem französischen Thronfolger, der fünf Jahre später als König Ludwig XVI. den Thron bestieg. Dadurch wurde sie Königin von Frankreich und Navarra. Der notleidenden französischen Bevölkerung war sie wegen ihres verschwenderischen Lebensstils als verachtenswerte Person verhasst.

Marie-Louise von Österreich   P56

Marie-Louise von Österreich (*1791 †1847); zweite Ehefrau Napoleons I. Ihr Vater Franz II./I. hatte die Hoffnung, durch die Verheiratung seiner Tochter mit Napoleon Bonaparte gute Beziehungen zwischen dem Kaiserreich Frankreich und dem Kaisertum Österreich zu bewirken, und Napoleons Hauptaugenmerk galt der Legitimation seines Kaiserreichs. Marie-Louise hasste Napoleon und betrachtete die Ehe mit ihm als ihr persönliches Opfer für das Haus Habsburg. Einziges Kind aus dieser Verbindung war Napoleon Franz Joseph Karl Bonaparte (Napoléon François Charles Joseph Bonaparte).

Marmont P57

Auguste-Frédéric-Louis Viesse de Marmont, Herzog von Ragusa (*1774 †1852); Maréchal d'Empire und Colonel général der Jäger zu Pferde. Als Marmont 1793 während einer Belagerung die Bekanntschaft Napoleon Bonapartes machte, war er von diesem so beeindruckt, dass er sich ihm anschloss. Marmont war ein erfolgreicher Militär und zeichnete sich u.a. durch Umsicht und Entschlossenheit gegen Blüchers Schlesische Armee in der Völkerschlacht bei Leipzig aus. Im Frankreichfeldzug von 1814 schloss er ein Geheimabkommen mit dem österreichischen Feldmarschall Schwarzenberg ab und kapitulierte. Damit öffnete er Napoleons Verteidigungslinie. Dieser Verrat bewirkte nach Napoleons Niederlage, dass ihn Ludwig XVIII. quasi als Gegenleistung in seinen Würden und Ämtern bestätigte, ihn zum Pair von Frankreich und zum Kapitän der Garde du corps du roi ernannte, und im März 1815 zum Chef der königlichen Haustruppen, die Ludwig XVIII. dann auf dessen Flucht nach Belgien begleiteten, als Napoleon aus der Verbannung von der Insel Elba zurückkehrte. Marmont war später als Botschafter und während der Julirevolution 1830 wiederum als Militär tätig: Er sollte den Pariser Aufstand unterdrücken, was ihm nicht gelang. Zuletzt lebte er in Wien und Venedig.

Maximilian I. Joseph P58

Maximilian I. Maria Michael Johann Baptist Franz de Paula Joseph Kaspar Ignatius Nepomuk (*1756 †1825); begann seine Regierung 1799 als Maximilian IV., Herzog von Bayern, Pfalzgraf bei Rhein, Herzog von Jülich und Berg, Kurfürst des Heiligen Römischen Reiches; ab 01.01.1806 erster König Bayerns durch ein Bündnis mit dem napoleonischen Frankreich als Maximilian I. Joseph, wodurch Bayern ein führendes Rheinbund-Mitglied wurde. Als Gegenleistung für die Erhebung zum König musste seine Tochter Auguste Amalia Ludovika von Bayern Napoleons Stiefsohn Eugène de Beauharnais, den Vizekönig von Italien, heiraten, obwohl sie bereits mit Karl Ludwig Friedrich, dem Erbgroßherzog von Baden, verlobt war.

Maximilian I. Joseph gab kurz vor der Völkerschlacht bei Leipzig per Geheimvertrag die Zusammenarbeit mit Napoleon auf und verbündete sich mit Österreich. Er gilt als Schöpfer des modernen bayerischen Staates: Er schuf gemeinsam mit seinem Ersten Minister Montgelas eine effiziente Staatsverwaltung, führte die allgemeine Schulpflicht ein, vereinheitlichte Maße, Gewichte und Währung, schaffte die Binnenzölle ab und lockerte den Zunftzwang. Er gewährte Bayern eine erste Verfassung. Bei seinen Untertanen war er populär und wurde „König Max" genannt.

Meternich   P59

Klemens Wenzel Lothar von Metternich, mit vollem Namen Clemens Wenceslaus Nepomuk Lothar Fürst von Metternich-Winneburg zu Beilstein (*1773 †1859); im Dienste Österreichs stehender Diplomat und Staatsmann, wurde 1809 Außenminister. Als mit dem Vertrag von Kalisch vom 28.02.1813 zwischen Preußen und Russland die diplomatische Voraussetzung für den Beginn der Befreiungskriege geschaffen wurde, um die Herrschaft Napoleons zu beenden, zögerte Metternich eine österreichische Entscheidung hinsichtlich des Bündnisses hinaus: Er wollte erreichen, dass Österreich innerhalb der Koalition die bestimmende Ordnungsmacht werde und dass die Erhebung gegen Napoleon keinen Volkskriegscharakter annahm. Er arbeitete darauf hin, diese militärische Auseinandersetzung in einen dynastischen Krieg zu verwandeln mit dem Ziel der Wiederherstellung des europäischen Gleichgewichts. Daher galt es, nach Napoleons Sturz eine mögliche Vorherrschaft Russlands und eine Abhängigkeit Preußens von Russland zu verhindern, aber auch, Frankreich als europäische Großmacht zu erhalten. Vor allem durfte die Stabilität des österreichischen Vielvölkerstaates nicht gefährdet werden. Folgerichtig nahm Metternich eine führende Rolle auf dem Wiener Kongress bei der politischen und territorialen Neuordnung Europas im Sinne eines Gleichgewichts der Mächte ein.

Möllendorf   P60

Wichard Joachim Heinrich von Möllendorff (*1724 †1816); preußischer Generalfeldmarschall; ging als 82-Jähriger mit König Friedrich Wilhelm III. 1806 ohne Kommando in den Krieg. Nach der Schlacht von Auerstedt akzeptierte er die Flucht von Resten der Hauptarmee nach Erfurt und erteilte dort widersprüchliche Befehle unter Missachtung einfachster taktischer Grundsätze. Es wird eingeschätzt, dass seine Anwesenheit bei diesem Waffengang auch zur Kapitulation von Erfurt beitrug. In Berlin zeichnete ihn Napoleon mit dem Großkreuz der Ehrenlegion aus. Patriotische Kreise warfen ihm die Annahme dieser Ehrung vor.

Mürat   P61

Joachim Murat (*1767 †1815); französischer Kavallerieoffizier, Schwager Napoleons (heiratete 1800 Napoleons Schwester Caroline Bonaparte); 1804 Maréchal d'Empire, 1805 französischer Prinz; 1806 bis 1808 als Joachim I. Großherzog von Berg, 1808 bis 1815 als Joachim I. König von Neapel. Er vollzog einen Frontenwechsel in das Lager der antinapoleonischen Verbündeten, als 1813 die Niederlage Napoleons abzusehen war, stellte sich aber dann während der „Herrschaft der Hundert Tage" wieder an die Seite Napoleons. Murat wurde wegen des Versuchs, seinen Thron zurückzugewinnen, am 13.10.1815 in Pizzo in Kalabrien standrechtlich erschossen. Vor seiner Hinrichtung soll Murat dem Exekutionskommando zugerufen haben: „Soldaten, zielt auf das Herz, schont das Gesicht!"

Napoleon   P62

Napoleon Bonaparte, ehemals Napoleone Buonaparte (*1769 †1821); französischer Artillerieoffizier, bereits mit 24 Jahren zum Général de brigade befördert; mit 30 Jahren als Erster Konsul faktisch Alleinherrscher der Französischen Republik; als Kaiser dann Napoleon I. genannt. Am 02.12.1804 setzte er sich in Paris bei seiner Krönung zum Kaiser die Krone selbst auf das Haupt. Die Kaiserwürde wurde ihm durch den Senat und eine Volksabstimmung angetragen. Die Annahme der Krone sollte sein politisches Gewicht erhöhen, sein Regime dynastisch rechtfertigen und seinen Anspruch auf die künftige Gestaltung Europas hervorheben. Er nannte sich „Kaiser der Franzosen", um zu unterstreichen, dass er sich als Volkssouverän, nicht als von Gott gekrönter Herrscher sah; daher auch seine Selbstkrönung zum Kaiser. 1805 wurde Napoleon im Mailänder Dom auch zum König von Italien gekrönt (Eiserne Krone der Langobarden). Er gilt als revolutionärer, diktatorischer Reformer: Er hat z.B. das französische Gesetzbuch zum Zivilrecht (Code civil) eingeführt, das in wesentlichen

Teilen in Frankreich weiterhin gilt, aber auch in ehemals von ihm besetzten Staaten Vorbildwirkung für ein modernes Zivilrecht zeitigte. Die Verwaltung wurde ebenfalls von ihm derart erneuert, dass die staatlichen Strukturen Frankreichs noch heute in ihrer Prägung darauf zurückgeführt werden können. Durch seine Kriegführung beherrschte er temporär weite Teile Kontinentaleuropas, wo er Familienmitglieder und Vertraute als Regenten einsetzte, die dort seine Reformideen Praxis werden lassen sollten. Napoleons Niederlage im Russlandfeldzug führte schließlich zur Angreifbarkeit seiner Herrschaft und initiierte die Befreiungskriege, die seinen Sturz zur Folge hatten. Er wurde nach der Insel Elba im Mittelmeer verbannt, von wo er 1815 überraschend zurückkehrte und versuchte, seine Macht wiederzugewinnen („Herrschaft der Hundert Tage"). Nach der Schlacht bei Waterloo, die er gegen Blücher und Wellington verlor, wurde er auf die Insel Helena im Südatlantik verbannt, wo er nach schwerer Krankheit starb.

Nei P63

Michel Ney, Herzog von Elchingen, Fürst von der Moskwa (*1769 †1815); zum Maréchal d'Empire ernannt durch Napoleon I. Unter Bezugnahme auf Ney´s Sieg in der Schlacht bei Elchingen am 14.10.1805 wurde er zum Herzog von Elchingen ernannt. Ney bewährte sich u.a. im Russlandfeldzug des Jahres 1812 bei der Schlacht an der Moskwa. Daraufhin verlieh ihm Napoleon den Titel „Fürst von der Moskwa". Im Feldzug von 1813 kämpfte Ney mit wechselndem Kriegsglück. Als 1814 die Einnahme von Paris durch die Kriegsgegner erfolgte, riet Ney Napoleon I. zur Abdankung und trat in den Dienst König Ludwigs XVIII., der ihn zum Pair von Frankreich machte und zum Befehlshaber über eine Militärdivision ernannte. Nach Napoleons Rückkehr von Elba 1815 trat Ney wieder zu diesem über und kämpfte während der Schlacht bei Waterloo, wo er die Kavallerieangriffe gegen das englische Zentrum und letztlich persönlich die Alten Garden zum Angriff führte. Er verweigerte nach Napoleons Niederlage in der Schlacht bei Waterloo eine Flucht aus Frankreich und wurde vor ein Kriegsgericht gestellt, das sich aber – da er Pair war – als nicht zuständig sah. Daraufhin wurde Ney von der Pairskammer wegen Hochverrats zum Tode verurteilt und am 07.12.1815 in Paris erschossen. Es ist überliefert, dass er den Feuerbefehl selbst gab: „Soldaten, wenn ich den Feuerbefehl gebe, schießt auf mein Herz. Wartet auf den Befehl. Es wird der letzte sein, den ich euch gebe. Ich protestiere gegen meine Verurteilung. Ich habe in hundert Schlachten für Frankreich gekämpft, aber nicht eine gegen es. [...] Soldaten schießt!"

Oudinot   P64

Charles-Nicolas Oudinot, Herzog von Reggio (*1767 †1847); französischer Heerführer, Maréchal d'Empire. Er war als Militär erfolgreich und wurde entsprechend befördert. Für seine Verdienste wurde Oudinot von Napoleon mit dem Titel Herzog von Reggio geehrt. 1812, im Russlandfeldzug, wurde er im August verwundet und musste sein Kommando abgeben. Im November 1812 deckte er die über die Beresina zurückdrängende Hauptmacht Napoleons gegen russische Angriffe und sicherte den Rückzug des restlichen Heeres. Er kämpfte in der Völkerschlacht bei Leipzig gegen den österreichischen Feldmarschall Schwarzenberg und befehligte dann die Nachhut. Im Feldzug von 1814 war er an verschiedenen Aktionen beteiligt und eroberte Ende März, als Napoleon schon zur Abdankung bereit war, noch einen Ort zurück. Oudinot ging in die Dienste König Ludwigs XVIII. und blieb diesem gegenüber auch loyal, als Napoleon von der Insel Elba zurückkehrte (Napoleons „Herrschaft der Hundert Tage"). So wurde er unter Ludwig XVIII. Befehlshaber der Pariser Nationalgarde, Pair und Staatsminister.

Paniatowsky   P65

Józef Antoni Poniatowski (*1763 †1813 - gefallen); Fürst, General, Kriegsminister (Herzogtum Warschau), Reichsfürst im Heiligen Römischen Reich. Wegen seiner Verdienste ehrte ihn Napoleon mit der Ernennung zum Großoffizier der französischen Ehrenlegion. Poniatowski kämpfte aufseiten Napoleons im Russlandfeldzug und lehnte anfangs 1813 ein Angebot Preußens und Russlands ab, auf deren Seite überzutreten. Seine Truppe wurde im Juni 1813 in die Grande Armée Napoleons eingegliedert. Er selbst wurde den französischen Marschällen gleichgestellt und am 16.10.1813 (Völkerschlacht bei Leipzig) zum Maréchal d'Empire ernannt. Seine Soldaten standen in der Völkerschlacht bei Leipzig den südlich und südöstlich der Stadt aufgestellten Truppen Napoleons bei. Nach verlorener Schlacht deckte er mit der Nachhut Napoleons Rückzug. Poniatowski ertrank in der Weißen Elster, als er nach mehreren Verwundungen versuchte, den Fluss mit dem Pferd zu überqueren, weil die Elster-Brücke bereits gesprengt war.

Papst   P66

Pius VII.; Papst von 1800 bis zu seinem Tod 1823; geboren als Graf Luigi Barnaba Niccolò Maria Chiaramonti (*1742 †1823). Pius VII. hatte in Napoleon einen starken politischen Gegner, der ihn zudem auch persönlich schlecht behandelte. Nach Napoleons Abdankung gewährte Pius VII. der Familie Napoleons trotzdem in Rom Asyl und intervenierte bei den Engländern zugunsten Napoleons.

Patterson, Elizabeth   P67

Elizabeth „Betsy" Patterson (*1785 †1879); erste Ehefrau von Jérôme Bonaparte, den sie 1803 in Baltimore kennenlernte. Die Hochzeit fand dort zwei Monate danach statt. Napoleon als Oberhaupt des Hauses Bonaparte erkannte diese Ehe nie an. Als Jérôme 1805 nach Frankreich zurückkehrte, durfte sie nicht in das Land einreisen, und ihr Sohn Jérôme Napoleon kam in London zur Welt. Napoleon annullierte die Ehe. Jérôme Bonaparte heiratete 1807 auf Betreiben seines mächtigen Bruders die württembergische Prinzessin Katharina: Napoleon wollte damit die Verbindung zwischen Württemberg und Frankreich stärken. Elizabeth ging mit ihrem Sohn wieder zurück nach Baltimore und wurde mit einer hohen jährlichen Entschädigung abgefunden.

Reck   P68

Eberhard Friedrich Christoph Ludwig Freiherr von der Recke (auch von der Reck oder von Recke zu Stockhausen; *1744 †1816); preußischer Politiker; 1813 bis 1815 Zivilgouverneur von Sachsen. Er war beauftragt, am 18.10.1815 in Münster im Namen des preußischen Königs Friedrich Wilhelm III. die Erbhuldigung aller westfälischen Länder entgegenzunehmen.

Renouard   P69

Johann Jeremias von Renouard (*1742 †1810); preußischer Generalmajor. Er war Chef des brandenburgisch-preußischen Infanterieregiments Nr. 3

und kämpfte in der Schlacht bei Jena und Auerstedt, wo er schwer verwundet wurde. Weil er die Kapitulation der stärksten preußischen Festung, Magdeburg, vor den Franzosen - nahezu ohne Gegenwehr - im Jahre 1806 mit zu verantworten hatte, wurde er im November 1809 von einem Kriegsgericht zu zwei Jahren Festungshaft verurteilt und in der Festung Spandau inhaftiert. Wegen seines schlechten Gesundheitszustandes wurde es ihm im Januar 1810 gestattet, in die Stadt umzuziehen, wo er Ende des Jahres 1810 verstarb.

Robespierre   P70

Maximilien Marie Isidore de Robespierre, „der Unbestechliche" (*1758 †1794); französischer Rechtsanwalt, Revolutionär; führender Politiker der Jakobiner. Robespierre war davon überzeugt, dass Terror als Machtmittel - zur Verteidigung der Republik - gerechtfertigt sei. Seines Erachtens durften die Gegner der Republik nur die Wahl haben zwischen einer Änderung ihrer politischen Gesinnung und der Todesstrafe. Je grausamer die Regierung gegenüber den „Feinden der Revolution" auftrete, desto wohltätiger sei sie gegenüber der Mehrheit guter Bürger. Der Nationalkonvent berief Robespierre im Juli 1793 zum Mitglied des sog. Wohlfahrtsausschusses, der während der Französischen Revolution zum Zweck der „öffentlichen Wohlfahrt und der allgemeinen Verteidigung" eingerichtet wurde. Hier tat sich Robespierre besonders hervor, indem er alle Maßnahmen gegen die „Feinde der Revolution" unterstützte, die häufig auf eine Hinrichtung hinausliefen, aber oftmals nur der Beseitigung persönlicher Rivalen dienten. Im Juli 1794 befürchteten viele Politiker, als Verräter bezeichnet und hingerichtet zu werden, da Robespierre vage Andeutungen machte und eine neue „Säuberungswelle" ankündigte. Daraufhin gab es im Parlament eine Debatte über den Wohlfahrtsausschuss, dessen blindwütigem Terror ein Ende gesetzt werden müsse, und dessen Führer zu entmachten sei. Robespierres Verteidigungsrede wurde niedergeschrien, seine Verhaftung und die weiterer Verantwortlicher für den Terror mit überwältigender Mehrheit beschlossen. Am 28. Juli 1794 wurden mit Robespierre noch 21 seiner Anhänger ohne vorherigen Prozess hingerichtet. Weitere 83 seiner Anhänger folgten ihnen wenige Tage später auf das Schafott.

Sacken

Fürst Fabian Gottlieb von der Osten-Sacken (*1752 †1837); deutsch-baltischer Feldmarschall der russischen Armee. Er kämpfte 1813 unter Blücher bei der Schlacht an der Katzbach und wurde nach der Völkerschlacht bei Leipzig, an der er als Kommandeur eines russischen Korps teilnahm, zum General der Infanterie befördert. Seiner Erhebung in den russischen Grafenstand 1821 folgte im Jahr 1826 die Ernennung zum Feldmarschall. 1832 wurde er in den russischen Fürstenstand erhoben.

Schill

Ferdinand Baptista von Schill (*1776 †1809 - gefallen); preußischer Offizier; Freikorpsführer in den Kriegen von 1806/1807 und 1809. Schill führte 1806 einen Kleinkrieg gegen die französischen Besatzer Pommerns, wurde für seine Erfolge von Friedrich Wilhelm III. zum Premierleutnant befördert und mit dem Orden Pour le Mérite ausgezeichnet. Friedrich Wilhelm III. erlaubte ihm 1807 per Kabinettsorder, ein Freikorps aus versprengten oder aus Gefangenschaft freigekommenen preußischen Soldaten aufzustellen – allerdings mit eigenen Mitteln. Er wurde zum Rittmeister befördert und bemühte sich um ein gemeinsames Agieren mit den Schweden gegen die Franzosen. Nach der verlorenen Schlacht bei Friedland am 14.06.1807 war Preußen zum Frieden mit Frankreich gezwungen. Schills Korps wurde also in den Ausbildungsdienst versetzt, er selbst zum Major befördert und kurz darauf zum Inhaber des 2. Brandenburgischen Husarenregiments „von Schill" ernannt (aus seiner Reiterei hervorgegangenen), während seine Fußtruppe als „Leichtes Bataillon von Schill" in das neue Leib-Infanterie-Regiment eingegliedert wurde. Er war nun in Berlin stationiert. Seine folgenden – nicht mit der Armeeführung abgestimmten – Handlungen werden allgemein seiner Selbstüberschätzung zugeschrieben. Zwar war ihm wegen seiner Beliebtheit bei der Bevölkerung, die Unterstützung verhieß, in den für 1809 vorgesehenen Aufständen gegen Napoleon eine wichtige Rolle zugedacht, aber der ungeduldige Schill verließ Ende April mit seinem Regiment Berlin. Den Rückkehr-Befehl der Kommandantur ließ er unbeachtet und machte seine Soldaten Glauben, in einem höheren Auftrag zu handeln. Schill besetzte am 02.05.1809 Dessau und führte am 05.05.1809 bei Dodendorf südlich Magdeburgs ein Gefecht mit einer Abteilung der Magdeburger Garnison. Jérôme Bonaparte, König von

Westphalen, setzte einen Preis von 10.000 Francs auf Schills Kopf aus, und König Friedrich Wilhelm III. sah sich gezwungen, sich offiziell gegen die Schill'sche Eigenmächtigkeit auszusprechen. Schills Regiment wuchs indes durch Zugänge von Freiwilligen weiter an, zog an die Unterelbe, wurde von niederländischen und dänischen Truppen verfolgt und ging dann auf Stralsund. Dessen französische Besatzung zog ihm entgegen, wurde jedoch bei Damgarten geschlagen. Nach diesem Sieg zog Schill in Stralsund ein und wollte hier ein Zeichen für die Befreiung von der französischen Fremdherrschaft setzen. Es gelang zwar, die französische Besatzung aus der Stadt zu vertreiben. Aber selbst unter Schills Kämpfern kamen Zweifel an einem siegreichen Kampf auf, da eine Übermacht von für Frankreich kämpfenden Dänen und Niederländern vor der Stadt zu erwarten war. Verschiedene Offiziere Schills zogen aus Stralsund ab. Bei den anschließenden Kämpfen in der Stadt, in die die feindlichen Truppen eindringen konnten, ist Schill am 31.05.1809 gefallen. Sein Kopf wurde abgetrennt und als Trophäe an Jérôme Bonaparte geschickt. Einige Mitkämpfer Schills konnten sich nach Preußen durchschlagen, wo die Soldaten in ihre Heimat entlassen wurden (siehe auch unter Brunow). Es folgten Kriegsgerichtsprozesse gegen Angehörige des Schill'schen Korps. Diese ergaben Freisprüche, unehrenhafte Entlassungen und Verurteilungen zur Zwangsarbeit, aber auch Todesurteile. Die Erinnerung an Schill und sein Korps als Beispiel für Patriotismus und Opferbereitschaft ist in Deutschland wach geblieben.

Schwarzenberg P73

Karl Philipp Fürst zu Schwarzenberg (*1771 †1820); österreichischer Feldmarschall und Botschafter; seit 1788 in österreichischen Militärdiensten; Oberbefehlshaber der verbündeten Streitkräfte gegen Napoleon in der Völkerschlacht bei Leipzig 1813. Schwarzenberg leitete 1810 in Paris als Botschafter Österreichs die Verhandlungen über die Eheschließung Kaiser Napoleons I. mit Erzherzogin Marie-Louise von Österreich, Tochter des österreichischen Kaisers Franz I. Er führte im Russlandfeldzug Napoleons das österreichische Hilfskorps und musste – nach einigem Erfolg - am 18.09.1812 den Rückzug einleiten. Nachdem die Grande Armée Napoleons in der Schlacht an der Beresina den russischen Truppen unterlag, zog sich Schwarzenbergs Korps geordnet nach Krakau zurück. Im Oktober 1812 erfolgte seine Ernennung zum Feldmarschall. Nach dem Waffenstillstand mit Russland und dem Bruch mit Frankreich erhielt Schwarzenberg den Oberbefehl über die verbündeten Streitkräfte gegen Napoleon. Während der Völkerschlacht bei Leipzig drängten seine Truppen die gegnerische Hauptmacht zwischen Connewitz und Probstheida auf die Stadt Leipzig zurück. Im Feldzug von 1814 zog er mit seinen Verbündeten in Paris ein, wurde von den drei siegreichen Monarchen hoch geehrt und von Kaiser Franz I. zum Präsidenten des Hofkriegsrats bestellt. Dann zog er sich auf sein Gut in Böhmen zurück. Während Napoleons „Herrschaft der Hundert Tage" übernahm Schwarzenberg wieder den Oberbefehl über die österreichische Armee, die jedoch nicht mehr entscheidend zum Einsatz kam. Er war dann im Juli 1815 Teilnehmer am zweiten Einzug in Paris und zog sich daraufhin endgültig auf sein Gut zurück.

Soult   P74

Nicolas Jean-de-Dieu Soult (*1769 †1851); Herzog von Dalmatien, französischer Revolutionsgeneral, Maréchal d'Empire; zweimal französischer Kriegsminister; siebter und letzter Maréchal général des camps et armées du roi Frankreichs. Soults Karriere startete nach der Französischen Revolution. 1792 wurde er stellvertretender Bataillonskommandeur, 1794 bereits Général de brigade. 1799 folgte die Beförderung zum Général de division, 1802 die Ernennung zum Colonel général der Konsulargarde, bei der Thronbesteigung Napoleons 1804 die Ernennung zum Maréchal d'Empire, 1808 die Ernennung zum Herzog von Dalmatien. Soult kommandierte 1813 in der Schlacht bei Großgörschen die Gardeinfanterie und war erfolgreich in der Schlacht bei Bautzen. Noch am 10.04.1814, einen Tag vor Abschluss des Vertrags von Fontainebleau, der Napoleons Abdankung regelte, kämpfte Soult gegen Wellington in der Schlacht bei Toulouse, deren Ergebnis trotz des Verlustes der Stadt als defensiver Sieg der Franzosen gilt. Dann räumte Soult Toulouse, schloss einen Waffenstillstand und unterwarf sich zugleich dem König von Frankreich, Ludwig XVIII. Dieser ernannte ihn zum Gouverneur einer Militärdivision und am 03.12.1814 zum Kriegsminister. Nach der Rückkehr Napoleon Bonapartes von der Insel Elba (Beginn der „Herrschaft der Hundert Tage") trat er nur zögerlich wieder in dessen Dienst und wurde

Generalstabschef. Soult wirkte nun unter Napoleon in den Schlachten von Ligny und Waterloo, übernahm dann das Oberkommando der Armee und leitete deren Rückzug bis Soissons. Im Januar 1816 aus Frankreich verbannt, erhielt er 1819 die Erlaubnis zurückzukehren, und seit 1821 wurde er wieder unter den Marschällen geführt. 1827 folgte seine Erhebung zum Pair von Frankreich. Bis zu seinem Tod übernahm er noch mehrere Ämter und wurde letztlich zum Maréchal général des camps et armées du roi ernannt. Er starb am 26.11.1851 auf seinem Schloss in St.-Amans.

Stein   P75

Heinrich Friedrich Karl Reichsfreiherr vom und zum Stein (*1757 †1831); preußischer Beamter, Staatsmann, Reformer. Als Gegner Napoleons wurde er von Zar Alexander I. als Berater an den russischen Hof geholt. Stein trat jedoch nicht in ein offizielles Dienstverhältnis zum Zaren. Trotzdem nahm er als russischer Gesandter am Wiener Kongress teil. Stein leitete während der Befreiungskriege die Verwaltung der zurückeroberten Gebiete in Deutschland und Frankreich. Seine auf dem Wiener Kongress vorgestellten Ideen zur Neuordnung und Verwaltung der deutschen Staaten fanden jedoch weniger Beachtung.

Talleyrand   P76

Charles-Maurice de Talleyrand-Périgord (*1754 †1838); 1806 Fürst von Benevent, 1807 Herzog von Talleyrand-Périgord, 1815 Herzog von Dino. Er war französischer Staatsmann sowie Diplomat während der Französischen Revolution, der Napoleonischen Kriege und beim Wiener Kongress – ein wendiger Opportunist, der in allen Regimen seiner Zeit hohe Ämter bekleidete. Seine diplomatischen Fähigkeiten bewies er u.a. auf dem Wiener Kongress: Als Vertreter der Verlierermacht Frankreich gelang es ihm, zunächst ein Mitspracherecht, dann eine wirkungsvolle Bündnisposition mit Großbritannien und Österreich gegen Russland und Preußen auszuhandeln. So erreichte er, dass Frankreich nicht von Gebietsverlusten betroffen war und die Grenzen von 1792 wiederhergestellt wurden. Mit großer Sicherheit ist dieser Erfolg Talleyrands auch auf den Einfluss Metternichs (siehe hier unter Meternich) zurückzuführen, der stets bestrebt war, im neu zu ordnenden Europa ein ausgeglichenes Kräfteverhältnis zu erreichen, um Österreichs Position nicht zu schwächen.

Tauenzien   P77

Bogislav Friedrich Emanuel Graf Tauentzien von Wittenberg (*1760 †1824); preußischer Offizier, zuletzt General der Infanterie. Tauentzien trat 1776 in die Armee Friedrichs II. ein und wurde Adjutant bei Prinz Heinrich (Bruder Friedrichs II.), dessen Zuneigung er erwarb. Wegen seiner Fähigkeiten und Verdienste, u.a. auch als Gesandter am Hof der Zarin Katharina II., wurde er zum Oberst befördert. Unter Friedrich Wilhelm III. wurde er Generalleutnant und wirkte an der Reorganisation der preußischen Armee mit. Er leitete 1813 die Belagerung von Stettin und kommandierte als preußischer General der Infanterie das IV. preußische Armeekorps, das meist aus Landwehr bestand. Tauentzien zwang nach der Völkerschlacht bei Leipzig die Stadt Torgau zur Kapitulation. Für die Erstürmung Wittenbergs unter Führung von Generalleutnant Leopold Wilhelm von Dobschütz in der Nacht vom 13. zum 14.01.1814 dem Oberbefehlshaber Tauentzien das Ehrenprädikat „von Wittenberg" verliehen.

Thielemann   P78

Johann Adolf Freiherr von Thielmann, auch Thielemann (*1765 †1824); Offizier in sächsischen, russischen, dann preußischen Diensten, preußischer General der Kavallerie. Im Februar 1813, in sächsischen Diensten und somit noch auf Seiten Frankreichs stehend, war er verantwortlich für die Verteidigung von Torgau. Dabei wurde er vom König von Sachsen zu strenger Neutralität verpflichtet: Der sächsische König unterhandelte gerade vorsichtig mit Napoleons Gegner Österreich, um das Für und Wider eines Seitenwechsels zu den Alliierten auszuloten. Als Thielmann dann von seinem König im Mai 1813 den Befehl zur Übergabe der Festung an die Franzosen erhielt, legte er das Kommando nieder. Er ging daraufhin in das Hauptquartier der Alliierten, trat erst in russische, dann im April 1815 in preußische Dienste. Zuvor hatte er nach der Schlacht bei Leipzig die sächsische Armee neu organisiert und sie 1814 in den französischen Niederlanden befehligt. Thielmann trug 1815 zum Erfolg der Verbündeten gegen Napoleon Bonaparte in der Hauptschlacht bei Waterloo wesentlich bei.

Tschitschagow P79

Pawel Wassiljewitsch Tschitschagow (*1767 †1849); russischer Admiral. Er übernahm während Napoleons Russlandfeldzug von 1812 den Befehl über Russlands Moldauarmee und bemühte sich, mit diesem Potential den Rückzug der Franzosen aus Moskau zu stoppen, um deren Entkommen zu verhindern, konnte aber dem Übergang der französischen Truppen über die Beresina nicht ausreichend genug entgegenwirken. Obwohl die ihm zugesagte – und erforderliche - Verstärkung nicht rechtzeitig zur Stelle war, musste er allein als Sündenbock für die Flucht Napoleons herhalten: Gemaßregelt, versetzte man ihn den Ruhestand. Er kehrte Russland den Rücken und ging ins Ausland.

Vandamme P80

Dominique Joseph Vandamme (*1770 †1830); französischer General. Er fiel als Besatzer in Westfalen und in Niedersachsen 1813 durch besondere Brutalität und Erpressung auf und ließ auch Verfehlungen der eigenen Truppen zu. Nach seiner Gefangennahme in der Schlacht bei Kulm wurde er an die Grenze Sibiriens gebracht. Mit der ersten Wiederherstellung der Bourbonenmonarchie erhielt er die Erlaubnis zur Rückkehr nach Frankreich. Während Napoleons „Herrschaft der Hundert Tage" befehligte er – nun zum Pair erhoben – auf dessen Seite ein Armeekorps. Als König Ludwig XVIII. wieder die Herrschaft übernahm, wanderte er zwangsweise nach Nordamerika aus, kehrte acht Jahre später aber nach Frankreich zurück.

Wellington P81

Arthur Wellesley, 1. Duke of Wellington (*1769 †1852); britischer Feldmarschall, Außenminister und Premierminister (zweimal). Wellington war erfolgreich in vielen Schlachten gegen napoleonische Truppen. Die wohl bekannteste ist die Schlacht bei Waterloo am 18.06.1815, in der er gemeinsam mit preußischen Truppen unter Blücher Napoleon besiegte. Während er als Politiker zeitweise in großen Teilen der heimischen Bevölkerung unpopulär war, brachte (und bringt) man ihm für seine militärischen Erfolge – besonders für den Sieg bei Waterloo - große Achtung entgegen.

Wittgenstein

Graf Ludwig Adolph Peter (Pjotr Christianowitsch) zu Sayn-Wittgenstein-Berleburg (*1769 †1843); Generalfeldmarschall der russischen Armee. Wittgenstein eröffnete die Völkerschlacht bei Leipzig am 14.10.1813 mit einer Reiterschlacht gegen Marschall Murat. Am 16.10.1813 befehligte er die Truppenverbände rechts der Pleiße, teilte seine Kräfte jedoch ungünstig auf. Am 18.10.1813 ging er gegen Wachau und Liebertwolkwitz und konnte zusammen mit den Verbänden von Kleist´s am 19.10.1813 gegen die Quandtsche Tabaksmühle vordringen. Dann erstürmte er das Windmühlentor in Leipzig. Am Feldzug von 1814 war er ebenfalls beteiligt, nahm jedoch seinen Abschied aus dem Heer – offiziell wegen einer Verwundung, tatsächlich aber, weil er nicht einverstanden war mit der Ernennung des Grafen Carl Philipp von Wrede zum Feldmarschall: Dieser war sein ehemaliger Kriegsgegner und ihm damals in der Schlacht bei Polozk unterlegen. Später war Wittgenstein wieder in russischen Diensten. Der preußische König Friedrich Wilhelm III. erhob ihn 1834 in den Fürstenstand (Fürst zu Sayn-Wittgenstein-Berleburg-Ludwigsburg).

Woranzow P83

Fürst Michail Semjonowitsch Woronzow (*1782 †1856); russischer Offizier und liberaler Politiker; Generalgouverneur von Neurussland und Bessarabien; Vizekönig des Kaukasus. Woronzow verteidigte 1812 in der Schlacht von Borodino als Generalmajor die von den Russen gehaltenen Schewardinskij-Schanzen gegen die Franzosen und zeichnete sich auch in der Völkerschlacht bei Leipzig aus. Bis zu seinem Ruhestand 1855 war er zudem als Politiker tätig und förderte Kunst, Bildung und Wissenschaft. Er verfasste schon während seiner Zeit beim Militär eine Denkschrift, die menschenwürdige Behandlung der unteren Ränge betreffend. Sein Vorschlag zur Erschaffung einer Gesellschaft zur Befreiung der Leibeigenen wurde von Zar Alexander I. abgelehnt, obwohl Alexander I. selber im Rahmen seiner Reformtätigkeit das Los der Leibeigenen zu lindern bestrebt war.

Wrede P84

Carl Philipp Joseph von Wrede (*1767 †1838); seit 1814 Fürst von Wrede; bayerischer Generalfeldmarschall und Diplomat. Wrede zeichnete sich schon im Ersten Koalitionskrieg gegen Frankreich aus und wurde bereits im Jahr 1800 Generalmajor der Infanterie. Nach dem Beitritt des Königreichs Bayern in die Allianz gegen Napoleon rückte er mit der bayerisch-österreichischen Armee an den Main vor, wich bei Hanau vor Napoleon zurück und wurde Ende Oktober verwundet. Nach seiner Entlassung aus dem Lazarett erschien er unverzüglich wieder bei seinem Armeekorps und führte es gegen Frankreich. Seine erneuten Erfolge im Februar und März 1814 bewirkten die Beförderung zum Feldmarschall, und im Juni 1814 wurde er mit dem Fürstentitel geehrt. Beim Wiener Kongress vertrat er als Diplomat Bayerns Interessen. Während Napoleons „Herrschaft der Hundert Tage" (1815) führte Wrede als Oberkommandierender die bayerische Armee nach Frankreich, wobei er militärisch unterlegene französische Grenzeinheiten vertrieb. An der Schlacht bei Waterloo und am Einmarsch der Sieger in Paris nahm er nicht teil. Nach 1815 betätigte er sich als bayerischer Politiker, und 1822 übertrug ihm der bayerische König die oberste Leitung der Armee-Angelegenheiten. Bis zu seinem Tode war er erster Präsident der Kammer der Reichsräte.

Abbildungsverzeichnis

Abbildung	Beschreibung

Umschlag vorn Kopie einer Tabelle aus der Chronik mit hineinkopierten Zeichnungen; Zeichnungen: Karl Brellinger

Abb. 1 Seite 19: Deckel der Chronik (vorn); Foto: Karl Brellinger

Abb. 2 Titelseite der Chronik; Foto: Karl Brellinger

Abb. 3 Erste Textseite der Chronik mit hineinkopierter Grafik „Bewaffnete Sansculottes" von Émile Wattier (1800 - 1868); Zeichnung aus dem 19. Jahrhundert nach dem Original aus den frühen 1790-er Jahren; Quelle: Augustin Challamel, Histoire-musée de la république Française, depuis l'assemblée des notables, Paris, Delloye, 1842.

Quelle	Foto Textseite: Karl Brellinger Zeichnung: Wikimedia Commons; https://commons.wikimedia.org/w/index.php?curid=4113537&uselang=de
Status Copyright	Grafik: gemeinfrei
Recherchedatum	23.04.2017

Abb. 4 Jacques-Louis David (1748-1825): Marie Antoinette auf dem Weg zur Guillotine; Federzeichnung (16.10.1793); Musée du Louvre, Paris

Quelle	Wikimedia Commons; https://commons.wikimedia.org/w/index.php?curid=3810027&uselang=de
Status Copyright	gemeinfrei
Recherchedatum	22.04.2017

Abb. 5 Karte der Belagerung von Mainz 1793; modifizierte Version einer zeitgenössischen Karte

Quelle	Vorlage: Wikimedia Commons; https://commons.wikimedia.org/wiki/File:Die_Belagerung_von_1793_a.jpg?uselang=de
Status Copyright	gemeinfrei
Recherchedatum	02.10.2017

Abb. 6 George Cruikshank (1792–1878): The Radical´s Arms; farbiger Stich (1819)

Quelle	Wikimedia Commons; https://commons.wikimedia.org/wiki/File:Cruikshank_-_The_Radical%27s_Arms.png?uselang=de
Status Copyright	gemeinfrei
Recherchedatum	23.04.2017

Abb. 7 Franz Ludwig Catel (1778–1856): Friedrich Wilhelm III., Königin Luise und Alexander I. am Sarg Friedrichs des Großen in der Garnisonkirche in Potsdam am 4. November 1805; Öl auf Leinwand (rtwa 1806); Stiftung Preußische Schlösser und Gärten Berlin-Brandenburg, Inv.-Nr.: GK I 30257

Quelle	Wikimedia Commons; https://commons.wikimedia.org/wiki/File:File-Alexander_I,_venerates_the_mortal_remains_of_Frederick_the_Great_in_presence_of_King_Frederick_William_III_and_Queen_Louisa.jpg?uselang=de
Status Copyright	gemeinfrei
Recherchedatum	20.09.2017

Abb. 8 unsigniertes Bild: Frédéric-Guillaume III, Stich (vor 1890)

Quelle	Wikimedia Commons; https://commons.wikimedia.org/wiki/File:AduC_236_Fr%C3%A9d%C3%A9ric-Guillaume_III_(roi_de_Prusse,_1770-1840).JPG?uselang=de
Status Copyright	gemeinfrei
Recherchedatum	17.09.2017

Abb. 9 George Dawe (1781-1829): Porträt des Kaisers Alexander I. von Russland; Öl auf Leinwand, Detail (1825); Russisches Museum in Sankt Petersburg, Inv.-Nr.: Ж-3922; Парный каталог 523

Quelle	Wikimedia Commons; https://commons.wikimedia.org/wiki/File:Alexander_I_of_Russia_by_G.Dawe_(1825,_Russian_museum).jpg?uselang=de
Status Copyright	gemeinfrei
Recherchedatum	27.09.2017

Abb. 10   Josef Kniehuber (1800-1876): Franz I., Kaiser von Österreich;
Lithographie (1826); nach einem Gemälde von Natale Schiavoni,
Ausschnitt; Albertina (Wien)

Quelle	Wikimedia Commons; https://commons.wikimedia.org/wiki/File:Fran z_I.von_%C3%96sterreich_Litho.jpg?uselang=d e
Status Copyright	gemeinfrei
Recherchedatum	24.04.2017

Abb. 11   Jacques-Louis David (1748–1825): The Emperor Napoleon in His Study
at the Tuileries; Öl auf Leinwand (1812), Ausschnitt; National Gallery
of Art, Inv.-Nr.: 1961.9.15

Quelle	Wikimedia Commons; https://commons.wikimedia.org/wiki/File:Jacq ues-Louis_David_- _The_Emperor_Napoleon_in_His_Study_at_th e_Tuileries_- _Google_Art_Project.jpg?uselang=de
Status Copyright	Gemeinfrei
Recherchedatum	20.09.2017

Abb. 12   Details aus Johann Baptist Pflug (1785–1866): Plünderung von
Alberweiler durch die Franzosen nach der Schlacht von Biberach am 2.
Oktober 1796. Öl auf Leinwand (etwa 1830)

Quelle	Wikimedia Commons; https://commons.wikimedia.org/wiki/File:Pflu g_alberweiler.jpg?uselang=de
Status Copyright	gemeinfrei
Recherchedatum	10.09.2017

Abb. 13   Die Proklamation Friedrich Wilhelms III. vom 24.07.1807; Abschrift;
Gestaltung der Abbildung: Karl Brellinger

Quelle	Geschichte der Feldzüge Napoleons gegen Preußen und Rußland in den Jahren 1806 und 1807; oder Gemälde des vierten Koalitionskriegs. Zweiter Band, Zweite Auflage; Seite 492; Zwickau und Leipzig, in Commission der Gebrüder Schumann. 1809

Abb. 14   Ludwig Buchhorn (1770-1856): Ferdinand von Schill (1808)

Quelle   Wikimedia Commons;
            https://commons.wikimedia.org/wiki/File:Ferd
            inand_von_Schill_(Buchhorn).jpg?uselang=de

Status Copyright   gemeinfrei

Recherchedatum   22.04.2017

Abb. 15   Christian G. H. Geißler (1770-1844): Leipziger Kriegs-Scene Nr. 3. Die französischen Soldaten untersuchen im Thor, ob keine Englische Waaren hinausgebracht werden, eine Szene aus dem Jahr 1806; kolorierter Kupferstich (1824) aus Collection: Café und Museum "Zum arabischen Coffe Baum", Leipzig

Quelle   Wikimedia Commons;
            https://commons.wikimedia.org/w/index.php?
            curid=3937977&uselang=de

Status Copyright   gemeinfrei

Recherchedatum   28.04.2017

Abb. 16   Aus dem Buch von A. N. Bulgakov "Die Russen und Napoleon Bonaparte.": Karte von Moskau (1813). Die rot markierten Flächen zeigen den Umfang der Verwüstungen.

Quelle   Wikimedia Commons;
            https://commons.wikimedia.org/w/index.php?
            curid=3167694&uselang=de

Status Copyright   gemeinfrei

Recherchedatum   28.04.2017

Abb. 17   Ernst Ferdinand August (1795-1870) : "Fluchtlied", 3. Strophe (1812); Zeichnung und Gestaltung: Karl Brellinger

Quelle Fluchtlied   Spiegel Online:
                      http://gutenberg.spiegel.de/buch/-4504/565

Abb. 18   Charles Minards (1781-1870): Karte über den Verlust an Soldaten, die Truppenbewegungen und Temperaturen im Laufe von Napoleons Russlandfeldzug. Lithographie, 62 cm x 30 cm; Paris (20.11.1869)

Quelle von Bild und   Wikimedia Commons;
Erläuterung   https://commons.wikimedia.org/w/index.php?
                         curid=297925&uselang=de

Status Copyright   gemeinfrei

Recherchedatum   22.04.2017

Abb. 19   Ambroise Louis Garneray (?) (1783-1857): Les Cosaques en Bonne
fortune; Radierung, handkoloriert (1815)

Quelle	Wikimedia Commons; https://commons.wikimedia.org/w/index.php?curid=37856348&uselang=de
Status Copyright	gemeinfrei
Recherchedatum	30.04.2017

Abb. 20   Bogdan Pawlowitsch Willewalde (1818 -1903): Kosaken in Bautzen
1813 (um 1885), Ausschnitt; Museum der bildenden Künste
Jekaterinburg

Quelle	Wikimedia Commons; https://commons.wikimedia.org/wiki/File:1885_Villevalde_Kosaken_in_Bautzen_anagoria.JPG?uselang=de
Status Copyright	gemeinfrei
Recherchedatum	10.05.2017

Abb. 21   David Hess (1770-1843): Einquartierung auf dem Lande;
Umrissradierung, koloriert (zw. 1798 und 1803); Schweizerische
Nationalbibliothek

Quelle	Wikimedia Commons; https://commons.wikimedia.org/wiki/File:CH-NB_-_1798-1803,_Einquartierung_fremder_Truppen_-_Collection_Gugelmann_-_GS-GUGE-HESS-D-E-2.tif?uselang=de
Status Copyright	gemeinfrei
Recherchedatum	14.09.2017

Abb. 22   Fredric Westin (1782-1862): Jean Baptiste Bernadotte als Kronprinz
von Schweden; Öl auf Leinwand (zw. 1818 und 1844), Ausschnitt;
Schloss Skokloster, Inv.-Nr.: 3465

Quelle	Wikimedia Commons; https://commons.wikimedia.org/wiki/File:Karl_XIV_Johan,_king_of_Sweden_and_Norway,_painted_by_Fredric_Westin.jpg?uselang=de
Status Copyright	gemeinfrei
Recherchedatum	14.09.2017

Abb. 23   A. Schaal (?): Eine Scene am Morgen nach der Schlacht auf dem Friedhofe zu Großbeeren; Grafik; Seite 525 aus "Die Gartenlaube"; Publisher: Ernst Keil's Nachfolger (1883)

          Quelle   Wikimedia Commons; https://commons.wikimedia.org/w/index.php?curid=8972921&uselang=de

          Status Copyright   gemeinfrei

          Recherchedatum   05.05.2017

Abb. 24   Karl Brellinger: Lage der von Gottenz aus gesehenen Wachtfeuer in der Nacht vom 15. zum 16.10.1813

Abb. 25   Karl Brellinger: Streit um Lieferungen an das Militär

Abb. 26   Militärische Operationen am 16. Oktober 1813 im Verlauf der Völkerschlacht bei Leipzig; Urheber: Andrei_nacu, 22.01.2011

          Quelle   Wikimedia Commons; https://commons.wikimedia.org/w/index.php?curid=12778503/?User:Furfur.de&uselang=de

          Status Copyright   vom Urheber für gemeinfrei erklärt

          Recherchedatum   15.09.2017

Abb. 27   Militärische Operationen am 18. Oktober 1813 im Verlauf der Völkerschlacht bei Leipzig; Urheber: Andrei_nacu, 22.01.2011

          Quelle   Wikimedia Commons; https://commons.wikimedia.org/wiki/File:Leipzig_Battle_2_de.svg?uselang=de

          Status Copyright   vom Urheber für gemeinfrei erklärt

          Recherchedatum   15.09.2017

Abb. 28   aus Lubojatzky, Franz (1807-1887): "Sachsens neun denkwürdige Jahre von 1806 bis 1815 während Näpoleons Feldzügen in Deutschland und Russland": Plünderungs-Scene der Franzosen nach der Schlacht bei Leipzig (1853); Herkunft: veröffentlicht von Flickr Commons von der britischen Bibliothek, Inv.-Nr.: British Library HMNTS

          Quelle   Wikimedia Commons; https://commons.wikimedia.org/w/index.php?curid=31646027&uselang=de

          Status Copyright   gemeinfrei

          Recherchedatum   08.05.2017

Abb. 29	Friedrich Neumann (1825?–1884?): Uniform des Elb-National-Husarenregiments von 1813–1815, Kunstbibliothek in Berlin - Lipperheidsche Kostümbibliothek; aquarellierte Tafel (etwa 1850)
	Quelle Wikimedia Commons; https://commons.wikimedia.org/wiki/File:Elbn ationalhusaren.jpg?uselang=de
	Status Copyright gemeinfrei
	Recherchedatum 19.09.2017

Abb. 29   Friedrich Neumann (1825?–1884?): Uniform des Elb-National-Husarenregiments von 1813–1815, Kunstbibliothek in Berlin - Lipperheidsche Kostümbibliothek; aquarellierte Tafel (etwa 1850)

Quelle   Wikimedia Commons; https://commons.wikimedia.org/wiki/File:Elbn ationalhusaren.jpg?uselang=de

Status Copyright   gemeinfrei

Recherchedatum   19.09.2017

Abb. 30   nach einer Originalzeichnung von Albrecht Schadow: Johann Gottlieb Fichte als Landwehrmann; Karikatur aus „Die Gartenlaube" (1862)

Quelle   Wikimedia Commons; https://commons.wikimedia.org/w/index.php?curid=18357791&uselang=de

Status Copyright   gemeinfrei

Recherchedatum   15.09.2017

Abb. 31   Karl Brellinger: modifizierte Zeichnung nach Vorlage/Originalzeichnung des Urhebers "Memorator" vom 02.09.2006: Hauptziele des Wiener Kongresses

Quelle   Vorlage: Wikimedia Commons; https://commons.wikimedia.org/wiki/File:Wie ner_Kongress_(Ziele).png?uselang=de

Status Copyright   Vorlage: vom Urheber für gemeinfrei erklärt

Recherchedatum   08.05.2017

Abb. 32   Karl Brellinger: modifizierte Zeichnung nach Vorlage/Originalzeichnung des Urhebers "Memorator" vom 02.09.2006: Hauptergebnisse des Wiener Kongresses

Quelle   Vorlage: Wikimedia Commons; https://commons.wikimedia.org/wiki/File:Wie ner_Kongress_(Ergebnisse).png?uselang=de

Status Copyright   Vorlage: vom Urheber für gemeinfrei erklärt

Recherchedatum   08.05.2017

Abb. 33   E. Frensdorff: Karikatur auf die Niederlage Napoleons und die Rückführung der Quadriga nach Berlin (1814)

Quelle   Wikimedia Commons; https://commons.wikimedia.org/w/index.php?curid=57186166&uselang=de

Status Copyright   gemeinfrei

Abb. 34	Beginn des letzten Kapitels der Chronik; Foto: Karl Brellinger
Abb. 35	Letzte Textseite der Chronik mit hineinkopierter Zeichnung „Gaertner"; Foto und Zeichnung: Karl Brellinger
Abb. 36	Seite 150: Deckel der Chronik (hinten); Foto: Karl Brellinger

Quellen der Kommentare und Kaufkraftäquivalente

Fuß- note	Quelle	recherchiert am
5	Wikipedia: „Erster Koalitionskrieg", https://de.wikipedia.org/wiki/Erster_Koalitionskrieg	12.04.2017
8	Wikipedia: „Friedrich Wilhelm II. (Preußen)", https://de.wikipedia.org/wiki/Friedrich_Wilhelm_II._(Preu%C3 %9Fen)	12.04.2017
13	Wikipedia: "Ludwig XVI.", https://de.wikipedia.org/wiki/Ludwig_XVI.	12.04.2017
14	Wikipedia: "Belagerung von Mainz (1793)", https://de.wikipedia.org/wiki/Belagerung_von_Mainz_(1793)	12.04.2017
16	Wikipedia: "Schlacht bei Pirmasens", https://de.wikipedia.org/wiki/Schlacht_bei_Pirmasens	12.04.2017
17	Wikipedia: "Friede von Basel", https://de.wikipedia.org/wiki/Friede_von_Basel	12.04.2017
20	Wikipedia: "Frieden von Campo Formio", https://de.wikipedia.org/wiki/Frieden_von_Campo_Formio	12.04.2017
21	Wikipedia: "Direktorium (Frankreich)", https://de.wikipedia.org/wiki/Direktorium_(Frankreich)	12.04.2017
22	Wikipedia: "Friede von Lunéville", https://de.wikipedia.org/wiki/Friede_von_Lun%C3%A9ville	12.04.2017
23	Wikipedia: "Friede von Amiens", https://de.wikipedia.org/wiki/Friede_von_Amiens	12.04.2017
25	Wikipedia: "Reichsdeputationshauptschluss", https://de.wikipedia.org/wiki/Reichsdeputationshauptschluss	12.04.2017
38	Wikipedia: "Koalitionskriege", https://de.wikipedia.org/wiki/Koalitionskriege#Die_dritte_Koa lition	12.04.2017
43	Ingrid Feix: „Das ist gegen alle Etikette: Anekdoten über Königin Luise", Anekdote „Treueschwur"; Eulenspiegel Verlag; ISBN 978-3-359-02495-8	04.11.2017

45	Wikipedia: "Schlacht bei Ulm",	12.04.2017
	https://de.wikipedia.org/wiki/Schlacht_bei_Ulm	
46	Wikipedia: "Schlacht bei Austerlitz",	12.04.2017
	https://de.wikipedia.org/wiki/Schlacht_bei_Austerlitz	
49	Wikipedia: "Schlacht bei Austerlitz",	12.04.2017
	https://de.wikipedia.org/wiki/Schlacht_bei_Austerlitz	
50	Wikipedia: "Friede von Pressburg",	12.04.2017
	https://de.wikipedia.org/wiki/Friede_von_Pressburg	
62	Wikipedia: "Altpreußisches Infanterieregiment No. 3 (1806)",	13.04.2017
	https://de.wikipedia.org/wiki/Altpreu%C3%9Fisches_Infanterieregiment_No._3_(1806)	
65	Wikipedia: "Schlacht bei Jena und Auerstedt",	13.04.2017
	https://de.wikipedia.org/wiki/Schlacht_bei_Jena_und_Auerstedt	
70	Martin Klöffler: „Preußische Festungen 1806-1807" (Aufsatz),	13.04.2017
	http://www.grosser-generalstab.de/aufsatz/festung01.html	
72	Wikipedia: "Schlacht bei Lübeck",	13.04.2017
	https://de.wikipedia.org/wiki/Schlacht_bei_L%C3%BCbeck	
73	Wikipedia: "Schlacht bei Pułtusk (1806)",	13.04.2017
	https://de.wikipedia.org/wiki/Schlacht_bei_Pu%C5%82tusk_(1806)	
76	Wikipedia: "Schlacht bei Preußisch Eylau",	13.04.2017
	https://de.wikipedia.org/wiki/Schlacht_bei_Preu%C3%9Fisch_Eylau	
78	Wikipedia: "Schlacht bei Friedland",	13.04.2017
	https://de.wikipedia.org/wiki/Schlacht_bei_Friedland	
79	Wikipedia: "Frieden von Tilsit",	13.04.2017
	https://de.wikipedia.org/wiki/Frieden_von_Tilsit	
81	Wikipedia: "Königreich Westphalen",	13.04.2017
	https://de.wikipedia.org/wiki/K%C3%B6nigreich_Westphalen	
82	GenWiki: „Königreich Westfalen", http://wiki-de.genealogy.net/K%C3%B6nigreich_Westfalen	13.04.2017
83	GenWiki: „Königreich Westfalen", http://wiki-de.genealogy.net/K%C3%B6nigreich_Westfalen	13.04.2017
91	Wikipedia: "Napoleonische Kriege auf der Iberischen Halbinsel",	13.04.2017
	https://de.wikipedia.org/wiki/Napoleonische_Kriege_auf_der_Iberischen_Halbinsel#Das_Kriegsjahr_1808	
92	Wikipedia: "Fünfter Koalitionskrieg",	13.04.2017
	https://de.wikipedia.org/wiki/F%C3%BCnfter_Koalitionskrieg	

[93]   Wikipedia: "Schlacht bei Regensburg",   13.04.2017
       https://de.wikipedia.org/wiki/Schlacht_bei_Regensburg
[94]   Wikipedia: "Schlacht bei Wagram",   13.04.2017
       https://de.wikipedia.org/wiki/Schlacht_bei_Wagram
[95]   Wikipedia: "Fünfter Koalitionskrieg",   13.04.2017
       https://de.wikipedia.org/wiki/F%C3%BCnfter_Koalitionskrieg;
       Wikipedia: "Schlacht bei Znaim ",
       https://de.wikipedia.org/wiki/Schlacht_bei_Znaim
[97]   Wikipedia: "Schillsche Jäger",   13.04.2017
       https://de.wikipedia.org/wiki/Schillsche_J%C3%A4ger
[101] Wikipedia: "Girona", https://de.wikipedia.org/wiki/Girona   13.04.2017
[108] Wikipedia: "Selbstkrönung",   27.07.2017
       https://de.wikipedia.org/wiki/Selbstkr%C3%B6nung
[109] Wikipedia: "Pius VII.", https://de.wikipedia.org/wiki/Pius_VII.   27.07.2017
[123] Wikipedia: "Schlacht um Smolensk (1812)",   14.04.2017
       https://de.wikipedia.org/wiki/Schlacht_um_Smolensk_(1812)
[124] Wikipedia: "Schlacht bei Borodino",   14.04.2017
       https://de.wikipedia.org/wiki/Schlacht_bei_Borodino
[126] Wikipedia: "Brand von Moskau (1812)",   14.04.2017
       https://de.wikipedia.org/wiki/Brand_von_Moskau_(1812)
[128] Wikipedia: "Schlacht an der Beresina",   14.04.2017
       https://de.wikipedia.org/wiki/Schlacht_an_der_Beresina
[133] Wikipedia: "Vertrag von Kalisch (1813)",   14.04.2017
       https://de.wikipedia.org/wiki/Vertrag_von_Kalisch_(1813)
[136] Wikipedia: "Gefecht um Halle",   28.07.2017
       https://de.wikipedia.org/wiki/Gefecht_um_Halle
[137] Wikipedia: "Schlacht bei Großgörschen",   14.04.2017
       https://de.wikipedia.org/wiki/Schlacht_bei_Gro%C9%9Fg%C3
       %B6rschen
[140] Wikipedia: "Schlacht bei Bautzen",   14.04.2017
       https://de.wikipedia.org/wiki/Schlacht_bei_Bautzen
[141] Wikipedia: "Waffenstillstand von Pläswitz",   14.04.2017
       https://de.wikipedia.org/wiki/Waffenstillstand_von_Pl%C3%A
       4switz
[143] Wikipedia: "Chevauleger",   14.04.2017
       https://de.wikipedia.org/wiki/Chevauleger;
       Wikipedia: "Joseph von Pölnitz",
       https://de.wikipedia.org/wiki/Joseph_von_P%C3%B6lnitz

145	Wikipedia: "Allianzverträge von Teplitz", https://de.wikipedia.org/wiki/Allianzvertr%C3%A4ge_von_Teplitz	14.04.2017
148	Wikipedia: "Dominique Joseph Vandamme", https://de.wikipedia.org/wiki/Dominique_Joseph_Vandamme	14.04.2017
149	Wikipedia: "Schlacht an der Katzbach", https://de.wikipedia.org/wiki/Schlacht_an_der_Katzbach	14.04.2017
153	Wikipedia: "Schlacht bei Großbeeren", https://de.wikipedia.org/wiki/Schlacht_bei_Gro%C3%9Fbeeren	14.04.2017
154	Wikipedia: "Schlacht bei Dennewitz", https://de.wikipedia.org/wiki/Schlacht_bei_Dennewitz	14.04.2017
176	Wikipedia: "Schlacht bei Hanau", https://de.wikipedia.org/wiki/Schlacht_bei_Hanau	14.04.2017
177	Wikipedia: "Fleckfieber", https://de.wikipedia.org/wiki/Fleckfieber	07.04.2017
178	Wikipedia: "Magdeburgisches Husaren-Regiment Nr. 10", https://de.wikipedia.org/wiki/Magdeburgisches_Husaren-Regiment_Nr._10	21.04.2017
179	Wikipedia: "Landwehr (Militär)", https://de.wikipedia.org/wiki/Landwehr_(Milit%C3%A4r)	07.04.2017
180	Wikipedia: "Schlacht bei Brienne", https://de.wikipedia.org/wiki/Schlacht_bei_Brienne	14.04.2017
182	Wikipedia: "Schlacht bei Laon", https://de.wikipedia.org/wiki/Schlacht_bei_Laon	14.04.2017
184	Wikipedia: "Schlacht bei Fère-Champenoise", https://de.wikipedia.org/wiki/Schlacht_bei_F%C3%A8re-Champenoise	14.04.2017
190	Wikipedia: "Vertrag von Fontainebleau (1814)", https://de.wikipedia.org/wiki/Vertrag_von_Fontainebleau_(1814)	14.04.2017
191	Wikipedia: "Wiener Kongress", https://de.wikipedia.org/wiki/Wiener_Kongress	14.04.2017
192	Reinhard Nelke: „Preussen" (Internetportal), http://www.preussenweb.de/infjaeger.htm; GenWiki: „Jäg.B 1", http://wiki-de.genealogy.net/J%C3%A4g.B_1	31.10.2017
218	Wikipedia: "Schlacht bei Quatre-Bras", https://de.wikipedia.org/wiki/Schlacht_bei_Quatre-Bras	14.04.2017

221	Wikipedia: "Schlacht bei Waterloo",	14.04.2017
	https://de.wikipedia.org/wiki/Schlacht_bei_Waterloo	
227	Wikipedia: "Zweiter Pariser Frieden",	14.04.2017
	https://de.wikipedia.org/wiki/Zweiter_Pariser_Frieden	
228	Wikipedia: "Napoleon Bonaparte",	15.04.2017
	https://de.wikipedia.org/wiki/Napoleon_Bonaparte	
231	Internetportal der Deutschen Bundesbank:	08.08.2017
	„Kaufkraftvergleiche historischer Geldbeträge",	
	https://www.bundesbank.de/Redaktion/DE/Downloads/Statis	
	tiken/Unternehmen_Und_Private_Haushalte/Preise/kaufkraft	
	aequivalente_historischer_betraege_in_deutschen_waehrung	
	en.pdf?__blob=publicationFile	

Quellen der Anmerkungen

Quelle Nr.	Quelle	recherchiert am
A1	Wikipedia: "Ancien Régime", https://de.wikipedia.org/wiki/Ancien_R%C3%A9gime	09.05.2017
A2	Wikipedia: "Ansbach-Bayreuth", https://de.wikipedia.org/wiki/Ansbach-Bayreuth	15.04.2017
A3	Wikipedia: "Bayonne", https://de.wikipedia.org/wiki/Bayonne; Wikipedia: "Statut von Bayona", https://de.wikipedia.org/wiki/Statut_von_Bayona	02.08.2017
A4	Wikipedia: "Belle-Alliance", https://de.wikipedia.org/wiki/Belle-Alliance	15.04.2017
A5	Wikipedia: "Benndorf (Kabelsketal)", https://de.wikipedia.org/wiki/Benndorf_(Kabelsketal)	21.04.2017
A6	Wikipedia: "Bistum Hildesheim", https://de.wikipedia.org/wiki/Bistum_Hildesheim	12.04.2017
A7	Wikipedia: "Breslau", https://de.wikipedia.org/wiki/Breslau	07.04.2017
A8	Wikipedia: "Brienne-le-Château", https://de.wikipedia.org/wiki/Brienne-le-Ch%C3%A2teau	21.04.2017
A9	Wikipedia: "Brüssel", https://de.wikipedia.org/wiki/Br%C3%BCssel	07.04.2017

A10	Wikipedia: "Châtillon-sur-Seine",	01.06.2017
	https://de.wikipedia.org/wiki/Ch%C3%A2tillon-sur-Seine	
A11	Wikipedia: "Kontribution",	02.04.2017
	https://de.wikipedia.org/wiki/Kontribution	
A12	Wikipedia: "Kötter",	02.04.2017
	https://de.wikipedia.org/wiki/K%C3%B6tter	
A13	Wikipedia: "Centime",	14.05.2017
	https://de.wikipedia.org/wiki/Centime	
A14	Wikipedia: "Kostrzyn nad Odrą",	02.04.2017
	https://de.wikipedia.org/wiki/Kostrzyn_nad_Odr%C4%85	
A15	Wikipedia: "Dennewitz",	02.04.2017
	https://de.wikipedia.org/wiki/Dennewitz	
A16	Wikipedia: "Distrikt Halle",	29.05.2017
	https://de.wikipedia.org/wiki/Distrikt_Halle	
A17	Wikipedia: "Bayerische Diversion im Spanischen Erbfolgekrieg",	28.05.2017
	https://de.wikipedia.org/wiki/Bayerische_Diversion_im_Spanischen_Erbfolgekrieg	
A18	Wikipedia: "Wiedemar",	05.04.2017
	https://de.wikipedia.org/wiki/Wiedemar	
A19	Wikipedia: "Dragoner",	30.05.2017
	https://de.wikipedia.org/wiki/Dragoner	
A20	Wikipedia: "Dresden",	30.05.2017
	https://de.wikipedia.org/wiki/Dresden	
A21	Wikipedia: "Erfurt", https://de.wikipedia.org/wiki/Erfurt	01.06.2017
A22	Wikipedia: "Erzbistum Paderborn",	12.04.2017
	https://de.wikipedia.org/wiki/Erzbistum_Paderborn	
A23	Wikipedia: "Eskadron",	21.04.2017
	https://de.wikipedia.org/wiki/Eskadron	
A24	Wikipedia: "Franc", https://de.wikipedia.org/wiki/Franc	14.05.2017
A25	Wikipedia: "Prawdinsk",	07.04.2017
	https://de.wikipedia.org/wiki/Prawdinsk	
A26	Wikipedia: "Frondienst",	13.07.2017
	https://de.wikipedia.org/wiki/Frondienst	
A27	Wikipedia: "Generalmarsch",	31.05.2017
	https://de.wikipedia.org/wiki/Generalmarsch	
A28	Wikipedia: "Głogów",	21.04.2017
	https://de.wikipedia.org/wiki/G%C5%82og%C3%B3w	

A29	Angaben von 1785: "Ausführliche topographische Beschreibung des Herzogthums Magdeburg und der Grafschaft Mansfeld, Magdeburgischen Antheils.", S. 390; Berlin, gedruckt bei Georg Jakob Decker, Königlichem Hofdrucker. 1785.	02.04.2017
A30	Wikipedia: "Groschen", https://de.wikipedia.org/wiki/Groschen	19.04.2017
A31	Wikipedia: "Johann Friedrich Wilhelm von Schoeler", https://de.wikipedia.org/wiki/Johann_Friedrich_Wilhelm_von_Schoeler	27.05.2017
A32	Wikipedia: "Hanau", https://de.wikipedia.org/wiki/Hanau	07.04.2017
A33	Wikipedia: "Hufe", https://de.wikipedia.org/wiki/Hufe	21.04.2017
A34	Wikipedia: "Janitscharenmusik", https://de.wikipedia.org/wiki/Janitscharenmusik	21.04.2017
A35	Wikipedia: "Kloster Cappenberg", https://de.wikipedia.org/wiki/Kloster_Cappenberg	12.04.2017
A36	Wikipedia: "Ellen (Niederzier)", https://de.wikipedia.org/wiki/Ellen_(Niederzier)	12.04.2017
A37	Wikipedia: "Kloster Werden", https://de.wikipedia.org/wiki/Kloster_Werden	12.04.2017
A38	Wikipedia: "Kaliningrad", https://de.wikipedia.org/wiki/Kaliningrad	02.04.2017
A39	Wikipedia: "Kosaken", https://de.wikipedia.org/wiki/Kosaken	02.04.2017
A40	nach Auskunft von Naujokat, Olaf; Heimatverein "Osmünder Spritze 1811 e.V.", Osmünde	02.04.2017
A41	Wikipedia: "Landsturm", https://de.wikipedia.org/wiki/Landsturm	02.04.2017
A42	Wikipedia: "Laon", https://de.wikipedia.org/wiki/Laon	07.04.2017
A43	Wikipedia: "Leipzig", https://de.wikipedia.org/wiki/Leipzig	27.05.2017
A44	Wikipedia: "Pfund", https://de.wikipedia.org/wiki/Pfund	07.04.2017
A45	Wikipedia: "Magdeburg", https://de.wikipedia.org/wiki/Magdeburg	27.05.2017
A46	Wikipedia: "Namur", https://de.wikipedia.org/wiki/Namur	02.04.2017
A47	Wikipedia: "Oberstift Münster", https://de.wikipedia.org/wiki/Oberstift_M%C3%BCnster	12.04.2017
A48	Wikipedia: "Pfennig", https://de.wikipedia.org/wiki/Pfennig	19.04.2017
A49	Wikipedia: "Pfund", https://de.wikipedia.org/wiki/Pfund	15.04.2017

A50	Wikipedia: "Vorposten",	02.04.2017
	https://de.wikipedia.org/wiki/Vorposten	
A51	Wikipedia: "Prenzlau",	07.04.2017
	https://de.wikipedia.org/wiki/Prenzlau	
A52	Wikipedia: "Bagrationowsk",	15.04.2017
	https://de.wikipedia.org/wiki/Bagrationowsk	
A53	Internetportal Bibel Text: "Psalm 119:106",	26.06.2017
	http://bibeltext.com/psalms/119-106.htm	
A54	Wikipedia: "Quatre-Bras",	07.04.2017
	https://de.wikipedia.org/wiki/Quatre-Bras	
A55	Wikipedia: "Stadt Radegast",	05.04.2017
	https://de.wikipedia.org/wiki/Radegast_(S%C3%BCdliches _Anhalt)	
A56	Wikipedia: "Ranzion",	07.04.2017
	https://de.wikipedia.org/wiki/Ranzion	
A57	Wikipedia: "Raßnitz",	15.05.2017
	https://de.wikipedia.org/wiki/Ra%C3%9Fnitz	
A58	Wikipedia: "Wispel", https://de.wikipedia.org/wiki/Wispel; Wikipedia: " Alte Maße und Gewichte (Preußen)", https://de.wikipedia.org/wiki/Alte_Ma%C3%9Fe_und_Ge wichte_(Preu%C3%9Fen)	19.04.2017
A59	Wikipedia: "Regiment",	02.04.2017
	https://de.wikipedia.org/wiki/Regiment	
A60	Wikipedia: "Reichstaler",	19.04.2017
	https://de.wikipedia.org/wiki/Reichstaler	
A61	Wikipedia: "Rheinbund",	05.04.2017
	https://de.wikipedia.org/wiki/Rheinbund	
A62	nach Auskunft von Naujokat, Olaf; Heimatverein "Osmünder Spritze 1811 e.V.", Osmünde	07.04.2017
A63	Wikipedia: "Sansculottes",	26.05.2017
	https://de.wikipedia.org/wiki/Sansculottes	
A64	Wikipedia: "Schlesien",	30.05.2017
	https://de.wikipedia.org/wiki/Schlesien	
A65	Wikipedia: "Schönefeld (Leipzig)",	07.04.2017
	https://de.wikipedia.org/wiki/Sch%C3%B6nefeld_(Leipzig)	
A66	Wikipedia: "Berlin-Spandau", https://de.wikipedia.org/wiki/Berlin-Spandau; Wikipedia: "Zitadelle Spandau", https://de.wikipedia.org/wiki/Zitadelle_Spandau	27.05.2017

A67	Wikipedia: "Stift Essen",	12.04.2017
	https://de.wikipedia.org/wiki/Stift_Essen	
A68	Wikipedia: "Stift Herford",	12.04.2017
	https://de.wikipedia.org/wiki/Stift_Herford	
A69	Wikipedia: "Stift Quedlinburg",	12.04.2017
	https://de.wikipedia.org/wiki/Stift_Quedlinburg	
A70	Wikipedia: "Tilsit", https://de.wikipedia.org/wiki/Tilsit	28.05.2017
A71	nach Auskunft von Naujokat, Olaf; Heimatverein	07.04.2017
	"Osmünder Spritze 1811 e.V.", Osmünde	
A72	Wikipedia: "Waterloo (Belgien)",	07.04.2017
	https://de.wikipedia.org/wiki/Waterloo_(Belgien)	
A73	Wikipedia: "Alte Maße und Gewichte (Preußen)",	19.04.2017
	https://de.wikipedia.org/wiki/Alte_Ma%C3%9Fe_und_Ge	
	wichte_(Preu%C3%9Fen)	

Quellen zum Personenregister

Quelle Nr.	Quelle	recherchiert am
P1	Wikipedia: "Alexander I. (Russland)",	12.04.2017
	https://de.wikipedia.org/wiki/Alexander_I._(Russland)	
P2	Wikipedia: "Auguste von Bayern",	13.04.2017
	https://de.wikipedia.org/wiki/Auguste_von_Bayern	
P3	Wikipedia: "Karl XIV. Johann (Schweden)",	12.04.2017
	https://de.wikipedia.org/wiki/Karl_XIV._Johann_(Schweden)	
P4	Wikipedia: "Louis-Alexandre Berthier",	02.04.2017
	https://de.wikipedia.org/wiki/Louis-Alexandre_Berthier	
P5	Wikipedia: "Gebhard Leberecht von Blücher",	21.04.2017
	https://de.wikipedia.org/wiki/Gebhard_Leberecht_von_Bl%C3%BCcher	
P6	Wikipedia: "Joseph Bonaparte",	13.04.2017
	https://de.wikipedia.org/wiki/Joseph_Bonaparte	
P7	Wikipedia: "Louis Bonaparte",	13.04.2017
	https://de.wikipedia.org/wiki/Louis_Bonaparte	
P8	Wikipedia: "Lucien Bonaparte",	13.04.2017
	https://de.wikipedia.org/wiki/Lucien_Bonaparte	
P9	Wikipedia: "Napoleon Franz Bonaparte",	14.04.2017
	https://de.wikipedia.org/wiki/Napoleon_Franz_Bonaparte	

P10 F.R.v.R: "Die Waffenthaten der Oestreicher im Jahre   07.04.2017
1809.", S. 147; Hirschfeldsche Buchdruckerei, Wien 1838;
https://books.google.de/books?id=3I5DAAAAcAAJ&pg=PA
147&dq=Rittmeister+Brunow&hl=de&sa=X&ved=0ahUKE
wiUysbktJDTAhXHWhoKHezwC0UQ6AEIHDAA#v=onepage
&q=Rittmeister%20Brunow&f=false

P11 Wikipedia: " Friedrich Wilhelm Bülow von Dennewitz ",   21.04.2017
https://de.wikipedia.org/wiki/Friedrich_Wilhelm_B%C3%B
Clow_von_Dennewitz

P12 Wikipedia: "Emmerich Joseph von Dalberg",   14.04.2017
https://de.wikipedia.org/wiki/Emmerich_Joseph_von_Dal
berg

P13 Wikipedia: "Karl Theodor von Dalberg",   13.04.2017
https://de.wikipedia.org/wiki/Karl_Theodor_von_Dalberg

P14 Wikipedia: "Louis-Nicolas Davout",   02.04.2017
https://de.wikipedia.org/wiki/Louis-Nicolas_Davout

P15 Wikipedia: "Eugène de Beauharnais",   13.04.2017
https://de.wikipedia.org/wiki/Eug%C3%A8ne_de_Beauhar
nais

P16 Wikipedia: "Joséphine de Beauharnais",   14.04.2017
https://de.wikipedia.org/wiki/Jos%C3%A9phine_de_Beauh
arnais

P17 Wikipedia: "Stéphanie de Beauharnais",   13.04.2017
https://de.wikipedia.org/wiki/St%C3%A9phanie_de_Beau
harnais

P18 Wikipedia: "Jean Toussaint Arrighi de Casanova",   14.04.2017
https://de.wikipedia.org/wiki/Jean_Toussaint_Arrighi_de_
Casanova

P19 Wikipedia: " Eugen von Württemberg",   03.12.2017
https://de.wikipedia.org/wiki/Eugen_Friedrich_Heinrich_v
on_W%C3%BCrttemberg

P20 Wikipedia: "Ferdinand VII. (Spanien)",   13.04.2017
https://de.wikipedia.org/wiki/Ferdinand_VII._(Spanien)

P21 Wikipedia: "Franz II. (HRR)",   12.04.2017
https://de.wikipedia.org/wiki/Franz_II._(HRR)

P22 Wikipedia: "Katharina von Württemberg",   14.04.2017
https://de.wikipedia.org/wiki/Katharina_von_W%C3%BCrt
temberg

P23 Wikipedia: "Friedrich August I. (Sachsen)",   13.04.2017
https://de.wikipedia.org/wiki/Friedrich_August_I._(Sachse
n)

P24 Wikipedia: "Louis Ferdinand von Preußen (1772–1806)",   25.04.2017
https://de.wikipedia.org/wiki/Louis_Ferdinand_von_Preu
%C3%9Fen_(1772%E2%80%931806)

P25 Wikipedia: "Friedrich VI. (Dänemark und Norwegen)",   14.04.2017
https://de.wikipedia.org/wiki/Friedrich_VI._(D%C3%A4ne
mark_und_Norwegen)

P26	Wikipedia: "Friedrich Wilhelm II. (Preußen)", https://de.wikipedia.org/wiki/Friedrich_Wilhelm_II._(Preu%C3%9Fen)	12.04.2017
P27	Wikipedia: "Friedrich Wilhelm III. (Preußen)", https://de.wikipedia.org/wiki/Friedrich_Wilhelm_III._(Preu%C3%9Fen)	12.04.2017
P28	Wikipedia: "Friedrich Wilhelm IV.", https://de.wikipedia.org/wiki/Friedrich_Wilhelm_IV.	14.04.2017
P29	Wikipedia: "Wilhelm von Preußen (1783–1851)", https://de.wikipedia.org/wiki/Wilhelm_von_Preu%C3%9Fen_(1783%E2%80%931851)	14.04.2017
P30	Wikipedia: "Friedrich (Württemberg)", https://de.wikipedia.org/wiki/Friedrich_(W%C3%BCrttemberg)	14.04.2017
P31	Wikipedia: "Friedrich Wilhelm (Braunschweig-Wolfenbüttel)", https://de.wikipedia.org/wiki/Friedrich_Wilhelm_(Braunschweig-Wolfenb%C3%BCttel)	13.04.2017
P32	nach Auskunft von Naujokat, Olaf; Heimatverein "Osmünder Spritze 1811 e.V.", Osmünde	02.04.2017
P33	Wikipedia: "Karl August von Hardenberg", https://de.wikipedia.org/wiki/Karl_August_von_Hardenberg	02.04.2017
P34	Wikipedia: "Friedrich Ludwig (Hohenlohe-Ingelfingen-Öhringen)", https://de.wikipedia.org/wiki/Friedrich_Ludwig_(Hohenlohe-Ingelfingen-%C3%96hringen)	21.04.2017
P35	Wikipedia: "Jérôme Bonaparte", https://de.wikipedia.org/wiki/J%C3%A9r%C3%B4me_Bonaparte	13.04.2017
P36	Wikipedia: "Johann VI. (Portugal)", https://de.wikipedia.org/wiki/Johann_VI._(Portugal)	13.04.2017
P37	Wikipedia: "Ludwig Yorck von Wartenburg", https://de.wikipedia.org/wiki/Ludwig_Yorck_von_Wartenburg	02.04.2017
P38	Wikipedia: "Friedrich Adolf von Kalckreuth", https://de.wikipedia.org/wiki/Friedrich_Adolf_von_Kalckreuth	21.04.2017
P39	Wikipedia: "Karl IV. (Spanien)", https://de.wikipedia.org/wiki/Karl_IV._(Spanien)	13.04.2017
P40	Wikipedia: "Karl Ludwig Friedrich (Baden)", https://de.wikipedia.org/wiki/Karl_Ludwig_Friedrich_(Baden)	13.04.2017
P41	Wikipedia: "Karl Wilhelm Ferdinand (Braunschweig-Wolfenbüttel)", https://de.wikipedia.org/wiki/Karl_Wilhelm_Ferdinand_(Braunschweig-Wolfenb%C3%BCttel)	12.04.2017

P42	Wikipedia: "Liste der Könige von Schweden", https://de.wikipedia.org/wiki/Liste_der_K%C3%B6nige_vo n_Schweden	13.04.2017
P43	Wikipedia: "Robert Stewart, 2. Marquess of Londonderry", https://de.wikipedia.org/wiki/Robert_Stewart,_2._Marque ss_of_Londonderry	07.04.2017
P44	Wikipedia: "François-Christophe Kellermann", https://de.wikipedia.org/wiki/Fran%C3%A7ois-Christophe_Kellermann	12.04.2017
P45	Wikipedia: "Friedrich von Kleist", https://de.wikipedia.org/wiki/Friedrich_von_Kleist	21.04.2017
P46	Wikipedia: "Johann von Klenau", https://de.wikipedia.org/wiki/Johann_von_Klenau	02.04.2017
P47	Wikipedia: "Wilhelm Anton von Klewiz", https://de.wikipedia.org/wiki/Wilhelm_Anton_von_Klewiz	07.04.2017
P48	Wikipedia: "Friedrich Wilhelm Ludwig von Krusemarck", https://de.wikipedia.org/wiki/Friedrich_Wilhelm_Ludwig_ von_Krusemarck	21.04.2017
P49	Wikipedia: "Michail Illarionowitsch Kutusow", https://de.wikipedia.org/wiki/Michail_Illarionowitsch_Kut usow	21.04.2017
P50	Wikipedia: "Alexandre Andrault de Langeron", https://de.wikipedia.org/wiki/Alexandre_Andrault_de_Lan geron	21.04.2017
P51	Wikipedia: "Alexandre-Jacques-Bernard Law de Lauriston", https://de.wikipedia.org/wiki/Alexandre-Jacques-Bernard_Law_de_Lauriston	21.04.2017
P52	Wikipedia: "Ludwig XVI.", https://de.wikipedia.org/wiki/Ludwig_XVI.	12.04.2017
P53	Wikipedia: "Ludwig XVIII.", https://de.wikipedia.org/wiki/Ludwig_XVIII.	14.04.2017
P54	Wikipedia: "Jacques MacDonald", https://de.wikipedia.org/wiki/Jacques_MacDonald	05.04.2017
P55	Wikipedia: "Marie-Antoinette von Österreich-Lothringen", https://de.wikipedia.org/wiki/Marie_Antoinette	12.04.2017
P56	Wikipedia: "Marie-Louise von Österreich", https://de.wikipedia.org/wiki/Marie-Louise_von_%C3%96sterreich	14.04.2017
P57	Wikipedia: "Auguste Frédéric Louis Viesse de Marmont", https://de.wikipedia.org/wiki/Auguste_Fr%C3%A9d%C3% A9ric_Louis_Viesse_de_Marmont	15.04.2017
P58	Wikipedia: "Maximilian I. Joseph (Bayern)", https://de.wikipedia.org/wiki/Maximilian_I._Joseph_(Baye rn)	13.04.2017
P59	Wikipedia: "Klemens Wenzel Lothar von Metternich", https://de.wikipedia.org/wiki/Klemens_Wenzel_Lothar_vo n_Metternich	02.04.2017

P60	Wikipedia: "Wichard von Möllendorff (General)", https://de.wikipedia.org/wiki/Wichard_von_M%C3%B6lle ndorff_(General)	07.04.2017
P61	Wikipedia: "Joachim Murat", https://de.wikipedia.org/wiki/Joachim_Murat	13.04.2017
P62	Wikipedia: "Napoleon Bonaparte", https://de.wikipedia.org/wiki/Napoleon_Bonaparte	12.04.2017
P63	Wikipedia: "Michel Ney", https://de.wikipedia.org/wiki/Michel_Ney	02.04.2017
P64	Wikipedia: "Charles Nicolas Oudinot", https://de.wikipedia.org/wiki/Charles_Nicolas_Oudinot	15.04.2017
P65	Wikipedia: "Józef Antoni Poniatowski", https://de.wikipedia.org/wiki/J%C3%B3zef_Antoni_Poniat owski	02.04.2017
P66	Wikipedia: "Pius VII.", https://de.wikipedia.org/wiki/Pius_VII.	27.07.2017
P67	Wikipedia: "Elizabeth Patterson", https://de.wikipedia.org/wiki/Elizabeth_Patterson	14.04.2017
P68	Wikipedia: "Eberhard von der Recke", https://de.wikipedia.org/wiki/Eberhard_von_der_Recke	05.04.2017
P69	Wikipedia: "Altpreußisches Infanterieregiment No. 3 (1806)", https://de.wikipedia.org/wiki/Altpreu%C3%9Fisches_Infan terieregiment_No._3_(1806)	19.05.2017
P70	Wikipedia: "Maximilien de Robespierre", https://de.wikipedia.org/wiki/Maximilien_de_Robespierre	02.04.2017
P71	Wikipedia: "Fabian Gottlieb von der Osten-Sacken", https://de.wikipedia.org/wiki/Fabian_Gottlieb_von_der_O sten-Sacken	21.04.2017
P72	Wikipedia: "Ferdinand von Schill", https://de.wikipedia.org/wiki/Ferdinand_von_Schill	05.04.2017
P73	Wikipedia: "Karl Philipp zu Schwarzenberg", https://de.wikipedia.org/wiki/Karl_Philipp_zu_Schwarzenb erg	02.04.2017
P74	Wikipedia: "Nicolas Jean-de-Dieu Soult", https://de.wikipedia.org/wiki/Nicolas_Jean-de-Dieu_Soult	02.04.2017
P75	Wikipedia: "Heinrich Friedrich Karl vom und zum Stein", https://de.wikipedia.org/wiki/Heinrich_Friedrich_Karl_vo m_und_zum_Stein	21.04.2017
P76	Wikipedia: "Charles-Maurice de Talleyrand-Périgord", https://de.wikipedia.org/wiki/Charles-Maurice_de_Talleyrand-P%C3%A9rigord	15.04.2017
P77	Wikipedia: "Bogislav Friedrich Emanuel von Tauentzien", https://de.wikipedia.org/wiki/Bogislav_Friedrich_Emanuel _von_Tauentzien	15.04.2017

P78 Wikipedia: "Johann Adolf von Thielmann",   02.04.2017
https://de.wikipedia.org/wiki/Johann_Adolf_von_Thielma
nn

P79 Wikipedia: "Pawel Wassiljewitsch Tschitschagow",   14.04.2017
https://de.wikipedia.org/wiki/Pawel_Wassiljewitsch_Tschi
tschagow

P80 Wikipedia: "Dominique Joseph Vandamme",   05.04.2017
https://de.wikipedia.org/wiki/Dominique_Joseph_Vandam
me

P81 Wikipedia: "Arthur Wellesley, 1. Duke of Wellington",   21.04.2017
https://de.wikipedia.org/wiki/Arthur_Wellesley,_1._Duke_
of_Wellington

P82 Wikipedia: "Ludwig Adolf Peter zu Sayn-Wittgenstein",   21.04.2017
https://de.wikipedia.org/wiki/Ludwig_Adolf_Peter_zu_Say
n-Wittgenstein

P83 Wikipedia: "Michail Semjonowitsch Woronzow",   21.04.2017
https://de.wikipedia.org/wiki/Michail_Semjonowitsch_Wo
ronzow

P84 Wikipedia: "Carl Philipp von Wrede",   15.04.2017
https://de.wikipedia.org/wiki/Carl_Philipp_von_Wrede

Dank

Für seine Recherchen zur Identifizierung wichtiger Orte der Handlung im Umkreis von Gottenz möchte ich mich bei Herrn Olaf Naujokat vom Heimatverein *Osmünder Spritze 1811 e.V.* bedanken.

Dank auch den Verfassern der Wikipedia-Beiträge, auf die ich in meinen Recherchen zurückgreifen konnte, sowie jenen Schöpfern von Bilderzeugnissen, die ihre Werke ausdrücklich für gemeinfrei erklärten und mir somit deren Verwendung unbürokratisch ermöglichten.

Christoph gab mir Tipps zum Layout, die ich gerne annahm und umsetzte.

Besondere Erwähnung aber verdient meine liebe Frau, die mit großer Geduld oftmals den gemeinsamen Tagesplan aktualisieren musste, wenn ich mal wieder wegen der Arbeit an diesem kleinen Buch nicht so pünktlich wie versprochen vom Schreibtisch wegkam, und deren Hinweise und Vorschläge zur Gestaltung des Büchleins hilfreich für mich waren.

Karl Brellinger, im Januar 2018

Über den „Macher" dieses Buches

Karl Brellinger ist Jahrgang 1949 und stammt aus Sachsen-Anhalt. Seit seiner Jugendzeit begeistert er sich für Sachbücher, insbesondere zur Geschichte der Menschheit. Das Hobby hielt ihn nicht davon ab, sich beruflich eher technisch zu orientieren: Er beendete zeitgleich mit dem Erlangen der Hochschulreife erfolgreich eine Elektrikerlehre, studierte Mess-, Steuer- und Regelungstechnik und in einem Fernkurs Kernkraftwerkstechnik. Nunmehr mit zwei Ingenieursdiplomen ausgestattet, befasste er sich nahezu 25 Jahre lang mit verschiedenen Abschnitten und Inhalten der organisatorischen Regelungen in Kernkraftwerken. Daher kommt evtl. sein Faible, den Dingen auf den Grund zu gehen.

Seine Freizeit gilt gelegentlich dem Porträt-Zeichnen, aber vorrangig weiterhin dem Lesen von Sachliteratur in der o.g. Ausrichtung. Ansonsten ist er ein Freund scharfzüngiger, gewitzter - nicht alberner! - Büttenreden, und so stand er denn auch lange Zeit als Karnevalist mit selbstgeschmiedeten Versen vor närrischem Publikum auf der Bühne.

Hin und wieder zeichnet er Karikaturen, angeregt durch die Mitarbeit an der populärwissenschaftlichen Abhandlung „Die Domestizierung des zweiten Feuers" von Dr. Serge Prêtre, im Internet zu finden unter

http://www.second-fire.ch/downloads/01_2ndfire_de.PDF.

Er hat die Idee, vermittels dieser Talente vielleicht irgendwann ein kleines kesses Vorlesebuch zu machen, das Kinder fesselt und Erwachsene schmunzeln lässt.

Mal was anderes eben, und erst recht ein hohes Ziel.